켄 윌버의

모든 것의 이론

Ken Wilber 저

김명권 · 민회준 공역

A
Theory
of
Everything

학지사

A Theory of Everything:
An Integral Vision for Business, Politics, Science and Spirituality
by Ken Wilber

copyright © 2000 by Ken Wilber

새천년이 밝아 오는 지금, 지식 분야에서 가장 인기 있는 주제는 무엇일까? 『애틀랜틱 먼슬리(*Atlantic Monthly*)』나 『뉴요커(*New Yorker*)』와 같은 지적인 잡지는 물론 학계의 관심도 받는, 전문가뿐 아니라 대중의 흥미도 끄는 주제, 오랫동안 가려져 있던 인간 상태의 비밀을 마침내 드러내 줄 것만 같은 주제는 무엇일까? 사정에 밝은 사람들이 설명은 못하더라도 이름은 재빨리 붙여 주어, 뜨거운 인기로 그 이름이 빛나게 되는 그런 주제는 무엇일까?

어떤 이들은 진화심리학이라고 답할 것이다. 진화심리학은 진화의 원리를 인간의 행태 연구에 적용한 것이다. 예를 들면, 남성은 성적으로 방탕하지만 여성은 가정을 지키는데, 이것은 수백만 년에 걸친 자연선택이 우리를 그렇게 만들었기 때문이라는 것이다. 진화심리학은 정말로 아주 인기 있는 주제가 되었는데, 그 주된 이유는 지난 30년간 포스트모더니즘이 차지했던 자리를 대신하는 데 성공했기 때문이다. 포스트모더니즘은 예전에는 정말 엄청난 주제였지만 이제는 사람들이 하품을 하고 스스럼없이 비웃는 대상이 되었다. 포스트모더니즘은 정말이지 어제의 일이 된 것이다. 아이러니가 아닐 수 없다. 포스트모더니즘은 다른 모두의 견해를 해체할 수 있는 기능에 주로 힘입어 거대한 무리의 추종자들을 만들어 냈고,

그 결과 그런 포스트모더니즘식 파괴를 일삼는 사람들이 학계의 우두머리가 되었다.

모든 인간의 행태는 문화적으로 상대적이며 사회적으로 구성되는 것이라는 포스트모더니즘의 전형적인 주장보다는 진화의 원리가 인간의 행태를 훨씬 더 흥미롭고 설득력 있게 설명한다는 것을 보임으로써, 진화심리학은 포스트모더니즘을 곤란하게 만들 수 있었다. 인간의 상태에는 실제로 보편적인 요소가 있고, 앞뒤가 맞지 않는 생각들을 받아들여야만 진화를 부정할 수 있으며, 무엇보다 포스트모더니즘은 더 이상 재미가 없다는 것을 진화심리학은 분명히 했다.

진화심리학은 사실 진화 그 자체를 근본적으로 새롭게 이해하는 분야다. 이전의 신다윈주의 분석에서는 진화를 무작위적 유전자 변형의 결과로 보았다. 그중 생존가(生存價)[1)]의 관점에서 더 유리한 것이 자연선택에 의해 살아남는다는 것이다. 이 이론은 언제나 많은 사람들에게 아주 불편한 감정을 갖게 했다. 물리학의 법칙, 우주가 지쳐 간다는 쌀쌀맞은 주장을 하는 법칙에 의해서만 지배되는 (것으로 추정되는) 우주에서 어떻게 그 모든 특별한 생명력과 삶의 다양성이 생겨날 수 있단 말인가? 열역학 제2법칙에 따르면 이 세상에서는 언제나 무질서가 증가한다. 하지만 간단한 관찰만으로도 우리는 이 세상 어디서나 생명이 질서를 만들어 내는 것을 알 수 있다. 우주는 침체되고 있는 것이 아니라 흥분하고 있는 것이다.

혼돈 및 복잡성 이론가들이 혁명적인 발견을 통해 새롭게 이해한 바에 따르면, 실제로 물질 세계에는 질서를 만들어 내는 고유한 경

---

1) survival value: 생체의 특질이 생존 경쟁에서 발휘하는 유효성

향이 있다. 화장실 세면대에서 무질서하게 내려가던 물이 갑자기 멋진 소용돌이가 되는 것처럼 말이다. 생물학적 생명 자체는 일련의 소용돌이로서 언제나 혼돈으로부터 질서를 만들어 내며, 이런 새롭고 보다 고차원적인 구조들은 모든 수준에서 작용하는 다양한 선택 과정을 통해 살아남게 된다. 이것이 인간의 영역에서는 새로운 진화심리학의 연구 대상인 바로 인간의 행태에서 나타난다. 그러니 진화심리학이 아주 인기 있는 주제인 것도 당연하다.

그러나 진화심리학은 인기가 있기는 하지만 가장 인기 있는 주제는 아니다. 1980년대 초반 물리학계는 모든 것의 이론에 대한 풍문으로 심하게 웅성거리기 시작했고 이것은 1990년대 말에 와서 아주 최고조에 달했다. 모든 존재를 정확히 설명하는 하나의 포괄적 이론으로 우주의 모든 법칙을 통합하는 모형 말이다. 그 공식에서는 바로 신의 손을 볼 수 있을 것이라는 이야기도 들렸다. 궁극의 신비를 가리고 있는 베일이 벗겨진 것이라고도 했다. 차분한 여론은 마지막 해답이 가까이에 있음을 넌지시 비추었다.

끈이론(보다 정확하게는 M-이론)이라고 알려진 이 이론은, 전자기력과 핵력, 중력을 포함한 물리학의 알려진 모든 모형을 하나의 포괄적인 슈퍼모형으로 통합해 낼 것 같다. 이 슈퍼모형의 기본 단위는 '끈' 또는 일차원의 진동하는 끈이라고 알려져 있는데, 이 기본적인 끈들이 진동하며 나타내는 다양한 형태의 '음표'로부터 우리가 아는 우주의 모든 입자와 힘을 이끌어 낼 수 있다고 한다.

M-이론('M'은 매트릭스 Matrix에서 면 Membrane[2], 신비 Mystery, 더 나아가 '모든 이론의 어머니'라는 표현에서의 어머니 Mother에 이르

---

2) 끈이론에 이어, 기본 단위가 끈이 아닌 면이라는 면이론이 등장하였음

기까지 모든 것을 의미한다고들 한다)은 정말 흥미롭고 유망한 모형이지만 아직은 광범위한 물리학적 확증을 거쳐야 한다. 그러나 언젠가 완전한 것으로 판명된다면 역사상 가장 심오한 과학적 발견 가운데 하나가 될 것이다. 그리고 그것이 사정을 아는 사람들에게 끈이론 또는 M-이론이 지식 분야에서 단연 최고로 인기 있는 이야기인 이유, 즉 진화심리학 정도는 그냥 흥미로운 정도의 보통 주제라고 방구석에 밀어 넣을 만큼 강력한 혁명적 슈퍼모형인 이유다.

M-이론은 분명 지성인들의 생각, 그러니까 다른 관점에서의 생각을 이끌어 냈다. 모든 것을 설명하는 이론이 있다는 것이 무슨 의미인가? 그런데 그 '모든 것'은 도대체 실제로 무엇을 의미하는가? 이 물리학의 새 이론이 뭐랄까, 인간의 시적 감흥을 설명해 줄까? 경제학의 작동 원리는? 심리성적 발달 단계는? 이 새로운 물리학이 생태계의 흐름이나 역사의 원동력 또는 전쟁이 왜 그렇게 지독히도 흔한 것인지를 설명할 수 있을까?

쿼크의 내부에는 진동하는 끈이 있고 이 끈이 모든 것의 기본 단위라고들 한다. 그렇다면 그것은 창백하고 무기력하며, 우리에게 매일매일 그 모습을 보이는 세상의 풍요로움과는 맞지 않는 이상한 '모든 것'이다. 끈은 분명히 더 큰 세상의 중요한 부분으로 세상의 기본이 되는 것이지만, 그렇게 중요한 것 같지는 않다. 이미 우리는 끈이라는 것이 존재한다 해도 큰 그림의 작은 일부일 뿐임을 안다. 또 이것을 우리는 주위를 둘러볼 때, 바흐의 음악을 듣거나 사랑을 나눌 때, 날카로운 천둥소리에 놀라 꼼짝도 못할 때, 일몰을 보며 황홀경에 빠져 있을 때, 그리고 미세한 일차원의 작은 고무줄보다는 훨씬 더 많은 무언가로 이루어진 것처럼 보이는 찬란한 세상에 대해 깊이 생각할 때마다 알고 있다…….

그리스인들은 온우주(Kosmos)라는 멋진 단어를 가지고 있었다. 이것은 물질적, 감정적, 정신적, 영적 영역을 포함하는 모든 존재로 이루어진 전체를 의미한다. 궁극적 실재는 그냥 우주 또는 물질적 차원이 아니라 온우주, 즉 물질적, 감정적, 정신적, 영적 차원 전부였던 것이다. 생명이 없고 지각이 없는 물질만이 아닌 물질과 신체, 마음, 혼, 영의 살아 있는 전체. 온우주! 이것이 바로 진정한 모든 것의 이론이다. 하지만 우리 불쌍한 현대인들은 온우주를 우주로, 물질과 신체와 마음과 혼 그리고 영을 단지 물질로 환원시켜 버렸다. 그리고 이 우중충하고 황량한 과학적 유물론의 세계에서, 우리는 물리적 차원을 통합하는 이론이 정말로 모든 것의 이론이라는 허황된 생각에 넘어간다.

새로운 물리학은 정말로 신의 마음을 보여 준다고들 한다. 글쎄, 그럴 수도 있다. 신이 먼지에 대해 생각하고 있을 때는 말이다. 따라서 어떤 식으로든 통합 물리학의 중요성을 부정하지 말고, 또 질문을 해 보자. 우리는 그냥 우주가 아닌 온우주에 대한 이론을 가질 수 있을까? 진정한 모든 것의 이론이라는 것이 존재할 수 있을까? 이런 질문을 하는 것 자체가 말이 되는 것일까? 우리는 어디서부터 시작할 수 있을까?

'통합 비전' 또는 진정한 '모든 것의 이론'은 자아와 문화, 자연에 나타나는 물질, 신체, 마음, 혼 그리고 영을 모두 포함시키고자 한다. 포괄성과 균형을 추구하는 비전, 그리하여 과학과 예술, 도덕을 기꺼이 받아들이는 비전. 물리학에서 영성, 생물학에서 미학, 사회학에서 명상 수행자까지 모두를 똑같이 포함시키는 비전, 통합 정치, 통합 의학, 통합 비즈니스, 통합 영성…… 등에서 나타나는 비전.

이 책은 모든 것의 이론에 대한 간략한 개관이다. 물론 그런 모든 시도는 여러 모로 실패했다는 특징이 있다. 여러 모로 부족했고, 부당하게 일반화를 했고, 전문가들을 미치게 만들었으며, 전일적 수용이라는 목표를 내걸었으나 보통은 이루지 못했다. 그 일이 한 인간의 정신으로는 벅찬 것이기 때문만은 아니다. 그 일 자체가 본질적으로 불가능한 일인 것이다. 지식을 분류하는 방법보다 지식이 더 빨리 발전하기 때문이다. 전일적인 것을 추구하는 노력은 늘 멀어져 가는 꿈이나 다가서면 계속 물러나는 지평선, 절대 다다를 수 없는 무지개 끝에 있는 황금과 같은 것이다.

그러면 불가능한 것을 처음부터 왜 시도하는가? 왜냐하면, 완전한 것의 아주 약간이라도 전혀 없는 것보다는 낫다고, 또 통합 비전이 파편화된 다른 대안보다는 훨씬 더 많은 완전함을 준다고 믿기 때문이다. 우리는 더 완전하거나 덜 완전할 수 있고, 더 단편적이거나 덜 단편적일 수가 있으며, 더 소외되거나 덜 소외될 수 있다. 그리고 통합 비전은 우리를 일과 삶, 운명에서 약간 더 완전하고, 약간 덜 단편적일 수 있도록 이끈다.

이어지는 내용에서 보게 되겠지만, 직접적인 이점도 있다. 제1장에서 제4장까지는 모든 것의 이론을 소개한다. 마지막 3개장에서는 현실 세계와의 연관성을 살펴본다. 여기서는 통합 정치, 통합 비즈니스, 통합 교육, 통합 의학 그리고 통합 영성에 대해 논의할 것인데, 이런 것들에 대한 적용 사례가 이미 열성적으로 널리 퍼지고 있다. 마지막 장에서는 '통합적 변용 수련', 즉 심리적 영적 변용에 대한 통합적 접근법을 여러분 자신의 경우에 어떻게 이용할 수 있는지를 논의한다. 여러분이 그것을 원한다면 말이다.

(주석은 고급 과정의 학생이나 두 번째 읽는 경우를 위한 것이다. 그리

고 마지막 장에서는 통합 비전과 모든 것의 이론을 더 깊이 알고자 하는 독자를 위한 추천도서를 제시할 것이다.)

　이어지는 내용들은 그저 제안으로 받아들이기를 바란다. 여러분이 보기에 이치에 맞는지, 여러분이 그것들을 더 발전시킬 수 있는지, 좌우간 여러분 자신의 통합적 아이디어와 열망을 이끌어 내도록 도와줄 수 있는지를 판단해 보라. 내가 알던 어느 교수 한 분은 '좋은 이론'을 '그것을 통해 더 나은 이론에 이를 수 있을 만큼 충분히 오랫동안 지속되는 이론'이라고 정의했다. 바람직한 '모든 것의 이론'의 경우도 마찬가지다. 그것은 확고한 최후의 이론이 아니라 여러분이 더 나은 이론에 이를 수 있도록 도와주기 위한 것이다. 그때까지는 존재의 광채에 처음부터 흠뻑 젖은, 시작도 하기 전부터 언제나 이미 완결된 탐색 그 자체의 경이와 영광이 있다.

2000년 봄
미국 콜로라도 볼더에서
켄 윌버

차 례

제1장

경이로운 나선

우리는 특별한 시대에 살고 있다. 과거와 현재를 막론한 세계의 모든 문화를 역사적 기록이나 살아 있는 실재로서 접할 수 있기 때문이다. 지구 역사상 이런 일은 처음이다.

상상하기 힘든 일이지만, 수백만 년 전부터 최근에 이르기까지 지구상에 인류가 존재하는 동안 인간은 다른 문화에 대해서는 사실상 아무것도 알지 못하는 문화에서 태어났다. 가령 중국인으로 태어나 중국인으로 자라서 중국인과 결혼하고 중국의 종교를 따랐다. 대개는 수세기 전부터 선조들이 정착한 땅에서 일생 동안 같은 집에 살면서 말이다. 고립된 일족과 집단에서 작은 농경마을로, 고대 국가로, 봉건적 정복왕조로, 국제적인 기업형 국가로, 지구촌으로……. 통합된 마을을 향해 가는 이 놀라운 발전은 인류의 운명인 듯하다.

그리하여 오늘날, 의식 진화의 선구적 집단은 현존하는 인간의 지식과 지혜 그리고 기술의 정수를 접할 수 있는 완전한 새천년을, 아니면 적어도 그런 완전한 새천년의 가능성을 목전에 두고 있다. 그리고 물론 머지않아 우리는 그 모두를 설명할 모든 것의 이론을 갖게 될 것이다.

그러나 앞으로 보게 될 것처럼, 가장 발달한 집단에서조차 그런 통합적 이해를 가로막는 장애물이 몇 가지 있다. 더구나 보다 일반적인 평균적 의식 상태는 통합적인 것과는 거리가 멀고 스스로를 절박하게 돌보아야 할 상황에 놓여 있다. 이 두 가지 긴급한 문제, 즉 가장 발달한 집단 및 약간 발달한 집단과 관련된 통합 비전은 이 책의 중심 주제들 가운데 일부다. 설령 우리가 모든 것을 관대하게 받아들이고 아무것도 부당하게 소외시키지 않는 '모든 것의 이론'을 갖게 된다 해도, 그것이 정말 모든 사람에게 이로운 것일까? 그것이 확실히 모든 사람에게 이로운 것이 될 수 있도록 우리가 어떻게 도울 수 있을까?

간단히 말하면 통합 비전은 오늘날의 세계, 즉 문화적 엘리트와 일반 대중들 사이에서 어떤 위치에 있는가? 선구적 집단, 문화적 엘리트의 통합 비전을 가로막는 여러 장애물에서 시작해 보자.

선구적 집단의 분열

통합이란 단어는 합치고, 한 데 모으고, 하나로 만들고, 연결시키고, 기꺼이 받아들이는 것을 뜻한다. 획일적으로 인간의 다채로운 속성이 갖는 놀라운 특징과 색깔, 변화 모두를 없애 버린다는 의미에서가 아니라 다양성 안의 통일성, 즉 우리의 놀라운 특징들과 함께 존재하는 공통점의 의미에서, 그리고 인류만이 아닌 온우주 전체의 의미에서 말이다. 즉 예술과 도덕, 과학, 종교 전부를 위한 정당한 자리를 만들고, 이 전부를 온우주라는 파이 전체에서 단지 입맛에 맞는 한 조각으로 한정시키려는 시도를 하지 않는 보다 포괄적인 관점, 다시 말해 모든 것의 이론을 찾아내는 것이다.

우리가 실재에 대한 정말로 전일적인 통합적 관점을 개발하는 데 성공한다면, 물론 새로운 유형의 비판이론 역시 개발하게 될 것이다. 다시 말해 개인과 문화 전반 양 측면에서 더 포괄적이고 바람직한 상태에 비추어 현재의 상태를 비판하는 이론 말이다. 상대적으로 부분적이고 편협한, 깊이가 없고 덜 포괄적이며 덜 통합적인 접근법에 대해 통합적 패러다임은 본질적으로 비판적인 관점을 취할 것이다.

이 통합 비전, 모든 것의 이론에 대해 이제부터 살펴볼 것이다. 하지만 그것은 결코 최후의 고정된 이론이나 유일한 이론이 아니라, 가능한 한 많은 분야의 연구 결과를 일관된 방식으로 가능한 한 많이 존중하고 포함시키려 하는 관점일 뿐이다(이것이 온우주에 대한 통합적 관점, 또는 보다 포괄적인 관점을 정의하는 한 가지 방식이다).[1]

그러나 그 시도 자체가 흥미로운 질문을 불러일으킨다. 문화 전쟁, 정체성 정치, 상충되는 수많은 새 패러다임, 파괴적인 포스트모더니즘, 허무주의, 다원적 상대주의, 자기를 위한 정치가 판치는 오늘날의 풍토에서 진정으로 통합적인 비전이 존재할 수 있는 것일까? 그런 문화적 풍토에서, 사람들이 모든 것의 이론을 수용하는 것은 둘째 치고 그것을 알아볼 수라도 있을까? 문화적 엘리트들조차도 그 어느 때보다 첨예하게 분열되어 있지 않은가? 어쩌면 인류의 대부분은 부족 간 전쟁과 자민족 중심의 인종청소에 매

달려 있을 것이다. 하지만 문화적 엘리트 또한 마찬가지로 그런 경향이 있다면?

다시 말해 우리는 의식 진화의 선구적 집단 그 자체에 대해, 그들이 정말로 통합 비전을 받아들일 준비가 되어 있는지에 대해 이야기하고 있다. 결국 우리는 이 모든 것에 대해 아주 좋은 소식을 몇 가지 발견하게 될 것이라고 나는 믿는다. 그런데 먼저, 나쁜 소식이라고 생각되는 것들이 좀 있다.

베이비붐 세대의 기질(부머리티스)

베이비붐 세대 역시 다른 세대와 마찬가지로 강점과 약점이 있다. 강점으로는 놀라운 활력과 창의력, 이상주의 그리고 전통의 가치를 넘어 새로운 아이디어를 기꺼이 실험해 보고자 하는 마음이 있다. 몇몇 사회적 관찰자들은 이들에게서 '깨어나는 세대'의 모습을 보았는데, 음악에서 컴퓨터 과학, 정치적 행동에서 생활양식, 생태적 감수성과 시민적 권리에 이르는 모든 분야에서의 놀라운 창의력을 그 증거로 들었다. 그런 노력에는 베이비붐 세대에게 상당한 명예가 될 수 있는 진실과 선의가 많이 담겨 있다고 나는 믿는다.

비평가들이 대부분 동의하는 베이비붐 세대의 약점으로는 과도한 자기 몰입과 자아도취가 있다. 베이비붐 세대 자신들을 포함한 많은 사람들이 '미 제너레이션'[1]이라는 표현에 수긍하며 그저 고

---

1) Me Generation: 자기주장이 강하고 자기 자신 또는 관련 집단의 이익 외에는 무관심하고 자신의 욕구 충족만을 바라는 현대의 젊은 층을 의미하는 표현

개를 끄덕일 정도다.

요컨대 우리 세대는 위대함과 자아도취가 별나게 혼합된 세대인 것 같다. 이 이상한 결합은 우리가 하는 거의 모든 일에 영향을 미쳐 왔다. 우리는 그냥 좋은 새 아이디어를 가지고 있는 것으로는 만족하지 못하는 것 같고, 세계 역사상 가장 큰 변화의 하나를 예고하는 새로운 패러다임을 가지고 있어야만 한다. 우리는 단순히 병과 종이를 재활용하기만을 원하지는 않는다. 우리 스스로가 극적으로 지구와 가이아를 지키고, 이전 세대가 야만스럽게 억압했지만 우리가 마침내 자유롭게 할 여신을 부활시키는 모습을 보아야 한다. 우리는 자신의 정원은 가꿀 수 없지만, 역사상 가장 놀라운 전지구적 각성 속에서 지구의 표면을 변모시켜야 한다. 우리는 역사상 유례없는 무언가를 선도하는 스스로의 모습을 보아야 하는 것 같다. 우리 세대로 산다는 것은 아주 놀라운 일인 것이다.

뭐, 여러분이 생각하기에는 꽤나 웃긴 이야기일 수 있지만 나는 정말 이 어느 것에 대해서도 모질게 말하려는 것이 아니다. 어느 세대나 결점이 있고 이것이 우리의 약점인 것 같다. 적어도 어느 정도는 말이다. 그러나 나는 우리 세대에서 이 자아도취 상태를 빠져나온 경우가 거의 없다고 생각한다. 여기에는 라쉬의 『나르시시즘의 문화(*Culture of Narcissism*)』, 레스탁의 『이기주의자(*Self seekers*)』, 벨라의 『마음의 습관(*Habits of the Heart*)』, 스턴의 『나: 자아도취에 빠진 미국인(*Me: The Narcissistic American*)』과 같은 통찰력 있는 연구들만이 아닌 많은 사회비평가들이 동의한다. 심지어 프랭크 렌트리키아 교수는 미국의 여러 대학들이 수행하는 문화 연구의 실태를 조사한 후 『링구아 프랑카²⁾: 학구적인 삶의 회고(*The Review of Academic Life*)』에서 다음과 같이 결론을 내렸다. "문학과 문화에 대한 학술 비평의 영웅적 자기팽창은 더 이상 과장이 불가능할 정도로 거대하다는 것이 아주 확실하다."

어이쿠. 하지만 문화 연구나 대안적 영성, 새로운 패러다임, 그리고 세상이 지은이의 혁명적 사상에 귀를 기울이기만 하면 일어날 거대한 변화 등을 다룬 책들을 열심히 읽다 보면 머지않아 이 '영웅적인 자기팽창'이 분명 여러분을 감동시킬 것이다. 나는 이 자기팽창이라는 것 전부가 실제로는 무엇을 의미하는지가 궁금했다. 그래서 우리 세대에 그늘을 드리우는 이 이상한 재난, 대단히 뛰어난 인지적 역량과 놀랍도록 창의적인 지성이 유별난 감정적 자아도취와 뒤섞인 이상한 혼합물에 대해 연구를 하고 책을 한 권 썼다. 물론 이미 언급했듯이 모든 이전 세대 역시 불완전한 점이 많이 있었고, 나는 결코 베이비붐 세대만을 집어서 이야기하는 것이 아니다. 다만 그들이 일반적으로 너무 열성적이라는 바로 그 이유 때문에 '깨어나는 세대'에게는 특히 강렬하게 부정적인 면이 종종 나타나고, 베이비붐 세대의 경우 그 부정적인 면은 약간의 자기팽창, 자신과의 사랑인 것 같다는 이야기다(오스카 레반트가 거슈윈에게 빈정 댄 것처럼 말이다. "이봐 조지, 만약 네가 이 모든 걸 다시 해야 한다고 해도 너는 자신과 또다시 사랑에 빠지게 될까?"[3]).

나는 그 책을 『부머리티스(*Boomeritis*)』라고 이름 지었다. 이 책에서는, 자신의 능력과 중요성을 과대평가한 탓에 중요하지만 부

---

2) lingua franca: 모국어를 달리하는 사람들이 상호 이해를 위해 습관적으로 사용하는 언어

3) 허영심과 자기중심적인 면이 강했던 조지 거슈윈(1898~1937, 미국의 천재 작곡가)에 게 친구인 오스카 레반트(1908~1972, 미국의 작곡가이자 피아니스트, 배우이자 코미디언)가 어느 날 이렇게 말했다고 함

분적인 진실들이 전부 과장되어 버린 수많은 분야들을 연대기순으로 나타냈다.[2] 잠시 후에 그 일반적인 결론들에 대해 간단하게 살펴볼 텐데, 그 이유는 이미 언급했듯이 이것이 오늘날의 세계에서 통합 비전 및 그 수용과 직접 관계되기 때문이다. 그 기본 개념 자체는 아주 단순하다. 즉 (자아도취의 고립된 자아는 공존에 필사적으로 저항하기 때문에) 자아도취의 문화는 통합 문화와 정반대라는 것이다. 따라서 다음과 같은 문제가 남게 된다. 세계는 통합적인 무언가를 받아들일 준비가 되어 있는가? 아니라면 무엇이 그것을 방해하고 있는가?

존재의 파동

발달심리학은 마음의 성장과 발달을 연구하는 학문, 즉 내적 발달과 의식의 진화를 연구하는 학문이다. 그러면 이렇게 질문을 해 보자. 발달심리학이 이 문제에 대한 실마리를 줄 수 있는가?

발달심리학의 현 상황에 대해 놀라운 점 가운데 하나는 발달심리학의 모형들이 대체적인 윤곽에 있어 정말로 유사하다는 것이다. 실제로 나는 『통합심리학(*Integral Psychology*)』에서 백 명이 넘는 연구자들이 내린 결론들을 모아 보았고, 한 연구자가 상황을 요약했듯이 "[이 모든 이론가들이 이야기하는] 단계들의 계열은 하나의 공통된 발달 공간 위에 나열할 수 있다. 이처럼 사이좋게 나열되는 모습은 [이런] 이론들이 조화를 이룰 수 있는 가능성을 시사해 준다……."[3]

클레어 그레이브스(Clare Graves)에서 아브라함 매슬로, 데어드리 크래머에서 쟌 시놋, 위르겐 하버마스에서 셰릴 아몬, 쿠르트 피셔에서 제니 웨이드, 로버트 키건에서 수잔 쿡-그로터까지, 이들 모두의 연구에서는 의식의 진화에 대한 뚜렷하게 일관적인 이야기가 나타난다. 물론 일치하지 않는 것도 여럿 있고 세세한 부분에서는 상충되는 것이 수없이 많다. 하지만 이들 모두가 마음의 성장과 발달이 전개되는 일련의 단계 또는 파동이라는 대체로 비슷한 이야기들을 하고 있다.

이런 발달의 구조들 가운데 그것들을 비판하는 사람들이 묘사한 것처럼 경직되고 단선적이며 흑백논리식의 모형은 별로 없다. 발달은 단선적인 사다리가 아니라 나선형의 소용돌이와 흐름, 파동을 가진 유체이자 흘러가는 사건이며, 거의 무한한 수의 다각적 양상을 나타내는 것으로 보인다. 오늘날의 정교한 발달 이론 대부분은 이들 모두를 고려하며, 더 중요한 점은 충분한 연구를 통해 이를 뒷받침한다는 것이다.

한 가지 예를 들어 보자. 이 모형은 나선역학(Spiral Dynamics)이라고 하며 클레어 그레이브스의 선구적인 연구에 기반을 두고 있다. 그레이브스는 인간의 발달을 설명하는 심오하고도 훌륭한 체계를 제안했고, 이것은 후속 연구에 의해 더 정교해지고 그 정당성이 입증되었다. "간단히 말해 나의 주장은, 성숙한 인간의 심리가 펼쳐지고 드러나면서 변동하는 나선형의 과정이며, 그 특징은 개인의 실존적 문제가 변화함에 따라 오래된 저차원의 행동 체계가 새로운 고차원의 체계에 점차 종속되는 점이라는 것이다. 연속된 존재의 각 단계, 파동 혹은 존재의 수준은 그것을 거쳐 인간이 존재의 다른 양상으로 옮겨 가는 하나의 상태다. 존재의 한 상태에서 중심을 잡고 있을 때 인간은 그 상태 특유의 심리를 갖는다. 그 사람의 감정과 동기, 도덕과 가치관, 생화학적 특성, 신경학적 활성도, 학습 체계, 신념 체계, 정신 건강에 대한 개념, 정신장애가 무엇이고 어떻게 치료해야 하는지에 대한 관념 모두가, 그리고 경영과 교육, 경제 상태, 정치의 이론과 실제에 대한 생각과 취향 또한 전부 그 상태에 부합하는 것이다."[4]

곧 보게 되겠지만, 그레이브스는 대략 여덟 가지 주된 '인간 존재의 수준 또는 파동'을 설명했다. 그러나 아브라함 매슬로에서 제인 뢰빙거, 로버트 키건, 클레어 그레이브스에 이르기까지 이런 단계적 개념들은 사실상 전부 광범위한 연구와 자료에 기반하고 있다는 것을 기억해야 한다. 이것들은 단순히 관념적 아이디어나 학자들이 선호하는 이론에 불과한 것이 아니라, 모든 논점에 대해 주의 깊게 점검된 상당한 양의 증거에 기반을 두고 있는 것이다. 실제로 대부분의 단계 모형에 대해 제1세계, 제2세계 그리고 제3세계에서 신중한 점검이 이루어졌다.[5] 그레이브스의 모형 역시 마찬가지다. 오늘날까지 이 모형은 전세계에서 5만 명이 넘는 사람들을 대상으로 검증받아 왔고, 전반적 체계에 대해 어떤 중요한 예외도 나타나지 않고 있다.[6]

물론 이것은 이런 체계들 가운데 하나라도 전부 또는 대부분을 설명해 준다는 의미는 아니다. 이런 체계들은 모두 생명의 거대한 강을 찍은 부분적인 사진일 뿐이고 그 특정한 각도에서 강을 바라볼 경우에는 모두 유용하다. 그렇다고 해서 다른 사진들도 똑같이 유용하지 말란 법도 없고, 후속 연구를 통해 이 사진들이 더 정교해질 수 없다는 의미도 아니다. 이것이 정말로 의미하는 바는, 통합적인 수용에 이르기 위한 인류의 몸부림을 이해하려는 그 어떤 시도에서도 이런 연구들을 고려해야 한다는 것이다.

인간 의식 프로젝트

사실 이런 연구들은 그 어떤 모든 것의 이론이 있다고 해도 그 이론의 결정적인 부분인 것 같다. 우리가 존재의 물질적, 생물학적, 심리적, 영적 차원을 포함시키고자 한다면, 이런 중요한 연구들은 심리적 차원의 많은 가능성에 대한 개요를 보다 풍부하게 보여 준다.

어떤 의미에서 이 연구는 심리적 측면의 인간 게놈 프로젝트인 셈이다. 인간 게놈 프로젝트가 인간 DNA의 모든 유전자에 대한 과학적 지도를 수반하듯, 이 전반적인 심리 연구(인간 의식 프로젝트)는 인간 의식의 모든 상태, 구조, 밈, 유형, 수준, 단계, 파동에 대한 다문화적 지도인 것이다.[7] 앞으로 보게 될 것처럼 이 전체적인 지도는 가능성 있는 모든 것의 이론을 구성하는 심리적 요소가 되고, 이 모든 것의 이론은 물리적, 생물학적, 문화적, 영적 차원에서 발견된 것들에 의해 보완될 것이다. 자신의 가능성에 대한 보다 통합적인 비전의 진가를 개개인이 잘 알지 못하게 하는 장애물이 많이 있는데, 그중 몇 가지를 이해할 수 있도록 이 심리적 지도가 우리를 도와준다는 점 또한 알게 될 것이다.

그 다음에는 클레어 그레이브스의 연구로 돌아가는데, 돈 벡(Don Beck)과 크리스토퍼 코완(Christopher Cowan)이 이 연구를 이어받아 나선역학[8]이라고 부르는 접근법을 통해 더 정교하게 만들고 있다. 탁상론에만 머무는 연구자들과 달리 벡과 코완은 남아프리카의 극단적 인종차별 정책을 종식시킨 논쟁에 참여했던 사람들이다. 나선역학의 원리는 사업구조 개편과 도심 지역의 재건, 교육제도의 점검과 도시 간 갈등 완화에 유익하게 활용되고 있다.

나선역학에서는 인간의 발달이 밈(meme)이라고도 부르는 여덟 가지 일반적 단계를 통해 진행된다고 본다([그림 1-1]). '밈'은 오늘날 여러 가지 상충되는 다른 의미로 많이 쓰이는 단어이고, 아무 뜻도 없는 단어라고 비판하는 사람도 많다.[9] 하지만 나선역학에서 밈은 단지 **어떤 활동으로도 표현될 수 있는** 기본적인 발달 단계(앞으로 이것에 대한 여러 사례를 보게 될 것이다)를 의미한다. 벡과 코완은 밈(또는 단계)이 고정된 수준이 아니라 흐르는 파동이라고 단언하는데, 밈들이 서로 중첩되고 혼합된 결과, 의식 전개의 그물망 또는 역동

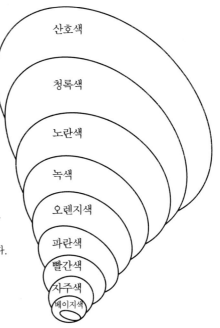

9. 통합적-홀론적
(천천히 출현하고 있음)

산호색

8. 완전한 관점
시너지를 내고 거시적 관점에서 관리한다.

청록색

7. 유연한 흐름
체계를 통합하고 일치시킨다.

노란색

6. 인간적 유대
내적 자기를 탐구하고 타인을 동등하게 대한다.

녹색

5. 성취욕구
번영을 위해 분석하고 전략을 짠다.

오렌지색

4. 진실의 힘
목적을 찾고, 진실을 도입하며, 미래를 보장한다.

파란색

3. 힘을 가진 신들
충동적으로 표현하고, 떨치고 도망가며, 강해진다.

빨간색

2. 동족 정신
신비로운 세계에서 조화와 안전을 추구한다.

자주색

1. 생존 감각
본능과 타고난 감각을 날카롭게 한다.

베이지색

[그림 1-1] 발달의 나선

출처: 돈 벡과 크리스 코완의 『나선역학: 가치와 리더십 그리고 변화를 숙달하기 (*Spiral Dynamics: Mastering Values, Leadership, and Change*)』(매사추세츠 주 캠브리지, 블랙웰 출판사, 1995)에서 승인을 받고 인용

적인 나선이 형성된다. 벡의 표현에 따르면 "나선은 균형 잡힌 것이 아니라 어지럽고 어수선한 것이며, 순수한 유형이라기보다는 복합적인 혼합성을 지니고 있다. 이것들은 모자이크이고 그물망이며 혼합물이다."[10]

벡과 코완은 이런 여러 가지 밈 또는 존재의 수준을 지칭할 때 다양한 명칭과 색깔을 사용한다. 색깔을 사용하면 처음에는 사람들이 거의 언제나 진저리를 친다. 그러나 벡과 코완은 인종차별이 있는 분야에서 자주 일하고, 색깔을 사용하면 피부색에 대한 사람들의 주의를 분산시키며 '피부의 색깔' 대신 '밈의 색깔'에 집중하는 데 도움이 된다는 것을 발견했다. 더구나 다수의 연구에서 계속적으로 확인되고 있듯이 이런 밈은 전부가 모든 개개인에게 잠재적으로 이용 가능한 것들이다. 따라서 사회적 긴장의 경계는 피부색이나 경제적 계급, 정치적 영향력이 아니라 개개인이 어떤 밈에서 움직이고 있는지에 따라 완전히 다시 그려진다. 구체적인 상황에서 긴장관계는 더 이상 '흑인 대 백인'이 아니라 파란색 대 자주색이나 오렌지색 대 녹색 등인 것이다. 그리고 피부색은 비난의 대상이 될 수 없지만 의식은 비난의 대상이 될 수 있다. 벡이 표현했듯이, "핵심은 사람들의 유형이 아니라 사람들 안의 유형이다."

처음의 여섯 가지 수준은 '첫 번째 층의 사고'로 특징지을 수 있는 '생존 수준'이다. 그 다음에는 의식의 혁명적 전환이 일어나는데, '존재의 수준'이자 '두 번째 층의 사고'가 출현하는 것이다. 여기에는 두 가지 주요 파동이 있다. 여덟 개의 파동과 각 파동에 있는 세계 인구의 비율, 그리고 각 파동이 보유하고 있는 사회적 권력의 비율에 대해 간단하게 설명하면 다음과 같다.[11]

1. 베이지색: 원형적−본능적 　　기본적인 생존 수준이다. 음식, 물, 온기, 성 그리고 안전이 우선시된다. 생존을 위해 습관과 본능을 사용한다. 뚜렷한 자아가 간신히 깨어나거나 유지된다. 생명을 영속시키기 위해 생존 영역의 형태를 이루게 된다.

　　※볼 수 있는 곳: 최초의 인간 사회, 신생아, 노쇠한 노인층, 알츠하이머 말기 환자, 거리의 정신이상자, 기아 상태의 군중, 전쟁신경증. 성인 인구의 0.1%, 0%의 권력.

2. 자주색: 마법적−물활론적 　　사고는 물활론적이다. 선하거나 악한 마법적 영들이 이승에 떼지어 몰려와 사건을 결정짓는 축복과 저주, 주문을 남긴다. 민족적 종족의 형태를 이루게 된다. 조상들에게 존재하는 영이 종족을 결속시킨다. 혈족관계와 혈통이 정치적 유대를 형성한다. '전일적인' 것으로 들리지만 사실은 원자론적이다. "강의 굽이굽이마다 이름이 있지만 강 자체에는 이름이 없다."

　　※볼 수 있는 곳: 부두교식의 저주, 피로 맺은 맹세, 고대의 원한, 행운을 비는 주술, 가족 의식, 마법적인 인종적 신념과 미신, 제3세계와 폭력조직, 운동경기 팀, 기업부족에서 강하게 나타난다. 인구의 10%, 1%의 권력.

3. 빨간색: 힘을 가진 신들 　　종족과 구분되는 자아가 처음으로 나타난다. 강력하고 충동적이며 자기중심적, 영웅적이다. 마법적·신화적 영, 용, 괴물, 강한 인간. 원형적 신과 여신, 강력한 존재, 선과 악의 강력한 힘. 봉건지주가 복종과 노동의 대가로 신하를 보호한다. 봉건 제국의 기반인 힘과 영광. 세계는 위협과 약탈자로 가득한 정글이다. 정복하고 지혜로 이기며 지배한다. 후회하거나 자책

하지 않고 최대한 자기를 즐긴다. 지금 여기에.

※ 볼 수 있는 곳: '미운 두 살', 반항하는 청소년, 개척자 정신, 봉건왕국, 서사적 영웅, 제임스 본드의 악당, 폭력단의 두목, 용병, 뉴에이지의 자아도취, 거친 록스타, 흉노족의 아틸라, 『파리대왕(Lord of the Flies)』. 인구의 20%, 5%의 권력.

4. 파란색: 신화적 질서   삶에는 의미와 방향, 의도가 있고 전능한 타자나 질서가 결과를 결정한다. 이 정당한 질서는 옳고 그른 것에 대한 절대적이고 변하지 않는 원리에 기반하여 행동의 규약을 집행한다. 규약이나 규칙의 위반은 심각한 영향, 어쩌면 영속적일 수도 있는 영향을 미친다. 규약을 따르면 충실함에 대한 보상을 얻는다. 고대 국가의 기반이 된다. 경직된 사회 계층, 부계중심적, 모든 것에 대해 생각하는 단 하나의 올바른 방식. 법과 질서, 죄책감에 의해 통제되는 충동, 구체적이고 융통성 없는 근본주의적 신념, 질서의 규칙에 대한 복종, 매우 인습적이고 순응적. '종교적'이거나 '신화적'[신화적 멤버십의 의미에서. 그레이브스와 벡은 이를 '성자적/절대주의적' 수준이라고 부른다]인 경우가 많지만, 세속적이거나 무신론적 질서나 사명일 수도 있다.

※ 볼 수 있는 곳: 청교도적 미국, 유교적 중국, 디킨슨식 영국, 싱가포르식 규율, 기사도의 규약과 명예, 자선적 선행, (기독교와 이슬람 같은) 종교적 근본주의, 보이스카웃과 걸스카웃, '도덕적 다수', 애국심. 인구의 40%, 30%의 권력.

5. 오렌지색: 과학적 성취   이 파동에서 자아는 파란색의 '무리의식'에서 '빠져나와', 전형적인 의미에서 '과학적'(가설귀납적, 실

험적, 객관적, 기계론적, 조작적)인 개인주의적 조건에서 진리와 의미를 추구한다. 세계는 자신의 목적을 위해 배우고 숙달하며 조정할 수 있는 자연법칙을 지닌 합리적이고 기름칠이 잘된 기계다. 매우 성취지향적이고 특히 (미국에서는) 물질적 이익을 추구한다. 과학의 법칙이 정치와 경제, 인간사를 지배한다. 세계는 승자가 탁월함을 얻고 패자에게 거드름 피우는 게임이 열리는 체스판이다. 시장의 동맹, 전략적 이익을 위한 지상 자원의 조작. 기업형 국가의 기반이 된다.

> ※볼 수 있는 곳: 계몽주의, 아인 랜드의 『아틀라스(*Atlas Shrugged*)』, 월스트리트, 전세계에 출현하는 중산층, 화장품 산업, 트로피 사냥, 식민주의, 냉전, 패션 산업, 유물론, 자유로운 이기주의. 인구의 30%, 50%의 권력.

6. 녹색: 민감한 자아   공산사회, 인간적 유대, 생태적 민감성, 네트워킹. 인간의 영혼은 탐욕과 독단, 분리에서 해방되어야 한다. 느낌과 배려가 차가운 합리성을 대신하고 지구와 가이아, 생명을 소중히 한다. 계층구조에 대항하고 수평적 유대와 연계를 형성한다. 투과성 있는 자아, 관계적 자아, 집단의 상호관계망. 대화와 관계를 강조하며 가치공동체(공유하는 정서에 따라 자유롭게 선택하여 가입하는 단체)의 기반이 된다. 화해와 의견일치를 통해 결론에 도달한다(단점은 끝없는 '과정'과 결론에 도달하지 못하는 것). 영성을 새롭게 하고 조화를 가져오며 인간의 잠재력을 풍요롭게 한다. 강한 평등주의, 반계층주의, 다원적 가치, 현실의 사회 구성, 다양성, 다문화주의, 상대적인 가치 체계. 이 세계관을 보통 다원적 상대주의라고 한다. 주관적이고 비선형적인 사고. 지구와 지구상의 모든 생명

체에 대해 감정적 따뜻함, 민감성, 배려를 보인다.

　※볼 수 있는 곳: 심층생태학, 포스트모더니즘, 네덜란드식 이상주의, 로저스 상담, 캐나다식 건강관리, 인본주의 심리학, 해방신학, 협동적 탐구, 세계교회협의회, 그린피스, 동물의 권리, 생태여성주의, 탈식민주의, 푸코/데리다, 정치적으로 올바른, 다양성 운동, 인권 문제, 생태심리학. 인구의 10%, 15%의 권력.

　녹색 밈이 완성되면 인간의 의식은 '두 번째 층의 사고'로 비약할 태세를 갖춘다. 클레어 그레이브스는 이를 '믿을 수 없을 만큼 깊은 의미의 틈을 통과하는 순간적인 도약'이라고 표현했다. 두 번째 층의 의식을 갖게 되면 본질적으로 계층구조와 수평계층 모두(즉 순위와 연계 모두)를 사용하여 수직적인 동시에 수평적으로 사고할 수 있다. 따라서 처음으로 내면 발달의 모든 스펙트럼을 생생하게 포착할 수 있다. 그래서 각각의 수준, 밈, 파동이 전반적인 나선의 상태에 매우 중요하다는 것을 알게 된다.

　내가 표현한 것처럼 각각의 파동은 '초월하면서 포함한다.' 다시 말해, 각 파동은 앞의 것을 초월하는 동시에 자신의 구조 안에서 그것을 포함한다. 예를 들어, 세포는 분자를 초월하지만 포함하고 분자는 원자를 초월하지만 포함한다. 분자가 원자를 초월한다는 것은 분자가 원자를 싫어한다는 의미가 아니라 사랑한다는 의미다. 즉 분자는 원자를 자신의 구조 안에 받아들이는 것이다. 원자를 포함하는 것이지 소외시키는 것이 아니다. 이처럼 존재의 각 파동은 뒤따르는 모든 파동의 근본적 요소이며 따라서 각각의 파동을 모두 소중히 여기고 기꺼이 받아들여야 한다.

더욱이, 각각의 파동 자체는 삶의 환경이 보장되면서 활성화되거나 재활성화될 수 있다.[12] 비상 상황에서는 빨간색 힘의 욕구를 활성화시킬 수 있고, 혼란에 대한 반응으로 파란색의 질서를 활성화시킬 필요가 있을 수 있다. 새로운 직장을 찾기 위해 오렌지색의 성취욕이 필요할 수도 있고, 결혼과 친구 관계에서는 친밀한 녹색의 유대가 필요할 수도 있다. 이런 밈들 전부가 유용하게 쓰일 수 있는 것이다.

그러나 그 어떤 밈도 스스로는 다른 밈의 존재를 충분히 인정할 수 없다. 첫 번째 층의 밈은 자신의 세계관이 옳거나 가장 최선의 관점이라고 생각하고, 도전을 받으면 부정적으로 반응한다. 위협을 받을 때마다 자신의 도구를 사용하여 맹렬하게 공격하는 것이다. 파란색의 질서는 빨간색의 충동성과 오렌지색의 개인주의를 모두 아주 불편하게 여긴다. 오렌지색의 개인주의는 파란색의 질서를 애송이처럼 생각하고 녹색의 평등주의를 나약하면서도 졸라대는 것으로 생각한다. 녹색의 평등주의는 탁월함과 가치 서열, 전체적인 그림, 계층, 또는 권위적으로 보이는 어떤 것도 쉽게 받아들일 수 없기 때문에 파란색, 오렌지색 그리고 녹색 이후의 모든 것에 대해 강하게 반응한다.

이 모든 것이 두 번째 층의 사고와 함께 변하기 시작한다. 두 번째 층의 의식은 발달의 내적 단계를 기술적인 방식으로 정확히 표현하지는 못하더라도 전부 인식하고 있기 때문에, 뒤로 물러서서 전체적인 그림을 포착한다. 따라서 두 번째 층의 사고는 다양한 밈들이 수행하는 필수적인 역할을 제대로 알 수 있다. 두 번째 층의 자각은 어느 한 수준의 관점에서가 아니라 존재의 나선 전체의 관점에서 사고하는 것이다.

녹색 밈이 다양한 문화에 존재하는 무수히 많은 체계와 다원적 맥락을 포착하기 시작하는(이것이 녹색 밈이 정말로 민감한 자아인 이유, 즉 타인을 소외시키는 것에 대해 민감한 이유다) 지점에서 두 번째 층의 사고는 한 걸음 더 나아간다. 이런 다원적 체계를 연결시키고 합치는 풍부한 맥락을 찾게 되고, 따라서 이런 각각의 체계를 가져다 전일적 나선과 통합적 네트워크 안에 받아들이고 포함시키며 통합하게 된다. 바꾸어 말하면 두 번째 층의 사고는 상대주의에서 전일주의로, 다원주의에서 **통합주의로** 옮겨 가는 수단이 된다.

그레이브스와 벡, 코완의 광범위한 연구에 따르면 이 두 번째 층의 통합적 의식에는 두 가지 중요한 파동이 있다.

7. **노란색: 통합적**　삶은 자연적 계층구조[홀라키]와 체계, 형태로 이루어진 만화경이다. 융통성, 자발성, 기능성이 가장 우선시된다. 차이와 다원성은 상호의존적인 자연스러운 흐름으로 통합될 수 있다. 평등주의는 필요하다면 타고난 능력의 정도에 따라 보완되어야 한다. 지식과 능력이 계급, 권력, 지위나 집단을 대신해야 한다. 현재 만연한 세계의 질서는 실재의 다양한 수준(밈)이 존재하는 결과이며 역동적 나선을 따라 위아래로 움직이는 필연적인 패턴의 결과다. 바람직한 지배구조는 증가되는 복잡성의 수준(겹쳐진 계층구조)을 통해 실체가 출현하는 것을 촉진한다. 인구의 1%, 5%의 권력.

8. **청록색: 전체적**　보편적인 전일적 체계이자 통합적 에너지의 홀론/파동, 감정과 지식의 통합[켄타우로스]. 다양한 수준이 하나의 의식 체계로 통합된다.[13] 외적 질서(파란색)나 집단의 유대(녹색)에 기초하지 않은, 살아 있는 의식적 방식의 보편적 질서. '장대한

통합'[모든 것의 이론]이 이론적으로도 실제로도 가능하다. 때로는 새로운 영성이 모든 존재의 그물망으로 출현한다. 청록색 사고는 나선 전체를 이용하고 상호작용의 다중적 수준을 직시하며, 모든 조직에 스며 있는 조화와 신비한 힘, 만연한 흐름의 상태를 감지한다. 인구의 0.1%, 1%의 권력.

두 번째 층의 사고를 하는 인구는 2% 미만(청록색의 경우에는 겨우 0.1%)으로, 두 번째 층의 의식은 현재 집단적 인간 진화의 '첨단'에 해당하기 때문에 비교적 드물게 나타난다. 그 예로 벡과 코완은 테야르 드 샤르댕의 인지권(noosphere)과 자아초월심리학의 성장, 혼돈과 복잡성 이론, 통합적·전일적인 시스템 사고, 간디와 만델라의 다원적 통합 등을 언급하고 있다. 그 과정에서 이들의 출현 빈도는 분명히 증가할 것이며, 머지않아 더 상위의 밈이 나타날 것이다…….

두 번째 층 의식으로의 도약

벡과 코완이 지적하고 있듯이, 두 번째 층의 사고는 첫 번째 층 사고의 큰 저항에도 불구하고 출현해야 한다. 실제로 포스트모던적 녹색 밈의 한 가지 형태는 다원주의와 상대주의를 표방하며 더 통합적이고 홀라키적인 사고의 출현에 맞서 활발하게 싸워 왔다. 그럼에도 불구하고, 그레이브스와 벡, 코완이 지적하듯 두 번째 층의 사고가 없다면 인류는 다양한 밈들이 우위를 점하기 위해 서로를 공격하는 전지구적 '자가면역질환'의 희생양으로 남을 운명에 놓여 있다.

수많은 논쟁에서 문제가 되는 것은 어떤 것이 실제로 더 나은 객관적 증거에 기반한 논쟁인지가 아니라 그런 논쟁의 주관적 수준인 이유가 이것이다. 개개인이 의식 진화의 역동적 나선을 통해 발달해 갈 준비가 되어 있지 않다면, 오렌지색의 과학적 증거가 아무리 많아도 파란색 신화의 신봉자들을 설득할 수 없고, 녹색의 유대가 아무리 강해도 오렌지색의 공격성을 감화시킬 수 없으며, 청록색 홀라키가 아무리 많아도 녹색의 공격성을 몰아낼 수 없다. 그 결과 '수준 간' 논쟁이 해결되는 경우는 거의 없고, 모든 진영에서는 상대방이 자신의 의견을 경청하지 않으며 제대로 평가하지도 않는다고 느낀다.

마찬가지로 여러분이 자신의 인지적 바탕에 이미 청록색을 약간 가지고 있지 않다면, 이 책에서 다루고 있는 어떤 이야기도 모든 것의 이론이 가능한 것이라는 확신을 주지 못할 것이다(청록색을 약간 가지고 있다면, 여러 군데에서 이렇게 생각하게 될 것이다. "난 이미 이걸 알고 있어! 정확하게 표현할 방법을 몰랐을 뿐이야").

이미 이야기했듯 첫 번째 층의 밈은 보통 두 번째 층의 밈이 출현하는 것에 저항한다. 과학적 유물론(오렌지색)은 내적인 단계 전부를 객관적 뉴런이 일으키는 소동으로 환원시키려 시도하면서 두 번째 층의 구조에 대해 공격적으로 환원적인 입장을 취한다. 신화적 근본주의(파란색)는 자신의 주어진 질서를 빼앗으려는 시도로 보이는 것에 대해 분노하는 경우가 많다. 자기중심주의(빨간색)는 두 번째 층 전부를 무시한다. 마법적 수준(자주색)은 두 번째 층에 마법을 건다. 녹색은 두 번째 층의 의식을 권위적이고 엄격하게 계층주의적이며, 가부장적이고 남들을 소외시키며, 압제적이고 인종주의적 그리고 성차별주의적이라고 비난한다.

녹색은 지난 30년 동안 문화 연구를 맡아 왔다. 녹색 밈의 일반적인 표어 중 다수를 여러분은 아마 이미 알고 있을 것이다. 다원주의, 상대주의, 다양성, 다문화주의, 해체, 반계층주의 등등 말이다.

녹색의 다원적 상대주의는 한편으로는 예전에 소외되었던 사람들과 아이디어, 담론을 포함시킬 수 있도록 문화 연구의 기준을 확대시키는 훌륭한 일을 해 왔다.[14] 감수성과 배려심을 가지고 사회적 불균형을 바로잡고 배타적인 인습을 피하려 했고, 시민의 권리와 환경보호에서 기본적인 주도권을 행사해 왔다. 흔히 배타적이고 가부장적이며 성차별적, 제국주의적 의제를 지닌 관습적·종교적(파란색) 밈과 과학적(오렌지색) 밈의 철학과 형이상학, 사회적 실천을 강하게 그리고 대개는 설득력 있게 비판해 왔다.

녹색 이전의 단계에 대한 이런 비판이 효과적이기는 하지만, 녹색은 다른 한편으로 녹색 이후의 모든 단계에 총구를 돌림으로써 가장 불행한 결과를 낳고 말았다. 이것은 녹색이 더 전일적이고 통합적인 구조로 나아가는 것을 아주 어렵고 보통은 불가능한 일로 만들었다.

다원적 상대주의(녹색)는 신화적 절대주의(파란색)와 형식적 합리성(오렌지색)을 넘어 풍부하게 조직된 개인주의적 맥락으로 이행하기 때문에, 그 주된 특징 가운데 하나는 강한 **주관주의**다. 이는 진실과 선에 대한 인정의 기준이 (개개인이 남에게 해를 끼치지 않는 한) 보통 개인적 선호에 의해 결정된다는 의미다. 당신에게 진실인 것이 나에게는 꼭 진실이 아닐 수도 있다. 또 단지 어떤 주어진 순간에 개인들이나 문화가 우연히 동의하는 것이 옳은 것이다. 지식이나 진실에 대한 보편적인 주장은 없다. 모든 사람은 자신의 가치를 찾을 자유가 있고 그 가치는 다른 누구도 구속하지 않는다. "당신은 당신 일을 하고 나는 내 일을 한다."가 이 입장을 요약하는 일반적인 표현이다.

이것이 이 수준의 자아가 정말로 '민감한 자아'인 이유다. 진실에 대한 서로 다른 여러 맥락과 형태를 인식하고 있다는(다원주의) 이유 때문에, 자아는 각각의 진실이 하고 싶은 대로 하도록 두기 위해 어느 것도 소외시키거나 무시하지 않으려고 최선을 다한다. '반계층주의', '다원주의', '상대주의', '평등주의' 같은 표어와 마찬가지로, '소외화(marginalization)'라는 단어와 그에 대한 비판에 대해 듣게 된다면 거의 항상 녹색 밈을 마주하고 있는 것이다.

이 훌륭한 의도에는 물론 약점이 있다. 녹색의 원칙에 따라 진행되는 회의는 비슷하게 흘러가기 쉽다. 즉 모두가 자신의 생각을 표현하도록 허락받고 이것은 보통 여러 시간이 걸린다. 의견을 처리하는 과정에는 거의 끝이 없고, 어떤 특정한 행동방침은 누군가를 배제할 수 있기 때문에 보통 결론이나 행동방침의 도출에 이르지 못한다. 따라서 모든 견해를 그 무엇도 소외시키지 말고 인정 많게 포괄적으로 받아들이라는 요구들을 자주 하지만, 정확히 어떻게 그렇게 할 것인지를 제대로 설명하는 경우는 드물다. 실제로는 모든 관점이 동등한 가치를 갖는 것이 아니기 때문이다. 회의는 결론이 도출된 경우가 아니라 모두가 생각을 공유할 기회를 가졌을 경우에 성공적인 것으로 간주된다. 어떤 관점도 본질적으로 다른 관점보다 낮지 않기 때문에, 모든 관점을 공유하는 것 이외에는 어떤 행동방침도 추천될 수 없다. 확신을 가지고 무언가를 주장한다는 것은 다른 모든 생각이 참으로 억압적이고 불쾌한 것이라는 의미다. 1960년대에 유행했던 말이 있다. "자유는 끝없는 회의와 같다." 뭐, 끝이 없다는 부분은 확실히 맞는 말이었다.

학계에서는 이 다원적 상대주의의 입장이 지배적이다. 이것을 콜린 맥긴(Colin McGuinn)은 다음과 같이 요약하고 있다. "이 관념에 따르면, 인간의 이성은 본질적으로 국지적이고 문화 상대적이며, 인간의 본성과 역사의 다양한 현실에 근거를 두고 있다. 그리고 다양한 '관습' 과 '생활양식', '가치 체계', '개념 구조' 의 영향을 받는다. 한 사회나 시대에서 수용되는 것을 넘어서는 생각의 기준 같은 것은 없고, 인지 기능 장애의 고통을 모두가 배려해야 한다는 신념을 객관적으로 정당화할 수 없다. 타당하다는 것은 타당하다고 받아들여진다는 것이고 이 받아들이는 방식은 사람마다 다를 수 있다. 결국 신념에 대한 유일한 정당화는 '나를 위해 정당화된' 의 형태가 된다."[15] 클레어 그레이브스의 표현처럼 "이 체계는 세상을 상대론적으로 바라본다. 모든 것을 상대론적이고 주관적인 가치 체계에서 바라보는 것을 매우 철저하게 강제적으로 중시한다."

어쩌면 요점은 명확할 것이다. 다원적 상대주의는 그토록 강한 주관적 입장을 취하기 때문에 특히나 자아도취의 희생물이 된다. 그리고 이것이 바로 문제의 핵심이다. 다원주의는 자아도취를 위한 초강력 자석이 되는 것이다. 다원주의는 자아도취적 문화의 무의식적 안식처가 되고 자아도취는 일반적으로는 모든 통합적 문화에 대한, 구체적으로는 (자아도취는 스스로의 주관적 세력권 밖으로 나오는 것을 거부하고 따라서 그 자신의 진실을 제외한 다른 진실을 허용할 수 없기 때문에) 모든 것의 이론에 대한 강력한 파괴자다. 따라서 순수한 모든 것의 이론에 대한 방해물의 목록에 자아도취의 문화를 올릴 수 있을 것이다.

그리고 여기에서 부머리티스가 등장하게 된다.

제2장

부머리티스

따분한 사람: 나보다 자기 자신에 더 관심을 갖는 저속한 사람

– 앰브로스 비어스[1]

자아도취의 사전적 정의는 '자기 자신과 스스로의 중요성, 능력 등에 대한 과도한 관심. 자기중심주의'다. 그런데 자아도취는 단순히 자신과 자신의 능력을 과대평가하는 것이 아니라, 그와 동시에 타인과 타인의 공헌을 경시하는 것이다. 자존감이 큰 것뿐 아니라 타인을 가벼이 여기는 것도 결정적인 특징이다. 임상심리학자들의 말에 따르면 보통 자아도취의 내적 상태는 공허하거나 파편화된 자

---

1) Ambrose Bierce (1842~1914): 조소와 풍자로 유명한 언론인 출신의 미국 소설가

아의 상태로, 그런 자아는 스스로를 부풀리고 타인을 끌어내리는 자기중심적 탐욕으로 빈 공간을 채우려고 한다. 그 감정적 기분은 "아무도 나에게 이래라저래라 할 수 없어!"다.

자아도취를 바라보는 방식(과 자아도취의 유형)에는 여러 가지가 있지만, 대부분의 심리학자들은 자아도취가 일반적으로 어린 시절의 일반적 특징이며 이론적으로는 개개인이 성장하면서 그로부터 현저하게 벗어난다는 점에 동의한다. 사실 발달은 자기중심성이 지속적으로 줄어드는 것이라고 정의할 수 있다. 어린 유아는 보통 대부분의 주위 환경과 인간의 상호작용을 알아차리지 못한 채 그 자신의 세계에 휩싸여 있다.[1] 의식의 강도와 역량이 점차 성장해 가면서 아이는 자신과 타인을 구별할 수 있게 되고, 결국에는 타인의 입장을 취할 수 있게 되며 그 결과 배려와 연민을 개발하고 너그럽게 전체를 받아들일 수 있게 된다. 이 가운데 어느 것도 태어날 때부터 가능하지는 않다.

줄어드는 자기중심성으로서의 발달

하버드의 발달심리학자 하워드 가드너는 다음과 같이 말한다.

어린아이는 전적으로 자기중심적이다. 이기적으로 자신만을 생각한다는 의미가 아니라, 그와는 반대로 자신에 대해 생각할 능력이 없다는 것이다. 자기중심적인 아이는 자기를 세상과 구별할 능력이 없고 아직은 타인이나 대상으로부터 자신을 분리하지 못한다. 따라서 남들이 자신의 고통이나 쾌락을 함께하고 자기가 웅

얼거리는 말을 분명 이해해 줄 것이라고 느끼며, 자신의 관점을 모두가 공유하고 동물과 식물마저도 자신의 의식을 함께 나눌 것이라고 느낀다. 숨바꼭질을 할 때는 남들에게 훤히 보이는 곳에 '숨게' 되는데, 자기중심성 때문에 남들에게는 자기가 있는 곳이 보인다는 점을 깨닫지 못하기 때문이다. 인간 발달의 전 과정은 자기중심성이 지속적으로 줄어드는 것이라고 볼 수 있다.[2]

따라서 발달에는 주로 자아도취가 줄어들고 의식이 증가하는 것, 즉 다른 사람과 다른 입장, 사물을 고려하고 점차 서로에 대한 배려를 넓혀 가는 능력이 포함된다. 예를 들어, 캐롤 길리건(Carol Gilligan)은 여성의 도덕 의식 발달이 세 가지 일반적 단계를 거치는 경향이 있음을 발견하고 이를 각각 이기적 단계, 배려 단계, 그리고 보편적 배려 단계라고 명했다. 각 단계에서 배려와 연민의 범위는 확장되고 자기중심성은 줄어든다. 처음에 어린 소녀는 자기 자신만을 생각하지만 그 다음에는 가족이나 친구와 같은 타인도 배려할 수 있고, 끝으로는 인류 전체에 대해 관심과 선의를 확장시킬 수 있다. 그리고 이에 따라 통합적 포용을 향해 나아간다. 각각의 상위 단계는 더 이상 자신을 돌보지 않는다는 의미가 아니라, 순수한 관심과 연민을 표현하는 대상이 더 많아진다는 의미다.

그런데 남성 또한 동일한 세 가지 일반적 단계를 거친다. 길리건에 따르면 배려와 관계보다는 보통 권리와 정의를 강조하기는 하지만 말이다. 길리건은 남성과 여성 모두의 경우 세 번째 단계 이후에는 다른 성의 태도들이 통합될 수 있다고 믿는다. 그 결과 이 보편적-통합적 단계에서는 남성과 여성 모두 자신 안의 목소리를 대부분 통합하여 정의와 연민을 결합할 수 있다. 통합적 포용은 세 번째 일반적 단계인 보편적 배려의 정점에 해당한다(나는 이것을 잠시 후에 나선역학 같은 다른 개념들과 연결시킬 것이다).

이런 세 가지 단계는 대부분의 발달 유형에서 상당히 일반적인 것이다. 그리고 전인습적/인습적/후인습적이나 자기중심적/사회중심적/세계중심적, 또는 '나' / '우리' / '우리 모두' 등의 여러 가지 이름으로 알려져 있다.

유아와 어린아이들은 아직 인습적 규칙과 역할을 익히지 못한 것이기 때문에 이기적 단계를 보통 **전인습적**(preconventional) 단계라고 한다. 아직 타인의 입장을 취할 수 없고 따라서 순수한 배려와 연민을 발달시킬 수 없다. 그러므로 자기중심적이고 이기적, 자아도취적 등의 상태로 남게 된다. 이것은 어린아이들에게 타인에 대한 감정이 없다는 의미가 아니고, 전적으로 부도덕하다는 의미도 아니다. 뒤따르는 발달 단계와 비교할 때 아이들의 감정과 도덕의 중심이 아직은 스스로의 충동과 물리적 욕구, 본능의 해방에 심하게 치우쳐 있다는 의미일 뿐이다(어떤 낭만주의 이론가들은 유아가 비이원적 자유와 원초적 선의 상태에 있다고 생각하지만, 어떤 아기가 진정으로 자유롭단 말인가? 유아기 상태는 자유가 정말로 존재하는 상태가 아니라 기껏해야 잠재성과 가능성의 상태일 뿐이다. 충동과 갈망, 긴장, 방출에 지배되는 어떤 상태도 진정 자유로운 것일 수는 없기 때문이다. 어쨌든, 유아는 타인의 입장을 취할 수 없고 따라서 순수한 연민과 배려, 사랑의 능력이 없다는 것을 연구 결과들은 일관되게 보여 주고 있다).[3]

6세에서 7세 정도부터 의식에 심오한 변화가 발생한다. 아이가 타인의 입장을 취할 수 있게 되는 것이다. 예를 들어, 앞면이 파란색이고 뒷면이 오렌지색인 책이 있다고 하자. 다섯 살짜리 아이에게 책의 앞뒤를 보여 주고, 아이가 파란색을 보도록 여러분과 아이 사이에 책을 둔다. 아이에게 무슨 색을 보고 있냐고 물으면 파란색이라고 맞게 대답할 것이다. 내가 무슨 색을 보고 있냐고 물으면 역시 파란색이라고 할 것이다. 일곱 살짜리 아이는 오렌지색이라고 할 것이다.

달리 말하면, 다섯 살짜리 아이는 타인의 입장에서 보거나 타인의 관점을 취할 수 없다. 자신으로부터 벗어나 잠시 타인의 입장에 들어갈 수 있는 인지적 능력이 없는 것이다. 따라서 타인의 관점을 결코 이해하지 못할 것이고, 타인을 결코 이해하지 못할 것이다. 서로를 인정한다는 것은 있을 수가 없다. 그러므로 감정적으로 아무리 사랑하는 사람이라고 해도 그의 관점을 진심으로 배려할 수도 없다. 하지만 이 모두가 타인의 입장을 취할 수 있는 능력이 출현하면서 변하게 되는데, 이 때문에 길리건은 이를 이기적 단계에서 배려 단계로의 변화라고 칭한다.

보통 8세에서 청년기까지 지속되는 배려의 단계는 인습적(conventional), 순응자(conformist), 인종중심적 또는 사회중심적 단계라고 알려져 있고, 그 의미는 집단(가족, 동료, 일족, 국가)에 중심을 둔다는 것이다. 어린아이는 자신의 한정된 관점에서 벗어나 타인의 시각과 관점을 공유하기 시작하고 그 결과 때로는 타인의 관점에 갇혀 버리게 된다(순응자). 이 단계를 흔히 '착한 아이', '좋든 나쁘든 내 나라' 등으로 부르는데, 이것은 이 일반적 시기에 통상적으로 수반되는 강한 순응성과 동년배들의 압력, 집단 지배력을 반영하는 것이다. 이 단계에서는 비록 자기 자신의 관점에서는 어느 정도 벗어날 수 있지만 집단의 관점에서는 쉽게 벗어나지 못한다. 자기중심성이 크게 줄어들고 '나'로부터 '우리'로 옮겨 갔지만, '좋든 나쁘든 내 나라' 식으로 거기에 사로잡혀 있는 것이다.

성인이 되면 후인습적(postconventional)이고 세계중심적인 의식(길리건의 보편적 배려)이 나타나면서 이 모두가 변화하기 시작한다. 이것은 자기중심성이 또다시 크게 줄어든다는 의미인데, 이번에는 동년배 집단을 자세히 살펴보게 되기 때문이다. 나 또는 내 일족, 내 나라만이 아니라 인종, 종교, 성, 정치적 신념에 관계없이 모든 사람에게 올바르고 공평한 것은 무엇인가? 성인은 '모든 가능성에 흥분한 불 같은 이상주의자', '정의의 십자군', '세상을 뒤흔들려는 혁명가'가 될 수 있다. 물론 이 가운데 어떤 것들은 단지 호르몬의 폭발이나 광기에 지나지 않는다. 그러나 상당 부분은 보편적 배려와 정의, 공정성의 단계가 출현한 것이기도 하다. 그리고 사실 이것이 바로 참된 통합적 포용을 발달시킬 수 있는 가능성의 시작이다.

연민의 나선

자기중심적에서 인종중심적, 세계중심적에 이르는 이 세 가지 일반적 단계는 물론 의식이 전개되는 파동을 간단히 요약한 것일 뿐이지만, 가드너의 말처럼 발달은 실로 자기중심성이 감소하는 것임을 여러분은 이미 이해하기 시작했을 것이다. 발달의 각 파동은 자아도취가 줄어들고 의식이 확장되는 것, 즉 더 깊고 넓은 관점을 고려할 수 있는 능력이 늘어나는 것이다.

물론 단계가 더 많은 복잡한 모형도 있다. 제1장에서는 이 발달의 전개에 대한 사례를 나선역학과 여덟 가지 발달의 파동을 가지고 설명했다([그림 2-1]에서 다음의 연관관계를 볼 수 있다). 나선역학에서 전인습적 단계는 베이지색(원형적-본능적), 자주색(마법적-물

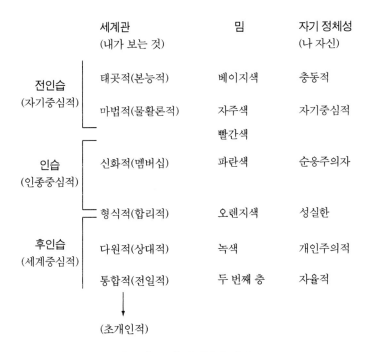

	세계관 (내가 보는 것)	밈	자기 정체성 (나 자신)
전인습 (자기중심적)	태곳적(본능적)	베이지색	충동적
	마법적(물활론적)	자주색	자기중심적
		빨간색	
인습 (인종중심적)	신화적(멤버십)	파란색	순응주의자
	형식적(합리적)	오렌지색	성실한
후인습 (세계중심적)	다원적(상대적)	녹색	개인주의적
	통합적(전일적)	두 번째 층	자율적
	(초개인적)		

[그림 2-1] 세계관과 자아

활론적) 그리고 빨간색(자기중심적)이다. 빨간색을 '자기중심적' 이라고 부르긴 하지만 처음의 두 단계가 훨씬 더 자기중심적이다(각각의 단계마다 자아도취는 계속 줄어들게 된다). 빨간색이 자기중심적이고 전인습적인 단계들 가운데 가장 높은 단계에 해당하기 때문에이제는 그런 자기중심성을 강하게 행동으로 옮길 수 있는 것일 뿐이다. 다음 단계(파란색, 순응자의 규칙)에서 자아도취는 집단 속으로흩어진다. "나는 그렇지 않지만 내 나라는 잘못된 일을 할 수가 없지!"라는 인습적/순응자 태도는 오렌지색(이기적-합리적)까지 지속되고, 이것은 후인습 단계(녹색, 노란색 그리고 청록색)의 시작이다.이 후인습 단계들(특히 오렌지색과 녹색)의 특징은 전인습과 인습 단계에 거의 언제나 존재하는 신화와 순응적 가치, 인종중심적 편견에 대해 철저하게 조사하고 따져 본다는 것이다.

간단히 말해, 발달이 전인습에서 인습, 후인습으로 (또는 자기중심적에서 인종중심적, 세계중심적으로) 이행하면서 자아도취와 자기중심성은 천천히 그러나 확실하게 줄어든다. 후인습적 의식을 갖는 성숙한 어른은 세상과 타인을 자기의 확장인 것처럼 대하지 않고 자신만의 방식으로 세상을 경험한다. 상호 인정과 존중에 의해 작동하는, 다른 별개의 개개인으로 구성된 공동체 안의 별개의 자기로서 말이다. 발달의 나선은 나에게서 우리, 우리 모두로 확장되는 연민의 나선이고, '우리 모두'에서 통합적 포용에 개방된다.

바로 덧붙여야 할 점은, 이것이 발달은 오직 감미롭고 빛나는 것, 발전의 사다리를 연달아 멋지게 올라가는 것이라는 의미가 아니라는 점이다. 발달의 각 단계는 새로운 역량만이 아니라 새로운 재앙의 가능성을, 새로운 잠재력만이 아니라 새로운 병리를, 새로운 힘만이 아니라 새로운 질병을 가져온다. 일반적으로 진화에서 새롭게 출현하는 체제는 항상 새로운 문제에 직면한다. 원자는 암에 걸리지 않지만 개는 암에 걸리는 것이다. 곤란한 일이지만 의식이 확장될 때마다 치러야 할 대가가 있고, 좋은 소식이 있으면 나쁜 소식도 있다는 '발전의 변증법'을 항상 기억해야 한다. 다만 여기에서 중요한 점은, 각각의 의식 파동이 전개됨에 따라 배려와 연민, 정의, 자비가 통합적 포용을 향해 더 크게 확대될 가능성이 뒤따르게 된다는 것이다.

체제에 저항하라!

그렇다면 자아도취의 한 가지 원인은 단지 성장하고 진화하는 데 실패했다는 것이다. 특히 자기중심적 단계에서 사회중심적 단계로의 어려운 성장에서, 이 변화를 거부하는 의식의 측면들은 사회의 규칙과 역할에 적응하는 데 어려움을 겪으면서 자기중심적 영역에 '갇힌 채로' 남게 된다. 물론 그런 규칙과 역할 중 어떤 것들은 존중할 가치가 없어 강하게 비판하고 거부해야 하는 것일 수 있다. 그러나 사회의 기준을 살펴보고 곰곰이 생각하고 비판하는 후인습적 태도는 인습적 단계를 먼저 통과해야만 얻을 수 있다. 인습적 단계에서 습득한 능력이 후인습적 의식의 필요조건이 되기 때문이다. 달리 말하면, 인습적 단계에 이르는 데 실패한 사람은 후인습적 사회 비판이 아니라 전인습적 반항을 할 것이다. 전인습적 파동에는 "아무도 나에게 이래라저래라 할 수 없어!"라는 자아도취의 핵심적 태도가 뚜렷하게 존재한다.

베이비붐 세대가 악명 높은 반항적 세대라는 것에 비평가들은 동의한다. 그런 반항 가운데 일부는 분명 불공평·불공정하거나 비도덕적인 사회적 측면을 개선하는 데 진심으로 관심이 있는 후인습적인 개개인들로부터 나왔을 것이다. 그러나 그런 반항적 태도 가운데 놀랄 만큼 큰 부분이 인습적 실재에 이르는 데 큰 어려움을 겪고 있는 전인습적 충동으로부터 나왔다는 것도 마찬가지로 분명하며, 이에 대해서는 실증적 증거도 많다. '체제에 저항하라!'에서 '모든 권위를 의심하라!'에 이르는 1960년대의 일반적인 구호들은 후인습적 의식에서만큼이나 쉽게 전인습적 의식에서도 비롯될 수 있다. 그리고 전자보다 후자가 더 흔했다는 것을 나타내 주는 증거들이 있다.

고전적인 연구 사례는 (특히 베트남 전쟁에 반대했던) 1960년대 후반 버클리 학생들의 시위다. 학생들은 자신들이 도덕적인 신념 때문에 행동하는 것이라고 한목소리로 주장했다. 그러나 도덕 발달에 대해 실제로 테스트를 했을 때 압도적 다수가 후인습 수준이 아닌 전인습 수준에 해당하는 점수를 받았다.[4] (인습적/순응자 유형은 거의 없었는데, 이들은 그 정의상 별로 반항적이지 않기 때문이다) 물론 일부 시위자들의 후인습적이고 세계중심적인 도덕성에는 갈채를 보낼 만하다. 꼭 그들의 신념 때문이 아니라, 그들이 고도로 발달된 도덕적 사고를 통해 그런 신념에 이르렀기 때문에 말이다. 그러나 분명히 시위자 대부분의 전인습적인 자기중심성도 인정해야 한다.

그런 실증 연구에서 가장 흥미로운 것이 '전(前)'과 '후(後)' 상황인데, 즉 전-X와 후-X는 둘 다 비-X이고(가령 전인습과 후인습은 모두 비인습적 또는 인습적 규범과 규칙을 벗어난 것이다) 따라서 혼동되는 경우가 많다. 그런 상황에서 '전'과 '후'는 보통 동일한 수사법과 동일한 관념을 사용하지만, 사실은 성장과 발달의 거대한 만(灣)이 둘 사이를 갈라놓고 있다. 버클리 시위에서 거의 모든 학생은 자신이 보편적인 도덕 원칙에 의해 행동하는 것이라고 주장했다. "베트남 전쟁은 보편적인 인권을 침해하는 것이므로, 도덕적 존재로서 나는 이 전쟁에서 싸우는 것을 거부한다."는 것이다. 그러나 테스트 결과 단지 소수만이 후인습적인 도덕 원칙에 의해 행동하고 있음이 명백히 나타났다. 다수는 전인습의 자기중심적 동기에서 행동하고 있었던 것이다. "아무도 나에게 이래라저래라 할 수 없어! 그러니까 너희들의 전쟁 따위는 집어치워!"

이 사례에서는 아주 고결한 도덕적 이상이 실제로는 매우 저급한 신조를 뒷받침하기 위해 사용되었던 것으로 보인다. 이 속임수를 가능하게 했던, 달리 말하면 후인습적 이상주의라고 학생들이 소리 높여 주장했던 곳에 전인습적 자아도취가 도사릴 수 있게 했던 것은, 발달의 '전' 단계와 '후' 단계가 이상하게도 겉으로는 비슷해 보인다는 점이다. 전인습과 후인습 둘 다 인습적이지 않은 것이기 때문에 둘을 혼동하는 것을 '전/후 오류(pre/post fallacy)'라고 하며, 베이비붐 세대의 이상주의 가운데 적어도 일부는 이런 냉철한 관점에서 해석 또는 재해석해야 한다.

이 점은 매우 중요하다. 생태주의에서 문화적 다양성, 세계 평화에 이르기까지 어떤 대의명분이 아무리 고결하고 이상적이며 이타적으로 보이더라도, 그 명분을 강하게 뒷받침하는 단순한 구호만으로는 실제로 그 명분이 왜 받아들여지고 있는지 밝히는 데 충분하지 않다는 사실을 환기시켜 주기 때문이다. 예를 들면, 베이비붐 세대가 '조화, 사랑, 상호 존중과 다문화주의'를 외치는 것은 그들 자신이 그 이상적이고 자기중심적이지 않은 방향으로 움직이고 있음을 의미한다고 단순하게 추정해 온 사회비평가들이 너무 많다. 그러나 앞으로 보게 되듯이, 많은 경우에 있어 베이비붐 세대는 스스로의 내적 성장의 측면에서 그런 방향으로 움직이고 있지 않았을 뿐만 아니라 주로 자신의 자기중심적 입장을 감추기 위해 자기중심적이지 않은 관점을 요란하게 받아들이고 있었던 것이다.

베이비붐 세대가 전부 그랬다는 이야기가 아니다. 후인습적 통찰과 그 안에 도사리고 있는 전인습적 동기의 이상한 조합, 우리가 '부머리티스'라고 부르는 이상한 조합이 있다는 이야기일 뿐이다.

성장 위계와 지배자 위계

　다원주의, 평등주의 그리고 다문화주의는 최상의 상태에서는 모두 아주 높은 발달 수준인 녹색 밈으로부터 생겨난다. 그리고 녹색 밈은 그런 다원적 공정성과 배려의 태도로부터 다른 모든 밈을 똑같은 배려와 연민, 진정 고귀한 의도로써 대하고자 한다.[5] 그러나 강한 평등주의를 받아들이기 때문에, 그 자신의 태도—평등주의를 받아들일 능력이라도 있는 최초의 수준—가 상당히 드물고 엘리트주의적인(앞에서 보았듯이 세계 인구의 약 10% 정도에 해당하는) 태도라는 것을 알지 못한다. 설상가상으로 녹색 밈은 그 다음에는 애당초 녹색 밈을 낳았던 단계들을 공격적으로 부정한다. 이것은 녹색 밈이 모든 밈을 동등하게 여기고 어떤 서열적 판단도 하지 않으려 하기 때문이다. 그러나 우리는 녹색의 평등주의가 최소한 여섯 가지 주요 발달 단계의 산물이라는 것을 보았는데, 평등주의는 여기에 등을 돌리고 평등이라는 이름으로 그 모든 것을 맹렬히 부정하게 되는 것이다.

　이런 다원주의적 혼란은 많은 부분 계층(hierarchy)과 자연적 성장 및 발달에서 계층이 갖는 중요성을 잘못 이해한 데서 온다. 각각의 밈들이 계층이라는 개념을 어떻게 여기는지를 주목해 보라. 자주색(마법)은 계층을 거의 인식하지 못하는데, 이는 앞으로 보게 되듯 주로 전(前)형식적이고 전인습적이기 때문이다. 빨간색(자기중심적 힘)은 (봉건 제국의 기반인) 폭력의 계층을 인식한다. 파란색(신화적 질서)에는 세습 카스트 제도나 중세 교회의 계급구조, 봉건 제국과 초기 국가들의 극심한 사회적 계층화 등과 같은 매우 경직된 사회적 계층들이 많이 있다. 오렌지색(개인적 성취)은 개인적 자유와 동등한 기회라는 명분 아래 파란색의 계층들을 단호하게 무너뜨린다(유전과 특권이 능력주의와 우수성으로 대체된다는 점에서 오렌지색의 계층은 파란색의 계층과는 전혀 다르다).

그런데 녹색에 이르면 민감한 자아는 사실상 모든 유형의 계층에 대한 결연한 공격과 비난을 개시하는데, 이는 순전히 그것들이 끔찍한 사회적 억압에 실제로 흔하게 연관되어 왔다는 이유 때문이다. 공격적인 반계층적 태도는 보통 녹색 밈의 명백한 특징이다.

그러나 두 번째 층이 나타나면서 계층이 다시 등장하게 되는데, 이번에는 보다 부드럽고 내포된(nested) 방식을 취한다. 이런 내포된 계층들을 흔히 원자에서 분자, 세포, 유기체, 생태계 그리고 생물권, 우주에 이르는 계층과 같은 성장 위계(growth hierarchy)라고 부른다.[6] 이런 단위들 각각은 아무리 '하찮은' 것이라고 해도 전체적인 순서에서 절대적으로 중요하다. 모든 원자를 파괴하는 것은 동시에 모든 분자, 세포, 생태계 등을 파괴하는 것이다. 동시에 각각의 상위 파동은 생태계가 유기체를 포함하고 유기체는 세포를, 세포는 분자를 포함하는 식으로 그 앞의 것들을 감싸고 포함한다. 즉 발달이 곧 포월(包越, envelopment)인 것이다. 따라서 각각의 파동은 보다 더 포괄적이고 포용적, 통합적이 되고, 보다 덜 소외시키며 보다 덜 배타적, 억압적이 된다. 각각의 이어지는 파동은 '초월하고 포함'한다는, 즉 스스로의 편협함을 초월하여 다른 것들을 포함한다는 것이다. 발달의 나선 자체는 대부분의 자연적 성장 과정처럼 내포된 위계 또는 성장 위계다. 그리고 실제로 벡과 코완은 내포된 위계가 두 번째 층 사고의 특징이라는 점을 지적했다.

『성배와 칼(The chalic and the Blade)』의 저자인 리안 아이슬러는

'지배자 위계(dominator hierarchy)'와 '실현 위계(actualization hierarchy)'를 언급하며 이 중요한 차이에 대해 강조한다. 전자는 억압의 도구인 경직된 사회적 위계이며, 후자는 개개인과 문화(그리고 사실상 모든 생명 체계)의 자기실현에 실제로 필요한 성장 위계다. 지배자 위계가 억압의 수단인 반면 실현 위계는 성장의 수단이다. 기존에 고립되고 파편화되어 있던 요소들을 합치는 것이 성장 위계다. 개별 원자는 분자로 합쳐지고 개별 분자는 세포로, 개별 세포는 유기체로, 유기체는 생태계로, 생태계는 생물권으로 합쳐진다. 요컨대 성장 위계는 무더기를 전체로, 파편을 통합으로, 소외를 협동으로 바꾸는 것이다.

그리고 나선역학에서는 덧붙이기를, 이 모두가 두 번째 층에서는 점차 의식적인 것이 된다. 두 번째 층의 통합적 자각은 성장에 내포된 위계를 이해한다. 따라서 모든 계층에 대해 부정적으로 반응한다면, 지배자 위계의 부당함에 명예롭게 맞서는 동시에 스스로가 통합적인 두 번째 층으로 발달하는 것을 막게 될 가능성이 매우 크다. 앞으로 보게 되겠지만, 녹색 밈은 파란색과 오렌지색의 절대주의와 보편자[2] 그리고 지배자 위계에 효과적으로 맞서지만, 그리고는 모든 위계가 같은 수준에 있다고 착각을 한다. 그래서 모든 위계를 부정하기 때문에 스스로를 첫 번째 층의 사고에 굳게 고정시키게 된다.

(같은 일이 '보편자'와 '거대담론'에서도 일어난다. 둘 다 전인습적 파동에는 존재하지 않으며, 파란색 밈에서는 경직되고 억압적인 방식으로 존재한다. 녹색 밈에서는 공격을 받고 해체되며, 두 번째 층의 통합적 파

---

2) 普遍者(universal): '각각의 개체(개별자: individual)가 공유하는 속성 또는 특징'을 의미하는 철학 용어

동에서는 보다 부드럽고 내포된 방식으로 돌아온다. 거대담론과 보편자에 대한 공격이 들려올 때는 거의 항상 녹색 밈이 존재한다.)

부머리티스

요점은, 녹색 다원주의라는 아주 높은 발달상의 입장―계층적 변용의 최소한 여섯 가지 주요 단계가 만들어 낸 산물―이 돌아서서는 모든 위계를 부정한다는, 즉 자신의 고귀한 입장을 낳은 바로 그 경로를 부정한다는 것이다. 그 결과 녹색의 다원주의는 아무리 피상적이거나 자아도취적인 입장이라고 해도 평등주의에 입각하여 포용한다. 평등주의를 더 많이 따를수록 자아도취의 문화를 더 많이 불러오게, 사실상 장려하게 된다. 그리고 자아도취의 문화는 통합 문화와는 반대되는 것이다.

(우리는 자아도취의 핵심이 '아무도 나에게 이래라저래라 할 수 없어!'라는 요구임을 보았다. 따라서 자아도취는 보편적인 것이라면 무엇이든 인정하지 않으려 할 텐데, 왜냐하면 '아무도 나에게 이래라저래라 할 수 없기' 때문에 보편적인 것은 자아도취가 열심히 해체하고자 하는 여러 요구와 의무의 짐을 자아도취에 지우기 때문이다. 이 자기중심적 태도는 다원적 상대주의의 교리에 의해 쉽게 지원과 옹호를 받을 수 있다.)

요컨대, 다원주의라는 상당히 높은 발달의 파동이 감정적 자아도취라는 아주 저급한 상태에 대한 강력한 자석이 되는 것이다. 이것은 부머리티스로 이어진다.

부머리티스는 아주 높은 인지적 역량(녹색 밈과 숭고한 다원주의)이 상당히 저급한 감정적 자아도취로 오염된 이상한 혼합물, 그토록 많은 사회비평가들이 언급한 바로 그 혼합물이다. 달리 말하면, 다원주의라는 아주 발달한 밈이 일부 저급하고 강렬한 자기중심적 밈(즉 자주색과 빨간색)의 **부활**을 위한 피신처이자 안식처가 되는 것이다. 녹색은 정말로 불공정하고 사람들을 소외시키는 경우가 많은 순응주의자의 규칙을 넘어서려는 고귀한 시도를 해 왔고, 많은 부분 억압적이고 숨 막히게 하는 것이 될 수 있는 경직된 합리성의 해체를 순수하게 열망해 왔다. 그러나 요컨대 **후인습적**이 되고자 하는 이런 존경할 만한 시도 속에서 녹색은 종종 인습적이지 않은 것들 전부를 무심코 포용해 왔다. 그리고 솔직히 말해 여기에는 **전인습적**이고 퇴행적, 자아도취적인 것이 많이 포함되어 있다.

아주 높은 후인습적 밈과 전인습적 자아도취의 밈이 이처럼 이상하게 혼합된 것이 부머리티스다. 그 전형적인 결과는, 민감한 자아가 정말로 도움을 주려고 하면서 자신의 중요성을 기를 쓰고 과장하는 것이다. 세계 역사의 가장 위대한 변용을 알리는 새로운 패러다임을 가지고 있다거나, 우리가 알고 있는 사회를 완전히 변혁할 것이라거나, 이전의 모든 것을 새롭게 할 것이라거나, 지구를 구하고 가이아를 구하고 여신을 구할 것이라거나, 가장 뛰어난 무엇이 될 것이라는 식으로 말이다.

지난 30년간의 베이비붐 세대의 문화 연구에서 나타난 부정적인 면들을 몇 가지 살펴보자. 렌트리키아의 예에서 보았듯이, 이것이 바로 현장을 지켜본 관찰자들이 "문학과 문화에 대한 학술 비평의 영웅적 자기팽창은 더 이상 과장이 불가능할 정도로 거대하다는 것이 아주 확실하다."고 보고해 왔던 이유다. 다시 한 번 말하지만, 이것이 베이비붐 세대에 대한 이야기의 전부도 아니고 가장 중요한 부분도 아니다. 그러나 명백한 특징이기는 하다. 부머리티스는 학술 연구에 상당한 편향과 편견을 가해 왔고, 다수의 문화 전쟁을 지원하고 있으며, 뉴에이지의 구석구석에 출몰하고 있다. 또한 해체와 정체성 정치의 계략 여럿을 부추기며, 매일 새로운 패러다임에 대한 글을 쓴다. 내가 『부머리티스』에서 자세히 입증하고자 했듯이, 아무리 악의 없는 주제라고 해도 부머리티스의 손에 의한 재작업을 피해 간 경우는 거의 없다.

일반적인 발달에서 녹색의 다원주의는 결국 두 번째 층의 사고와 통합적 포용으로 대체되는데, 왜 이 세대는 녹색 밈―다원적 상대주의, 극단적 평등주의, 반계층적 분노, 해체적 포스트모더니즘, 파편화되는 다원주의, 난 내 일을 할 테니 당신은 당신 일이나 잘하고 통합 따위는 알게 뭐야―에 그렇게 갇혀 있었을까? 주된 이유 가운데 하나는, 녹색 밈의 강렬한 주관주의가 [어떤 이유에서건 미 제너레이션(Me generation)에서 만연하고 있음을 여러 사회 비평가들이 발견한] 자아도취를 근본적으로 끌어당겼으며 그것의 은신처였다는 점인 듯하다. 부머리티스는 녹색 밈에 대한 고착을 심화시켜 그것을 놓아 버리는 일을 거의 불가능하게 만드는 것 같다. 자아도취가 다원주의 안에서 그처럼 행복한 안식처를 발견하기 때문에 양자는 서로에게 얽매이게 된다. 고귀한 다원주의와 저급한 자아도취의 이 결합이 부머리티스고, 이것이 통합적 포용으로 나아가는 길에 놓여 있는 주된 장애물 가운데 하나라는 결론이 이어진다.

녹색 밈의 여러 가지 선물

통합적 전개를 가로막는 최대의 장애물은 여전히 부머리티스라는 것이 내 생각이다. 그러나 가장 중요한 것은, 녹색 밈에 대해 무엇이 잘못되어 버렸는지가 아니라 무엇이 제대로 될 수 있는지다. 두 번째 층은 녹색 밈이 조성한 커다란 기금에서 출현하는 것이기 때문이다.[7] 녹색 밈에 의해 해방된 다원적 관점으로부터 통합적이고 전일적인 네트워크가 만들어지는 것이다.

이 사실은 강조할 만한 가치가 있다. 발달은 분화와 통합에 의해 진행되는 경향이 있다(예를 들면, 단세포 접합체는 2개의 세포로 분화되고 그 다음에는 4개, 16개, 32개…… 식으로 분화된다. 동시에 이런 분화된 세포들은 일관된 조직과 기관, 계통으로 통합된다). 녹색 밈은 앞서의 합리적 파동(형식적 조작과 이기적 합리성의 오렌지색 밈)이 흔히 나타내는 경직되고 추상적인 보편적 형식주의를 힘겹지만 용기 있게 분화시킨다. 녹색 밈은 그리하여, 자신과 다른 것이면 무엇이든 무시하고 소외시키는 경향이 있는 합리적 균일론을 드러내는 것이 아니라 다양한 맥락의 아름다운 형형색색의 직물과 풍요롭고 다양한 문화적 어우러짐, 다원적 인식 그리고 개인적 차이를 드러내고, 무시되기 쉬운 모든 목소리에 대해 민감해지게 된다(민감한 자아). 우리는 모든 밈이 전체 나선의 건전성에 값진 기여를 한다는 것을 보았는데, 이 다원적 민감성은 녹색 밈의 훌륭한 선물 가운데 하나다.

그런 훌륭한 분화들이 이루어지고 나면 이들은 정말로 전일적이고 통합적인 세계를 드러내는 더 깊고 넓은 맥락 속으로 한데 모일 수 있다. 바로 두 번째 층 의식으로의 도약이 일어날 수 있는 것이다. 그러나 이는 오로지 녹색 밈이 이룩한 성과가 있기 때문에 가능한 일이다. 먼저 분화가 있고 그 다음에 통합이 있다. 녹색 밈이 시작한 임무가 두 번째 층에서 완결되고 이로 인해 우리는 다원적 상대주의에서 보편적 통합주의(예를 들면 성숙한 비전-논리, 겝서의 통합적-비조망적, 뢰빙거의 통합 단계 등)로 나아갈 수 있다. 두 번째 층이 통합할 다원적 관점을 녹색 밈이 해방시킨다는 말의 의미가 바로 이것이다.

요컨대, 녹색 밈은 첫 번째 층 사고의 결론이기 때문에 두 번째 층으로의 도약을 준비한다. 그러나 두 번째 층으로 이동하려면 다원적 상대주의와 전반적인 녹색 밈에 대한 고착이 완화되어야 한다. 녹색 밈이 성취한 것은 전부 포함되고 이월될 것이다. 그러나 자신의 입장에 대한 애착은 완화될 필요가 있는데, 이것을 아주 어렵게 만드는 것이 바로 부머리티스(또는 상대주의적 입장의 강력한 주관론에 대한 자아도취적 애착)다. 녹색 밈에 대한 우리의 고착을 강조함으로써, 우리는 한층 더 관용적인 포용 속에서 녹색 밈의 놀라운 성취를 기꺼이 초월하고 포함하기 시작할 수 있다고 나는 생각한다.

다원주의를 넘어

하지만 왜 부머리티스가 통합 비전의 출현을 가로막는 가장 큰 장애물 가운데 하나인가? 신화적 멤버십(파란색)의 경직된 순응성은 어떤가? 이기적 합리성(오렌지색)의 보통 추잡한 유물론은? 여러 제3세계 국가의 끔찍한 경제적 여건은?

맞다. 이 모두가 사실이다. 그러나 앞서 이야기했던 것처럼, 통합주의(전일적인 두 번째 층)의 출현은 다원주의(녹색) 단계로부터만 가능하다. 물론 녹색 이전의 **모든** 밈 또한 통합적 관점의 출현을

'방해한다.' 내가 말하고자 하는 요점이자 내가 베이비붐 세대를 비난하는 유일한 이유는, 한 세대의 많은 사람들이 녹색 밈으로 상당히 발달을 한 것은 이 세대가 처음이고, 따라서 이 세대는 성숙한 두 번째 층 의식으로 크게 전진하고 사회 제도를 정말로 통합적인 방식으로 조직하는 데 그 의식을 사용할 진정한 기회를 잡은 최초의 세대라는 것이다.

그러나 아직 완전히 그러지는 못하고 있는데, 이것은 베이비붐 세대가 녹색 다음의 단계로 의미 있게 넘어가지 못하고 있기 때문이다(앞서 보았듯이 2% 미만이 녹색 이후에 해당한다). 그러나 여전히 가능성은 있다. 그리고 그렇게 할 수 있는 것은 오직 녹색 밈으로부터이기 때문에, 베이비붐 세대는 여전히 두 번째 층 의식의 초공간으로 도약할 수 있는 태세를 갖추고 있다. 그것은 정말로 위대하고 역사적인 변화, 우리가 알고 있는 사회에 엄청난 영향을 미칠 변화가 될 것이다. 그리고 그것을 뒷받침하는 것은 거창한 부머리티스의 주장이 아니라, 특히 사회적·심리학적 발달 연구의 결과로 발견된 상당한 규모의 증거다.

통합적 문화

최근 사회학자인 폴 레이(Paul Ray)는 새로운 문화적 세력(레이는 그 구성원을 '문화 창조자(the cultural creatives)' 라고 부른다)이 놀랍게도 현재 미국 성인 인구의 24%(약 4,400만 명)를 차지한다는 것을 발견했다. 이들을 이전의 전통주의와 모더니즘 문화 운동과 구별하기 위해 레이는 이 집단을 통합적 문화라고 부른다. 이 집단이 정확히 얼마나 '통합적' 인지는 두고 보아야 하지만, 나는 레이가 제시한 수치가 일련의 아주 현실적인 추세를 정말로 나타낸다고 생각한다. 전통주의자들은 전근대의 신화적 가치(파란색)에 기반을 두고 있으며 근대주의자들은 합리적-산업적 가치(오렌지색)에, 그리고 문화 창조자들은 후형식적/포스트모던적 가치(녹색)에 기반을 두고 있다. 이 세 가지 운동이 정확히 우리가 의식의 발달과 진화(전형식적 · 신화적에서 형식적 · 합리적, 초기 후형식적으로)에 대한 조사에서 기대할 수 있는 것이다.

그러나 몇 가지 짚고 넘어갈 것이 있다. 레이가 말하는 통합적 문화의 의미는 내가 '통합적' 이라는 용어를 사용할 때와는 다르다. 여기서 통합적 문화는 보편적 통합주의, 성숙한 비전-논리 또는 두 번째 층의 의식에 기반을 두고 있는 것이 아니다. 그보다는 레이의 조사 결과에서 알 수 있듯이 문화 창조자의 대부분이 기본적으로 **녹색 밈**을 활성화시키고 있다. 이것은 그들의 가치관에서 명백하게 드러난다. 즉 그들은 계층주의에 강하게 반대하며 대화에 관심이 있고, 이차원적 전일주의(레이의 표현에 따르면 '전일적인 모든 것' 인데, 모든 진정한 전일주의에는 내포된 계층 또는 홀라키가 수반된다는 점은 제외해야 한다. 문화 창조자들은 홀라키를 멀리하기 때문에, 일반적으로 그들의 전일주의는 물리학이나 시스템 이론에서 제안하는 것처럼 홀로 주장하는 전일성의 화합물이다)를 받아들이고, 거의 모든 관습적 방식을 의심하며, 소수자들이 소외되는 것에 놀랍도록 민감하고, 다원적 가치와 주관론적 근거에 전념하며, 대체로 변용적이 아닌 변환적 영성을 지니고 있다.[8] 많은 연구 결과를 바탕으로 돈 벡 스스로가 지적하듯이, "레이의 '통합적 문화' 는 본질적으로 녹색 밈에 해당한다. 노란색이나 청록색 밈을 나타내는 조짐은 설령 있다고 해도 아주 적다. 달리 말해, 대부분의 문화 창조자에게 두 번째 층의 밈은 거의 존재하지 않는다."[9]

추가적인 실증 연구가 이러한 해석을 강하게 뒷받침한다. 레이는 미국인의 24%가 통합적 문화의 문화 창조자라고 주장한다. 나는 레이가 뭔가를 정확히 측정했다고 믿지만, 사실 대부분의 문화 창조자들은 제인 뢰빙거와 수잔 쿡-그로터의 용어에 따르면 자율적 또는 **통합적** 단계(노란색과 청록색)가 아닌 개인주의적 단계(녹색)에 있다. 연구 결과에 따르면 실제로 미국인의 2% 미만이 자율적 또는 통합적 단계에 해당한다(이것도 대부분의 다른 발달론자들의 연구는 물론, 2% 미만이 두 번째 층에 있다는 벡의 연구 결과와도 매우 유사하다). 요컨대, 대부분이 베이비붐 세대에 해당하는 문화 창조자들은 정말로 통합적인 것이 아니라 기본적으로 그저 녹색 밈을 활성화시키고 있을 뿐이다.[10]

사실 녹색 밈을 놓아 버리지 않는다면 두 번째 층의 통합이 출현하는 것을 직접적으로 방해하는 것이 바로 녹색 밈이기 때문에, 폴레이가 '통합적 문화'라고 부르는 것은 실제로는 통합적 문화를 방해하고 있다. 사실상 어떤 방법으로 자료를 쪼개 보더라도 '통합적 문화'는 그다지 통합적이지 않은 것이다.

하지만 그렇게 될 수 있다는 점이 중요하다. 문화 창조자들이 생의 후반부에 접어들 때가 녹색에서 성숙한 두 번째 층의 자각으로 더 깊은 의식의 변용이 가장 쉽게 일어날 수 있는 바로 그 시기다. 뒤에서 말하겠지만, 두 번째 층의 통합 의식으로의(그리고 순수한 초개인적 파동으로의 더 수준 높은) 이 변용에는 **통합적 변용 수행**(integral transformative practice)이 가장 쉽게 영향을 미칠 수 있다. 내가 부머리티스에 대해 이야기하는 유일한 이유는, 이보다 깊은 변용을 가로막는 몇 가지 장애물에 대한 논의를 통해 그러한 변용이 더 쉽게 일어날 수도 있다는 희망 때문이다.

이런 장애물들은 베이비붐 세대나 미국인들에게서만 찾아볼 수 있는 것이 아니다. 다원적 상대주의는 의식의 전개에서 보편적으로 나타날 수 있는 파동이며 그 자체의 위험성과 장애를 가지고 있는데, 대표적인 것으로는 자아도취를 끌어당기는 강한 주관주의가 있다. 따라서 '부머리티스'는 결코 베이비붐 세대에만 국한되는 것이 아니라, 그 자체가 보다 영속적인 영적 · 초개인적 자각에 이르는 더 큰 관문인 두 번째 층의 의식으로 도약할 준비가 된 사람이라면 누구에게도 피해를 줄 수 있다.

이제 그 통합적인 비전에 대해 살펴보기로 하자.

통합 비전

모든 것을 가능한 한 단순하게 하되, 더 단순하게는 하지 마라.

– 알베르트 아인슈타인

통합적 변용

그렇다면, 인구의 약 1~2%는 통합적인 두 번째 층에 와 있지만, 약 20%는 가능성 있는 통합적 변용, 클레어 그레이브스의 표현에 따르면 '순간적인 도약'의 준비가 된 상태로 녹색 밈의 단계에 있는 것으로 보인다.

그러한 변용이 쉽게 일어나도록 도와줄 수 있는 조건은 무엇일까? 발달이론가들은 (수평적 변환과는 다른) 수직적 변용에 기여할 수 있는 요인들 수십 가지를 구분해 내고 있다. 나 자신의 견해를 말하자면, 변용이 일어나기 위해서는 여러 차원의 촉매적 요인들이 존재해야 한다.[1]

먼저 개개인은 그러한 갱생을 뒷받침할 수 있는 (뇌 구조를 포함한) 유기체 구조를 가지고 있어야 한다. 대부분의 사람에게 이것은 문제가 되지 않는다. 진화에서 현재 시점에 이르면 대부분의 개인은 생물학적으로 통합적 의식의 역량을 갖추고 있다.

문화적 배경은 그런 변용을 뒷받침할, 아니면 적어도 호들갑스럽게 반대하지는 않을 준비가 되어 있어야 한다. 30년 전에도 이것은 문제였을 수 있지만, 다양한 요인들이 보다 통합적인 포용을 위한 문화적 준비가 갖추어졌음을 가리키고 있다. 우선 첫째로, 녹색 밈이 지난 30년간 인구의 상당 부분을 차지하며 그런 변용을 위한 토양을 씩씩하게 조성해 왔다(적어도 녹색 밈에 해당하는 인구 그 자체 또는 약 4천만 명의 미국인들 사이에서는 말이다. 연구 결과에 따르면 유럽에서도 대략 같은 비율의 인구가 녹색 밈에 해당한다. [그림 6-2]를 보라). 사실 이것이 클레어 그레이브스가 말했던 녹색 밈의 주된 역할인데, 즉 나선 전체를 민감하게 하여(민감한 자아) 두 번째 층의 변용을 준비하도록 하는 것이다.

그러나 이것이 일어나려면 의식은 녹색 밈 이후의 단계로 나아가야 한다. 그레이브스의 표현을 바꾸어 말하면, "두 번째 층으로 도약하기 위한 에너지를 해방시키려면 녹색 밈이 해체되어야 한다. 오늘날 선구적 경계 집단이 바로 여기에 위치해 있다."[2] 녹색 밈에 대한 고착의 주된 원인이 부머리티스이므로, 이 통합적 변용이 쉽게 일어나기 위해서는 적어도 상당한 정도까지는 부머리티스에 대한 고민과 처방이 필요하다(이를 위한 제안에 대해서는 『부머리티스』

를 참조하라). 그러나 사실, 부머리티스의 문제를 알아채고 그 위험성을 인식했다면 이미 그 장애물을 뛰어넘은 것이다.

변용에 기여하는 구체적인 사회 제도와 기술경제적 기반의 경우, 개개인의 의식에 압력을 가하는 심오한 기술적 진보가 하나 이상의 영역에서 이루어져야 한다(물론 이것은 마르크스주의자의 오랜 주장인데, 즉 생산력이 생산관계보다 앞서 나갈 때 강력한 문화적 변화가 뒤따른다는 것이다. 이 점은 마르크스주의에서 불신을 받지 않고 있는 부분적 진실이다).

특히 마이크로칩/디지털 혁명을 비롯해 최근 그런 기술경제적 변화가 많이 일어났다. 지금은 '정보화 시대'이고 이것이 역사상 주요 사회적 변동 다섯 가지(수렵, 원예, 농경, 산업화, 정보화) 가운데 하나를 차지한다는 사실은 아주 널리 알려지고 수용되고 있으므로 이에 대해 더 논의할 필요는 없을 것이다. 전지구적 통신 수단이 세계적이고 통합적인 의식을 광범위하게 가능한 일로 만들었다는 것에만 주목하면 된다. 그러나 이러한 기술의 전지구적 네트워크, 이 집단적 의식의 신경 체계는 개개인이 실제로 통합적 수준으로 발달해 나갈 것이라는 아무런 보장도 하지 않는다. 가능하게는 하지만 보장하지는 않는 것이다. 더구나 전세계적 또는 전지구적이라는 것이 반드시 통합적인 것을 의미하지는 않는다. 어쨌든 빨간색 밈도 인터넷을 이용할 수 있고, 파란색 밈도 인터넷을 이용할 수 있으며, 오렌지색 밈 등등도 인터넷을 이용할 수 있는 것이다. 의식의 수준이나 단계는 내적 요인(이에 대해서는 다음에 논의할 것이다)에 의해 결정되는 것이지, 아무리 전지구적이나 전세계적인 것이라고 해도 단지 외적인 구조에 의해서만 결정되는 것은 아니다.

그러면 우리는 마지막—즉 개인적 의식 그 자체의—차원에, 그리고 개인적 변용을 용이하게 하는 요인들(다른 요인들은 어느 정도 준비가 되어 있다고 가정한다)에 이르게 된다. 내가 생각하기에 특히 중요한 네 가지 요인이 있는데, 충족과 부조화, 통찰, 그리고 개방이 그것이다.

충족(fulfillment)은 개개인이 주어진 단계나 파동의 기본 과업을 일반적으로 충족시켰다는 의미다. 그 수준에서의 기본적인 숙련도가 확립된 것이다. 주어진 수준이나 단계에 완벽하게 통달할 필요는 없으며 단지 다음 단계로 나아가기에 충분할 만큼 적절하게 기능하면 된다. 그러지 못하면 **발달 정지**가 일어나고 더 이상의 변용은 어렵다. 더 주관적인 방법으로 표현하면 다음과 같다. 개개인은 주어진 단계를 완전히, 질릴 만큼 충분히 맛보고 다음으로 넘어갈 준비가 되어야 한다. 주어진 단계의 특정한 음식에 여전히 배고픈 사람은 다른 곳을 전혀 쳐다보지 않을 것이다.

그와 반대로 어떤 단계를 맛보고 상당히 배가 불러진 사람에게는 변용의 가능성이 생긴다. 이것이 일어나려면 보통 어떤 **부조화**(dissonance)가 일어나야 한다. 새로운 파동은 출현하려고 애를 쓰고 예전의 파동도 계속 버티려고 애를 쓰기 때문에, 개개인은 찢겨지는 기분이 들고 부조화를 느끼며 여러 방향으로 당겨지는 기분이 든다. 그러나 어쨌든 현 수준에 대해 뭔가 깊은 불만이 있어야 한다. 불안과 짜증, 불만을 느껴 깊고 엇갈린 부조화가 계속하여 일어나야 한다(내가 『부머리티스』를 쓴 이유 가운데 하나는 녹색 밈에서 뭔가 일반적인 부조화를 만들어 내기 위해서였다. 모든 것을 감안할 때 이로 인해 내가 녹색 밈의 사랑을 받게 되지는 않았지만, 사실이 그렇다).

어쨌든 현재의 수준을 기꺼이 놓아 버리거나 저버리려고 해야 한다. 어쩌면 (헤겔이 말하곤 했던 것처럼) 현재 수준에 내재된 한계나 모순점과 맞닥뜨렸을 수도 있고, 아니면 (아사지올리[1]가 설명했듯이) 현재 수준과 탈동일시하기 시작하거나 그저 현재 수준에 싫증이 난 것일 수도 있다. 이 시점에서 상황에 대한 일종의 **통찰**(insight)—자신이 실제로 무엇을 원하는지에 대한 통찰, 현실이 실제로는 무엇을 가져다주는지에 대한 통찰—이 개개인을 앞으로 나아가도록 돕는 것이 보통이다. 변화에 대한 긍정, 자유 의지, 의도 모두가 상황에 대한 통찰의 일부가 될 수 있으며 의식이 앞으로 나아가도록 돕는다. 자기성찰, 친구와의 대화, 심리상담, 명상 또는—자주 나타나지만 남들은 절대로 이해할 수 없는 방식인—단지 살아가는 것 자체가 이러한 통찰을 용이하게 할 수 있다.

끝으로, 이런 조건이 모두 맞아떨어지게 되면 더 깊고, 더 높고, 더 넓고, 보다 포괄적인 의식의 다음 파동에 대한 **개방**(opening)이 가능하게 된다.

따라서 통합적 파동에 관한 한, 이미 통합적 변용의 준비가 된 사람들—이미 녹색 밈을 충분히 맛보았고 다음으로 넘어갈 준비가 된 사람들, 자신들의 현재 상태에 대해 이미 어떤 부조화를 느끼고 있는 사람들, 뭔가 더 깊고 더 넓고 더 의미 있는 무언가를 이미 찾고 있는 사람들—이 개개인의 사정에 따라 이 '순간적인 도약'이 쉽게 일어나도록 하기 위해 할 수 있는 일은 두 가지로 요약할 수 있다. 즉 우리에게는 **통합 비전**이 필요하며, **통합적 수행**이 필요하다. 통합 비전은 우리가 부조화를 극복하고 스스로의 더 깊고 넓은 개방을 직시하도록 도와준다. 그리고 통합적 수행은 이런 모든 요인이 구

---

1) Roberto Assagioli (1888~1974): 이탈리아 출신의 심리학자이자 정신과의사로 인본주의심리학 분야의 선구자. 최초의 체계적인 자아초월심리학으로 알려져 있는 정신통합(Psychosysthesis)을 창시하였음

체적인 방식에 기반을 두어 그저 추상적인 생각이나 모호한 개념에 그치지 않도록 한다.

개인의 의식이 두 번째 층에서 안식처를 발견하기 시작함에 따라 순수한 모든 것의 이론은 깜짝 놀랄 만큼 가능성 있는 일이 된다는 점에도 주목하자. 두 번째 층의 포용에 내재된 전일주의에 말을 걸면서, 이 모든 것의 이론은 아주 흥미로운 것이 된다.

다음의 몇몇 장에서는 통합 비전 또는 모든 것의 이론의 한 가지 버전에 대해 그 개요를 설명하고, 통합 의학에서 통합 비즈니스, 통합 정치, 통합적 영성에 이르는 모든 영역에서 그 유용성을 탐구할 것이다(이것이 유일하게 가능한, 또는 최선의 형태의 통합 비전이라는 이야기는 아니지만, 내가 알고 있는 최선의 것이기는 하다. 더 나은 것을 알았다면 그것을 제시했을 것이다). 이 통합 비전을 일반적으로 이해하고 나면, 즉 모든 것의 이론에 대한 일반적인 개요를 파악하고 나면 효과적인 통합적 수행이 될 수 있는 것은 무엇인지를 구체적으로 살펴볼 것이다. 여러분이 원하는 경우 스스로의 삶에서 통합적 자각이 살아있는 실재가 되도록 하여, 우리가 다른 이들을 돕고자 노력할 수 있는 여러 방법에 더 종합적으로 접근하도록 하기 위해서 말이다.

『성, 생태, 영성』

나는 『성, 생태, 영성(*Sex, Ecology, Spirituality*)』(이하 SES)이라는 책에서 이 모든 것의 이론에 대한 개요를 설명하려고 시도했다. 이 책의 기원과 어떻게 또 왜 쓰게 되었는지, 그리고 그에 대한 비판적인 반응들에 대한 질문을 자주 받고 있기 때문에, 이론적인 설명을 잠시 미루고 이런 것들에 대한 개인적인 이야기를 적고자 한다.

SES는 내가 거의 10년 전 『세상에서 가장 아름다운 용기: 트레야 킬람 윌버의 삶과 죽음에서의 영성과 치유(*Grace and Grit: Spirituality and Healing in the Life and Death of Treya Killam Wilber*)』에 나오는 사건들 이후 처음으로 쓴 책이다(트레야는 1983년 나와 결혼하고 열흘 후에 유방암 진단을 받았다. 그 후 5년을 우리는 병마와 싸우면서 보냈고, 트레야는 1989년 41세로 세상을 떠났다. 그녀는 우리의 시련에 대해 써 줄 것을 부탁했고 『세상에서 가장 아름다운 용기』가 그 결과물이다).

그 이전의 책인 『의식의 변용(*Transformation of Consciousness*)』 (잭 앵글러와 다니엘 P. 브라운 공저)은 1984년에 쓴 것이고, 1991년에 『세상에서 가장 아름다운 용기』를 썼다. 그리고서 나는 마침내 수년간 계획해 왔던 통합 심리학 교과서 집필에 착수했다. 나는 그 책을 『시스템, 자기, 구조(*System, Self, and Structure*)』라고 부르고 있었지만, 어째서인지 전혀 써지지가 않았다. 책을 완성하기로 결심한 후 앉아서 두 권짜리 책을 글로 옮기기 시작했는데, 그 결과 놀랍게도 가장 첫 번째 문단에서 사용한 단어 가운데 네 가지(발달, 계층, 초월적, 보편적)가 학문적 담론에서 더 이상은 허용되지 않는 것이라는 점을 깨달았다. 말할 필요도 없이 집필이 상당히 어려워졌고, 불쌍한 『시스템, 자기, 구조』는 다시 보류되었다(그 요약본이 최근에 『통합심리학(*Integral Psychology*)』이라는 제목으로 발간되었다).

내가 집필을 중단한 10년 동안 일어났지만 내가 충분히 주의를 기울이지 못해 왔던 일은, 극단적 포스트모더니즘과 녹색 밈이 학계 전반, 특히 문화 연구 분야에 완전히 침투했다는 것이다. 심지어 대안학교와 연구소들조차 포스트모더니즘의 언어를 권위적으로

소리치고 있었다. 정치적 올바름의 잣대가 학계에서 언급할 수 있는 것과 없는 것을 감시하고 있었으며, 수용할 수 있는 유일한 세계관은 다원적 상대주의였다. 그 주장에 따르면 (모든 문화에서 참인 다원적 상대주의 자체의 진실을 제외한) 모든 진실은 문화적 맥락 속에서 인정되고, (특정한 맥락을 초월하는 그 자체의 선언을 제외하면) 초월적 진실 같은 것은 존재하지 않으며, (다른 것들보다 우월한 그 자체의 가치 서열을 제외한) 모든 계층구조나 가치 서열은 억압적이고 소외시키는 것이며 (모든 사람에게 보편적으로 참인 그 자체의 다원주의를 제외하면), 보편적인 진실 같은 것은 존재하지 않는다.

이제 극단적 포스트모더니즘과 다원적 상대주의의 부정적인 측면들은 잘 알려져 있고 널리 인정되고 있지만, 이것들은 내가 『시스템, 자기, 구조』를 쓰려고 할 때는 복음과 같은 것으로 여겨지며 종교와 같이 열렬히 받아들여졌다. 모든 발달 연구와 초월 연구를 아주 부정적인 것으로 만들면서 말이다. 그래서 나는 『시스템, 자기, 구조』를 옆으로 치워 놓고, 조금이라도 즐거움을 찾으려면 우선 물길을 거슬러 헤엄쳐야 하는 연어와 같은 기분을 좀 느끼며 어떻게 계속해야 할지를 곰곰이 생각하기 시작했다.

마주치는 것은 뭐든지 해체하는 데 전념하는 지적 풍토에서 연구를 가장 잘 진행할 수 있는 방법을 찾기 위해 애를 쓰면서, 한 가지는 아주 분명해졌다. 즉 뒤로 물러서서 처음부터 시작해야 하고, 보다 건설적인 철학 용어를 만들고자 노력해야 한다는 것이다. 다원적 상대주의 너머에는 보편적 통합주의가 있고, 따라서 나는 보편적 통합주의 철학의 개요를 설명하고자 했다.

달리 말하면, 나는 과학과 윤리, 미학, 동서양의 철학 그리고 세계의 중요한 전승지혜의 여러 다원적 맥락을 신뢰성 있게 엮어 낼 세계 철학, 또는 **통합** 철학을 찾고자 했다. 제한적으로 불가능한 세부 사항의 수준에서가 아니라 **정향적 일반화**(orienting generalization)의 수준에서 말이다. 다시 말해, 세계는 정말로 하나고 완전한 전체이며 모든 면에서 스스로와 관련되어 있다는 생각을 제안하는 방식, 전일적 온우주를 위한 전일적 철학, 그럴듯한 모든 것의 이론을 찾고자 했던 것이다.

3년 후 『성, 생태, 영성』이 그 결과물이었다. 그 기간 동안 나는 은둔자의 삶을 살았다. 3년 동안 정확히 네 사람만을 만났던 것이다(의학박사인 로저 월시가 일 년에 한 번 들러 내가 살아 있는지 확인했다). 정말이지 전형적인 3년간의 침묵 은거였다(『켄 윌버의 일기(One Taste)』 6월 12일자에서 이 시기에 대해 묘사하고 있다). 나는 이 일에 갇혀 있었고 그것은 나를 놓아주려 하지 않았다.

어려운 부분은 **계층**과 관련된 것이었다. 승인된 지배자 위계는 개탄할 만한 것이고, 억압적인 사회적 서열은 치명적이다. 다행히 포스트모더니즘이 우리 모두를 이런 부당함에 더 민감하게 만들었다. 그러나 반계층적 비평가들조차 그들 자신의 강한 계층(또는 가치 서열)을 가지고 있다. 포스트모더니즘주의자들이 다원주의를 절대주의보다 높게 평가하는 것이 그들의 가치 위계인 것이다. 인간을 진화의 등급 가장 높은 곳에 두는 계층구조를 혐오하는 생태철학자들조차 자신들만의 강력한 계층을 가지고 있다. 아원자적 요소는 원자의 일부이고 원자는 분자의 일부, 분자는 세포의 일부, 세포는 유기체의 일부, 유기체는 생태계의 일부, 생태계는 생물권의 일부라는 것이 바로 그것이다. 따라서 그들은 생물권의 가치를 인간과 같은 특정 유기체의 가치보다 높게 평가하고, 인간이 자신만의 이기적이고 파괴적인 목적으로 생물권을 사용하는 것을 개탄한다. 이 모두가 그들의 특정한 가치 위계에서 비롯된다.

페미니스트들은 여러 가지 계층을 가지고 있고(예를 들면 동반자 사회는 권력 사회보다 낮고, 연계가 서열보다 낮고, 해방은 억압보다 낮다), 시스템이론가들은 문자 그대로 수백 가지 계층을 가지고 있으며(대부분의 자연발생적 시스템은 계층적으로 정리된다), 생물학자와 언어학자, 발달심리학자들 모두 계층을 가지고 있다(베이지색이나 자주색처럼 계층을 인식하지 못하는 밈조차도 계층구조를 갖는다). 모두가, 그렇지 않다고 주장하는 사람들조차 일종의 계층을 가지고 있는 것으로 보였다. 문제는 그들 중 누구도 다른 이들과 서로 조화를 이루지 않는다는 것이었다. 계층들 가운데 어느 것도 서로 부합되지 않는 것 같았다. 그리고 그것이 나를 3년 동안 방에 가두어 두었던 기본적인 문제였다.

어느 시점에서 나는 바닥을 온통 뒤덮은 메모장에 적힌 200개 이상의 계층을 어떻게 서로 조화시킬지 생각해 내려고 애쓰고 있었다. 가령 원자에서 분자, 세포, 유기체와 같은 '자연과학' 계층들은 모두가 동의하는 쉬운 것들이다. 이것들은 아주 생생하기 때문에 이해하기가 쉽다. 유기체는 실제로 세포를 포함하고, 세포는 실제로 분자를, 분자는 실제로 원자를 포함한다. 현미경을 통해 직접 관찰할 수 있다. 이는 실제로 존재하는 포용의 계층인데, 세포는 분자를 문자 그대로 포용하거나 감싸 안기 때문이다.

다른 계층들 가운데 꽤 쉬운 것으로는 발달심리학자들이 발견한 계층이 있다. 이들은 모두 전인습에서 인습, 후인습, 좀 더 자세히는 감각에서 인지, 충동, 심상, 상징, 개념, 규칙, 형식 등에 이르는 계층의 변형된 형태에 대해 이야기했다. 명칭은 서로 다르고 도식은 약간씩 차이가 나지만, 계층에 대한 줄거리는 동일하다. 인간 발달의 각 후속 단계는 이전 단계를 포함한 다음 새로운 능력을 일부 추가한다. 이것은 자연과학의 계층과 아주 비슷해 보이지만 명백하게 들어맞지 않는다는 점에서는 다르다. 더구나 현실 세계에서는 유기체와 세포를 실제로 관찰할 수 있지만 같은 방식으로 의식의 내적 단계를 볼 수는 없다. 이런 계층들이 어떻게 서로 관계될 것인지, 아니면 관계될 수조차 있을지 전혀 확실하지가 않았다.

그런 것들은 쉬운 편이었다. 언어 계층, 맥락적 계층, 영적 계층이 있었다. 음성학, 항성계, 문화적 세계관, 자기생성계, 기술 양식, 경제 구조, 계통발생적 전개, 초의식적 자각 등등에 대한 발달 단계도 있었다. 그리고 이것들은 서로 들어맞기를 그야말로 거부했다.

G. 스펜서 브라운은 놀라운 책인 『형태의 법칙(*Laws of Form*)』에서, 새로운 지식은 알아야 할 것이 무엇인지를 그저 마음에 새길 때 출현한다고 했다. 문제를 마음에 계속 담아 두고 있으면 답을 얻는다는 것이다. 인간의 역사는 분명히 이에 대한 증거다. 한 개인이 어떤 문제에 부딪히고 해결할 때까지 그 문제에 그야말로 강박감을 갖는다. 그러면 재미있는 것이, 언제나 문제가 풀리게 된다. 머지않아 해결이 되는 것이다. 한 주, 한 달, 일 년, 십 년, 백 년 아니면 천 년이 걸릴 수도 있지만, 온우주는 언제나 답이 나타나도록 되어 있는 것 같다. 백만 년 동안 인류는 달을 바라보며 그 위를 걷고 싶어 했던 것이다…….

나는 역량이 되는 사람이라면 누구라도 그 비밀이 드러날 때까지 문제를 마음에 품고 있을 수 있다고 믿는다. 누구나 가지고 있지는 않은 것은 충분히 길게 또는 충분히 지독하게 문제를 품고 있기 위해 필요한 의지, 열정 또는 정신 나간 집착이다. 어쨌든 나는 이 문제에 대해 충분히 정신이 나갔었고, 그 3년의 기간이 끝나감에 따

라 모든 것이 명확해지기 시작했다. 여러 가지 계층들이 (내가 4상한
이라고 부르는) 네 가지 주요 범주[다음 장을 보라]로 나뉜다는 것이
곧 분명해졌다. 계층들 가운데 일부는 개인과 관련되고 일부는 집
단과 관련되며, 일부는 외적 실재에 대한 것이고 다른 일부는 내적
실재에 대한 것이지만, 이것들 모두가 매끄럽게 서로 맞아 떨어졌
던 것이다.

이런 계층들을 구성하는 요소는 홀론(holon)이다. **홀론**은 다른
전체의 일부인 전체다. 예를 들면, 온전한 원자는 온전한 분자의 일
부이며, 분자는 세포의 일부, 세포는 유기체의 일부다. 다른 예를
들면, 온전한 글자는 온전한 단어의 일부이며 단어는 문장의 일부,
문장은 단락의 일부 등이다. 실재는 전체나 부분만으로 이루어진
것이 아니라 전체와 부분, 또는 홀론으로 이루어져 있다. 모든 영역
에서 실재는 기본적으로 홀론으로 구성되어 있는 것이다.

아서 쾨슬러가 지적했듯이, 이것은 성장 위계가 (원자에서 분자,
세포, 유기체에 이르는 것처럼) 홀론으로 구성되어 있기 때문에 실제
로는 **홀라키**인 이유이기도 하다(홀라키는 우리가 겹쳐진 계층 또는 실
현 계층이라고도 부르는 것으로, 홀론으로 구성되어 있다는 것은 홀라키
가 전일주의의 근간인 이유다. 홀라키는 무더기를 전체로 바꾸고 그 전체
는 다른 전체의 일부가 되며, 이것이 끝없이 이어진다). 온우주는 계층
이 무한히 겹쳐지며 점점 더 큰 전일적 포용을 나타내는 구조로—
어디에나 홀론으로 구성된 홀라키가 있다—이것이 **모두가** 스스로
의 가치 홀라키를 가지고 있으며 이 모든 홀라키가 결국에는 서로
완벽하게 들어맞는 이유다.

우주는 위아래로 모두 홀론으로 구성되어 있다. 그리고 이와 함
께 『성, 생태, 영성』의 대부분이 저절로 써지기 시작했다. 책은 두

부분(그 자체로 별개의 책인 뒤쪽의 주석까지 합치면 실제로는 세 부분)으로 나뉜다. 제1부에서는 계층이 무한히 겹쳐진 형태의 이 홀론적 온우주와 그것을 가장 확실하게 표현할 수 있다고 내가 믿는 보편적 통합주의 세계관에 대해 설명한다. 제2부에서는 이 전일적 온우주가 왜 그토록 자주 무시되거나 부정되는지에 대한 설명을 시도한다. 우주가 정말로 서로 관련된 양식과 과정으로 된 무늬―홀론들의 홀라키―라면, 이 사실을 인정하는 지식 분야가 왜 그토록 적을까? 만약 온우주가 전일적이지 않다면, 통합적이지 않고 홀론적이지 않다면, 즉 온우주가 공통의 맥락이나 관련성, 연계, 교감이 없는 파편화되고 뒤죽박죽인 사건들이라면 그걸로 좋다. 세상은 여러 가지 특성들이 만들어 낸 뒤죽박죽 엉망인 상태인 것이다. 하지만 만약 세상이 전일적이고 홀론적이라면, 그것을 왜 더 많은 사람들이 알지 못하는 것일까? 왜 그것을 여러 학문 분야에서 적극적으로 부인하는 것일까? 세상이 하나라면 왜 그토록 많은 사람들이 세상을 조각난 것이라고 생각할까? 그리고 어떤 의미에서는, 왜 세상은 조각나고 파편화되며 소외되고 분열된 것일까?

따라서 책의 뒷부분에서는 우리가 전일적인 온우주를 이해하지 못하도록 하는 것에 대해 살펴본다. 내가 이차원[2]이라고 부르는 것에 대해서도 알아본다. 어떤 의미에서 이차원은 그저 발달의 모든 나선 또는 의식의 스펙트럼 전체를 완전히 파악하는 데 실패하는 것이다. 이차원에 대한 해결책은 통합적 비전이고, 이것이 『성, 생

---

[2] flatland: 4상한의 우측만을 실재로 인정한 근대를 일컬어 윌버가 만든 용어로, 주관적인 내면과 상호주관적인 문화적 요소를 그 외면적 실재인 물질과 사회 제도로 환원시켜 입체성과 깊이가 사라진 '평면적' 세계를 구성했다는 의미. 국내에 소개된 윌버의 다른 저서에서는 대부분 '평원'을 기초로 '평원주의', '평원적' 등으로 번역하고 있으나 여기서는 '이차원' 이라는 표현이 본래의 의미에 보다 충실하다고 판단하여 사용함

태, 영성』에서 제공하려고 시도하는 것이다.

일단 책을 떠올리자 실제 집필은 상당히 빠르게 진행되었고, 『성, 생태, 영성』은 1995년에 출판되었다. 서평은 아주 긍정적인 반응("윌버의 『성, 생태, 영성』은 오로빈도의 『신성한 삶(Life Divine)』, 하이데거의 『존재와 시간(Being and Time)』, 화이트헤드의 『과정과 실재(Process and Reality)』와 함께 할세기 가장 위대한 4권의 책 가운데 하나다")[3]에서부터 어리둥절해 하며 당황하고 화난 반응("올해의 가장 짜증 나는 책 가운데 하나로 거만하고 너무 오만하다")까지 다양했다. 하지만 『성, 생태, 영성』에 대한 가장 흔한 전반적인 반응은 내 생각에는 기쁨이라고 할 만한 것 중 하나였다. 『성, 생태, 영성』이 자신의 세계관과 실재에 대한 관점, 자신의 의식 그 자체를 해방시키는 영향에 대해 이야기하는 독자들로부터 편지가 쇄도했다. 결국 『성, 생태, 영성』은 바로 자신의 참나가 이루는 위업에 대한 이야기이고, 많은 독자들이 그것을 크게 기뻐했다. 여성들은 나의 모든 가부장적 불쾌함을 용서했고, 남성들은 마지막 장을 읽는 내내 눈물을 흘렸던 것에 대해 이야기했다. 『세상에서 가장 아름다운 용기』를 제외하면 나는 『성, 생태, 영성』에 대해서처럼 그렇게 진심 어리고 가슴 뭉클한 편지를 받아 본 적이 없다. 그런 편지들 때문에 그 어려웠던 3년이 아주 가치 있는 것 같았다.

어느 비평가는 『성, 생태, 영성』에 대해 다음과 같이 썼다. "이 책은 역사상 그 어떤 접근법보다 많은 진실을 존중하고 포함한다." 나는 분명히 그렇게 믿고 싶지만, 내일은 또 다른 진실이 나타나고 새로운 앞날이 열리며 한층 더 포괄적인 생각들에 대한 요구가 일어날 것이라는 점도 알고 있다. 『성, 생태, 영성』은 단지 전일적 비전들의 긴 줄에서 가장 최근의 것일 뿐이며, 그 자체가 더욱 영예로운 관점의 주석에 지나지 않는 더 위대한 미래의 일부가 될 것이다.

한편으로 나는 『성, 생태, 영성』(그리고 여기에 살을 붙이는 그 이후의 책들[4])이 유용한 통합적 관점의 역할을 할 수 있다고 개인적으로 믿는다. 『모든 것의 역사(A Brief History of Everything)』는 『성, 생태, 영성』의 대중적 버전으로, 관심이 있는 독자들은 이 책에서 시작해도 좋다. 물론 여러분이 이 비전 전부 또는 대부분에 대해 동의할 필요는 없다. 그리고 사실, 여러분은 아마 그것을 능가할 수 있을 것이고 이는 정말 좋은 일이다. 이것은 단지 통합적 개관의 한 가지 버전, 모든 것의 이론에 대한 한 가지 시도이며 여러분이 스스로의 통합적 가능성을 마음속에 그리도록 돕는 정도까지만 유용하다. 한 번 살펴보도록 하자.

전(全)스펙트럼 접근법

인간의 가능성에 대한 통합적 지도의 개요에서 시작하자. 다음의 세 절에서는 인간에게서 나타나는 이 통합 모형에 대한 간단한 개요를 제시할 것이다. 약간 추상적인 이야기가 될 텐데, 만약 여러분이 좋아하는 유형의 읽을거리가 아니라도 걱정할 필요는 없다. 제5장과 제6장에서 의학, 교육, 비즈니스, 정치 등의 분야에서 나타나는 여러 구체적인 사례를 살펴볼 것이기 때문이다. 다른 한편으로 일반적인 개념들에 익숙해질 수도 있는데, 이것들 전부가 도해를 통해 간단한 방식으로 요약되어 있다.

전개되는 의식의 수준 또는 파동들 몇 가지에 대한 사례로 나선역학을 이미 사용했는데, 이 모형을 계속 사용하여 [그림 3-1]의

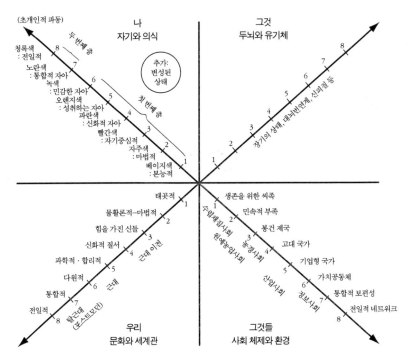

[그림 3-1] 인간에게서 나타나는 4상한의 몇 가지 사례

'온상한, 온수준' 개념과 연결시킬 수 있다.[5]

[그림 3-1]과 관련하여 몇 가지 주목할 것이 있다. 이어지는 장에서 완전하게 설명할 4상한은 온우주의 가장 중요한 차원들 가운데 단 네 가지, 즉 내면과 외면 그리고 개인 및 집단과 관련된다. [그림 4-4]에서는 각 상한의 홀론들 일부에 대한 구체적인 사례들을 볼 수 있다. [그림 3-1]은 특히 인간의 홀론에 대한 것이다. 이 절에서 우리는 인간(또는 개인의 의식)의 좌상(左上)상한에 초점을 둘 것이다. 다음 절에서는 다른 세 가지 상한에 대해서도 살펴볼 것이다.

좌상상한(개인의 내면으로, 단순화된 [그림 3-1]에서는 한 가지 계통과 여덟 가지 수준만을 포함한다)은 실제로는 수준들의 전스펙트럼(또는 물질에서 신체, 마음, 혼, 영으로, 태고에서 마법, 신화, 합리, 통합, 초개인으로 이어지는, 엄격하게 분리된 단계로서가 아니라 중첩되는 파동으로서의 발달의 파동)과 서로 다른 여러 지류(또는 인지, 도덕, 정서, 언어, 운동감각, 신체, 대인관계 등을 포함한 발달의 계통, 다시 말해 발달의 각양각색의 모듈, 차원 또는 영역), (깨어 있거나 꿈꾸는, 잠자는, 변성된, 비일상적, 명상적 상태를 포함한) 의식의 여러 상태, 그리고 의식의 여러 유형(또는 성격 유형과 성 유형을 포함하여 각 수준에서 가능한 성향들)을 포함한다. 이것들 전부에 대해 이후의 절에서 설명할 것이며, 이는 의식에 대한 풍부하게 짜인 홀로다이내믹(holodynamic)한 통합적 관점을 가져올 것이다.

잠시 파동과 지류, 그리고 유형에 초점을 맞추도록 하자. 파동은 발달의 '수준'으로, 유동적이고 흐르는 듯이 서로 맞물리는 방식으로 이해된다는 것이 오늘날 대부분의 발달론자들의 판단이다. [그림 3-1]에는 발달의 여덟 가지 수준이 나와 있는데, 앞으로 보겠지만 나는 적어도 네 가지 더 높은 수준의 초개인적 또는 영적인 파동(심령적, 정묘적, 시원적, 비이원적)이 있다고 생각한다. 물론 이들 중 어느 것도 겹겹이 쌓여 있는 벽돌처럼 경직되거나 단선적인 기준이 아니라 유동적으로 흐르는 일반적인 의식의 형태다.

의식의 이런 수준 또는 파동을 거쳐 발달의 서로 다른 계통 또는 지류가 지나간다. 이런 여러 가지 지류, 계통 또는 모듈에는 인지, 도덕, 자기정체성, 심리성욕, 선(善)의 개념, 역할 수행, 사회감정적 역량, 독창성, 이타주의, '영적'인 것이라고 부를 수 있는 몇몇 계통(배려, 개방성, 관심, 종교적 신념, 명상적 상태), 의사소통 능력, 시공간의 형태, 정서/감정, 죽음 엄습, 욕구, 세계관, 수학적 능력, 음악적 기량, 운동감각, 성 정체성, 방어기제, 대인관계 능력, 공감

능력 등이 포함된다는 확실한 증거가 있다.[6]

　이런 다양한 모듈 또는 지류에 대한 가장 놀라운 이야기 가운데 하나는 이것들이 대부분 상대적으로 독립적인 방식으로 발달한다는 것이다. 어떤 계통은 다른 것들에 대한 필요조건이지만 충분조건은 아니라거나 어떤 것들은 서로 밀접하게 발달한다는 등, 계통들 사이의 관계를 구체화하는 연구가 여전히 진행되고 있다. 그러나 결국 여러 지류는 각각의 동력을 가지고 각각의 방식에 따라 각각의 속도로 발달한다. 한 개인은 어떤 지류에서는 상대적으로 높은 발달 수준에 있으면서도 다른 지류에서는 중간 수준, 또 다른 지류에서는 낮은 수준에 있을 수 있다. 달리 말하면 전반적인 발달은 전혀 균일하지 않을 수 있다는 것이다.

　[그림 3-2]에서는 이것을 아주 단순한 방식으로 나타낸다. 여기에서 발달의 수준(또는 의식의 수준)은 그레이브스/나선역학 밈에 따라 수직축에 표시된다.[7] 더 상위의 초개인적 파동이라고 내가 생각하는 세 가지(심령적, 정묘적 그리고 시원적)를 추가했는데 여기에 대

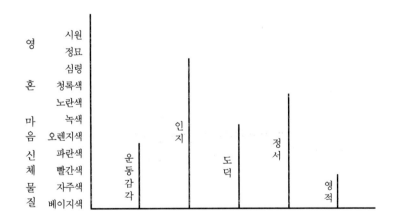

[그림 3-2] 파동과 지류

해서는 나중에 논의할 것이다.[8] 또한 왼쪽의 전체 스펙트럼에 대해서는 일반적인 기독교의 용어(물질, 신체, 마음, 혼, 영)를 사용하여 그 관계를 아주 일반적으로 보여 주고 있다.

이런 일반적인 수준 또는 파동을 다양한 발달의 계통 또는 지류가 지나간다. 다섯 가지(운동감각, 인지, 도덕, 정서, 영적)만 예로 들었으나, 이론적으로 발달이 불균등하게 나타날 가능성이 있음을 알 수 있다(실증 연구를 통해서도 이런 발달이 흔히 발생한다는 것이 계속하여 확인되고 있다).

발달의 파동은 실제로는 홀라키기 때문에, 이것은 [그림 3-3]에서와 같이 나타낼 수도 있다. 여기에서는 네 가지 주요 수준만을 사용하고 있는데, 신체와 마음, 혼 그리고 영은 각각이 점차 증가하는 통합적 포용(둥지가 서로 겹쳐져 있는 참된 홀라키) 속에 그 앞의 것을 초

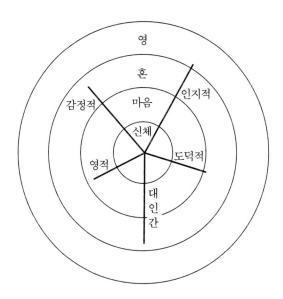

[그림 3-3] 발달의 홀라키

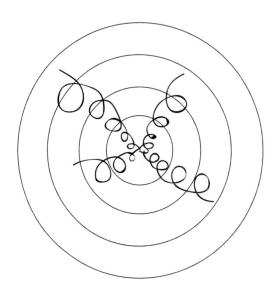

[그림 3-4] 나선형을 그리는 지류와 파동

월하고 포함한다. 그리고 대부분의 발달 계통은 단선적인 것이 아니
라 유동적으로 흐르는 듯이 나선형을 그리기 때문에, [그림 3-3]은
[그림 3-4]와 같이 나타내는 것이 실제로는 더 정확하다. 어쨌든 두
그림 다 대부분의 발달이 나타내는 불균등하고 비선형적인 본질을
보여 준다.

이 모형을 통해 상당 부분 해명할 수 있는 사실은, 예를 들어 영
적 스승을 포함한 일부 개인들이 (명상적 자각이나 인지적 탁월함과
같은) 특정한 역량의 측면에서는 고도로 발달했으면서도 성 심리나
대인관계와 같은 다른 지류에서는 신통치 않은(또는 심지어 병리적
인) 발달을 보인다는 것이다.

이것은 또한, 샤머니즘에서 불교, 기독교, 토착 종교에 이르기까
지 영적인 전승들 그 자체가 어떤 계통이나 능력을 연마하는 데는

탁월하더라도 다른 여러 면에서는 부족하거나 심지어는 병적일 수 있다는 점을 이해하도록 해 준다. 따라서 보다 통합적인 변용적 수행에서는 변용을 위한 더 균형 잡힌 방식, 즉 '온상한, 온수준' 접근방식을 추구할 것이다(다음을 보라).

유형에 대해서는 에니어그램을 예로 든 [그림 3-5]를 보자. 여기에서는 (도덕, 인지 등 아무것이나) 하나의 발달 계통만을 택하여 이 특정한 지류가 통과하며 전개되는 경향이 있는 발달의 수준 또는 파동을 (나선역학을 파동의 예로 들면서) 나열하고 있다. 각 수준에서는 **수평적 유형론**(즉 발달의 거의 모든 수직적 수준에서 존재할 수 있는 성격 유형론)이라고 부를 수 있는 것의 사례로 에니어그램이 그려져 있다. 요점은 어느 개인이 사실상 어떤 수준에서도 (융, 마이어-브릭

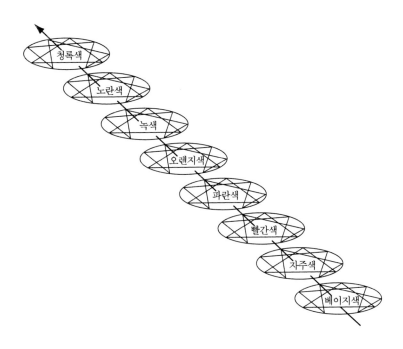

[그림 3-5] 수준과 유형

스, 에니어그램 등에 따라) 특정한 유형이 될 수 있다는 것이다. 그리하여, 만약 어떤 사람이 예를 들어 주로 에니어그램 5번 유형이라면, 발달을 함에 따라 자주색 5번, 빨간색 5번, 파란색 5번 등등이 될 것이다(또다시, 경직된 단선적인 방식이 아니라 유동적이고 흐르는 그물망과 같은 방식으로 말이다).[9]

여러 페미니스트들에게는 남성과 여성 지향성 또한 하나의 유형이 된다. 대부분 캐롤 길리건과 데보라 태넌의 연구를 통해 근거가 마련된 이 개념은, 보통의 남성 지향은 권리와 정의에 기반을 두고 보다 기능적이고 자율적, 관념적, 독립적인 경향이 있는 반면 여성 지향은 배려와 책임에 기반을 두고 보다 투과성이 좋고 관계적이며 인정을 중시하는 경향이 있다는 것이다. 여성은 발달의 서너 가지 계층적 단계를 거치며 이것들은 남성이 거치는 서너 가지 계층적 단계 또는 파동(다시 말하면 전인습, 인습, 후인습, 통합된)과 본질적으로 동일하다는 것에 길리건이 동의함을 기억하자.

길리건이 여성의 발달 계층을 부인한다고 많은 사람들 특히 페미니스트들이 여전히 잘못 생각하는 이유는, 남성은 서열 또는 계층적 사고를 통해 판단을 하는 경향이 있는 반면 여성은 연계 또는 관계적 사고를 통해 판단을 하는 경향이 있다는 것[이것을 나는 각각 작인(agency)과 공존(communion)이라고 요약한다]을 길리건이 발견했기 때문이다. 그러나 많은 이들이 간과한 것은, 길리건은 여성 지향성 그 자체는 세 가지(또는 네 가지) 계층적 단계―이기적 단계에서 배려 단계, 보편적 배려 단계 그리고 통합된 단계―를 거친다고 주장했다는 점이다. 따라서 여러 페미니스트들은 여성이 계층적 사고를 하지 않는 경향이 있다는 개념과 여성이 계층적으로 발달하지 않는다는 개념을 혼동한다. 길리건 자신의 말에 따르면 전자는 맞고 후자는 틀리다.[10] (이 분야에서 길리건의 주장은 왜 그토록 널리 오해를 받고 왜 곡될까? 왜냐하면, 녹색 밈은 일반적으로 계층을 부정하기 때문에 문자 그 대로 길리건의 메시지를 정확하게 이해하지 못하기 때문이다.)

『영의 눈(*The Eye of Spirit*)』[제8장 '통합적 페미니즘(Integral Feminism)'] 에서 나는 이 연구를 다음과 같이 요약했다. 남성과 여성은 모두 똑 같은 보편적 발달의 파동을 거치지만, 남성은 작인에 초점을 두는 경향이 있고 여성은 공존에 초점을 두는 경향이 있다.[11]

성별 발달에 대한 이 접근방식을 통해 우리는 발달 연구 분야의 아주 많은 성과를 이용할 수 있을 뿐 아니라, 여성이 어떻게 존재의 대파동을 거치며 '다른 목소리를 내면서' 발달하는지 더 깊이 이 해함으로써 그런 성과들을 보충할 수 있다. 과거에는 보수적인 심 리학 연구자들이 여성을 '결핍된 남성'으로 정의하는 일이 드물지 않았다(즉 여성은 논리와 합리성, 정의감이 '부족하다'는 것인데, 심지 어 여성은 '음경을 선망'하거나 자신에게 없는 것을 갈망한다고 정의되기 도 했다). 요즘에는 특히 페미니스트들이 그 반대의 편견을 가지고 있는 경우, 즉 남성을 '결핍된 여성'으로 정의하는 경우(즉 남성은 감수성과 배려, 관계 능력, 포용력 등이 부족하다는 것)가 드물지 않다.

글쎄, 둘 다 피장파장이라고 할 수 있겠다. 이런 보다 통합적인 접근법을 통해 우리는 존재의 큰 파동과 지류를 따라 발달의 자취 를 따라갈 수 있을 뿐만 아니라, 남성과 여성이 서로 다른 방식이나 유형, 목소리를 사용하며 인생이라는 커다란 강을 항해할 수도 있 음을 알 수 있다. 이것은 우리가 실제로는 성별과 중립적인 존재의 주요 파동을 여전히 인식하면서도 그런 파동을 헤쳐 가는 방식 둘 다 타당하다는 것을 충분히 존중해야 한다는 의미다.[12]

끝으로, 사실상 발달의 어느 단계에 있는 사람들도 영적 체험이라고 불리는 것을 포함하여 변성 상태가 되거나 절정체험을 할 수 있다. 그리고 이것은 그들의 의식과 그 발달에 깊은 영향을 미칠 수 있다. 따라서 영적 체험이 높은 단계에서만 일어날 수 있다는 생각은 잘못된 것이다. 그러나 변성 상태가 영속적 특성이 되기 위해서는 지속적인 발달의 흐름으로 들어갈 필요가 있다.[13]

요약하면, 좌상상한만을 보더라도 더 통합적인 의식의 지도가 최소한 가능은 하다는 것이다. 이 지도에는 파동과 지류, 상태, 유형이 포함되며 이들 모두가 의식의 이 비범한 스펙트럼에서 중요한 요인인 것으로 보인다.

온상한

하지만 개개인의 의식이나 주관적 의식은 진공 속에 존재하지 않는다. 어떤 대상도 독립된 섬은 아닌 것이다. 개인의 의식은 객관적 유기체와 두뇌(우상상한), 자연과 사회 체제 및 환경(우하상한), 문화적 환경과 공동체적 가치 그리고 세계관(좌하상한)과 불가분의 관계로 딱 들어맞는다. 또다시 이들 각 상한들은 여러 파동과 지류, 유형을 가지며 이 가운데 안타까울 정도로 적은 일부만이 [그림 3-1]에 나타나 있다. 『모든 것의 역사』나 『영의 눈』, 『통합심리학』 같은 책에서 나는 각 상한의 사례들을 폭넓게 제시해 왔는데, 이것들은 예술과 문학적 해석, 페미니즘과 성에 대한 연구, 인류학, 철학, 심리학 그리고 종교와 연관된다. 간단한 예를 몇 가지 들어 보자.

우상상한은 객관적이고 실증적인 '과학적' 방식으로 바라본 개인이다. 특히 여기에는 유기체적 신체 상태, 생화학, 신경생리학적 요인, 신경 전달 물질, 뇌의 유기체적 구조(뇌간, 변연계, 신피질) 등이 포함된다. 마음-의식(좌상상한)과 두뇌-신체(우상상한)의 실제 관계에 대해 어떻게 생각하더라도 최소한 그것들이 밀접하게 연관되어 있다는 점에는 동의할 수 있다. 요컨대 '온상한, 온수준' 모형에는 분명히 의식의 파동, 상태, 유형(좌상상한)과 뇌의 상태, 유기체의 기본 물질, 신경 전달 물질 등(우상상한)의 중요한 연관성이 포함되어 있다는 것이다.

오늘날 뇌의 유기체적 상태 그리고 이런 상태와 의식의 관계에 대한 엄청난 규모의 연구가 진행되고 있고, 그래서 전통을 따르는 연구자들은 대부분 그저 의식을 뇌 구조로 환원시키려는 경향이 있을 정도다. 그러나 이 환원주의는 의식 그 자체의 윤곽을 완전히 파괴한다. '나'의 체험을 '그것'의 체계로 환원시키며 내적 영역의 현상적 실재들 전부를 부인하는 것이다. 좌상상한을 우상상한으로 환원시키는 이 음흉함은 그 대신에 온상한, 온수준 접근법을 취함으로써 피할 수 있다. 이 접근법에서는 그 어떤 수준과 계통 또는 상한을 다른 어떤 것으로도 부당하게 환원시키는 것을 거부한다.[14]

좌하상한에는 특정한 문화나 하위 문화 '내부'에 있는 사람들과 공유되는 의식의 모든 패턴이 포함된다. 여러분과 내가 서로를 조금이라도 이해하려면 우리는 최소한 어떤 언어적 의미와 다양한 인식(최소한의 의사소통이 가능하도록), 어느 정도는 중첩되는 세계관 등을 공유해야 한다. 이 공유된 가치, 인식, 의미, 의미의 소재지, 문화적 관습, 도덕 등을 나는 간단히 문화 또는 의식에서 나타나는 **상호주관적**(intersubjective) 패턴이라고 지칭한다.

이런 문화적 인식은 전부 어느 정도까지는 의식의 주관적 공간에 존재하지만, 그럼에도 불구하고 실증적으로 발견할 수 있는 객관적 상관물을 가지고 있다. 즉 기술경제적 양식(수렵채집사회, 원예농업사회, 해양사회, 농경사회, 산업사회, 정보사회)을 포함한 물리적 구조와 제도, 건축 양식, 지정학적 구조, 정보 전달의 양식(음성 기호, 표의 문자, 전달 가능한 인쇄물, 전기 통신, 마이크로칩), 사회 구조(생존을 위한 씨족, 민족적 부족, 봉건적 질서, 고대 국가, 기업형 국가, 가치 공동체 등) 등이다. 이런 전반적인 **상호객관적** 실체들을 나는 **사회 체제**(좌하상한)라고 지칭한다.

　[그림 3-6]에는 역사적으로 다양한 이론가들이 보통 하나의 상한

	왼쪽 경로	오른쪽 경로
	• 해석상의 • 해석적 • 의식	• 독백적 • 경험적, 실증적 • 형태
개 인 적	프로이트 C. G. 융 피아제 오로빈도 플로티누스 고타마 붓다 <div align="right">나</div>	B. F. 스키너 존 왓슨 존 로크 실증주의 행동주의 물리학, 생물학, 신경학 등 그것
	우리	그것들
집 합 적	토마스 쿤 빌헬름 딜타이 장 겝서 막스 베버 한스-게오르그 가다머	시스템 이론 탤컷 파슨스 오귀스트 콩트 칼 마르크스 게르하르트 렌스키 생태학적 생명의 직물

[그림 3-6] 각 상한을 대표하는 이론가들

에만 초점을 맞추고 다른 것들은 보통 배제했다는 사실이 묘사되어 있다. '오른쪽 경로'에서는 외적 확장에만 초점을 맞추었다. 행동주의, 실증주의, 물리학, 생물학, 인지과학, 신경학, 뇌생리학 등 우상상한의 이론가와 연구자들은 개인의 외면에 초점을 맞춘다(뇌는 유기체의 내부에 있지만 그에 대한 연구는 객관적, 외면적, 과학적 방식으로 이루어지므로 우상상한의 일부다). 우리는 우상상한을 자연과학이라고 생각하는 경우가 가장 많다.

시스템 이론, 생명의 생태학적 직물, 혼돈과 복잡성 이론, 기술경제적 구조, 환경 네트워크, 사회 체계 등 우하상한의 이론가들은 집합적 외면 또는 시스템 과학에 초점을 맞춘다. 두 오른쪽 상한에는 모두 객관적이고 제3자적인 '그것' 언어로 접근하게 되며 따라서 보통 둘 다 '과학적'이라고 생각된다(이때 우상상한은 개인의 과학이고, 좌상상한은 시스템의 과학이다).[15]

'왼쪽 경로'에서는 모두 내적 상한에 초점을 맞춘다. 좌상상한의 이론가와 연구자들은 개인에게서 나타나는 내적 의식을 탐구하며, 그 결과 정신분석에서 현상학, 내성주의 심리학, 의식의 명상적 상태에 이르는(예를 들면 프로이트에서 융, 피아제 그리고 붓다에 이르는) 모든 분야가 나타나게 되었다. 이런 현상적 실재들은 전부 '그것' 언어가 아닌 '나' 언어로, 즉 3인칭이 아닌 1인칭으로 표현된다.

좌하상한의 이론가들은 공유된 가치, 인식, 세계관, 문화적 배경 등 전부 '나' 언어나 '그것' 언어가 아닌 '우리' 언어로 표현되는 집합적 내면을 탐구한다. 이런 이론가에는 토마스 쿤과 장 겝서 같은 해석학과 현상학적 문화 연구자들이 포함된다. 문화적 배경이 다른 상한에 미치는 엄청난 영향에 대해서는 특히 니체에서 하이데거, 푸코, 데리다에 이르는 여러 포스트모던 저술가들이 강조한 바

있다. 비록 이들이 사실을 과장하기는 했지만 말이다.

여러분들이 뒤에서 보게 될 것처럼, 내가 추천하는ㅡ그리고 '온 수준, 온상한'이라고 단순하게 요약하는ㅡ통합적 접근법에서는 모든 상한의 환원불가능한 실재들 전부를 포함하는 데 전념한다. 즉 명성 있는 비환원주의적 연구자들이 밝혀낸 파동과 지류, 상태, 유형들 전부를 말이다. 4상한과 그 실재들은 모두 상호작용을 하면서 발달ㅡ즉 4원적으로 상호작용을 하며 4원적으로 발달ㅡ하며, 보다 통합적인 접근법에서는 이런 무한한 상호작용이 풍부한 조화를 이루는 패턴을 세심하게 다룬다.

가끔 나는 이 모형을 온우주에 대한 '1-2-3' 접근법이라고 한층 더 단순하게 부른다. 이 표현은 1인칭, 2인칭, 3인칭의 실재를 의미한다. 간단히 언급했듯이(그리고 [그림 3-1]과 [그림 3-6]에서 볼 수 있듯이), 좌상상한은 '나-언어'(1인칭 기술)와 관련되고 좌하상한은 '우리-언어'(2인칭 기술)와, 그리고 우상상한과 우하상한은 모두 객관적 양식이기 때문에 '그것-언어'(3인칭 기술)와 관련된다.[16]

따라서 4상한은 '3대 가치'(나, 우리, 그것)로 단순화할 수 있다. 이 중요한 차원들은 예술·도덕·과학, 미(美)·선(善)·진(眞), 자아·문화·자연 등 여러 다른 방식으로 표현할 수 있다. '온상한, 온수준' 접근법의 중요한 점은 자아와 문화, 자연 속에서 펼쳐지는 (신체에서 마음, 혼, 영에 이르는) 존재의 모든 파동을 존중한다는 것이다.

나는 이 모형을 가장 단순하게는 '홀론적(holonic)'이라고 부른다. 앞서 보았듯 홀론은 다른 홀론의 일부면서 전체다. 원자는 분자의 일부고 분자는 세포의 일부, 세포는 유기체의 일부다. 실재는 전체나 부분만으로 이루어진 것이 아니라 전체/부분, 즉 홀론으로 이루어진다. 모든 상한과 수준, 계통의 근본적 독립체들은 간단히 말해 홀론이다(이 주제에 대한 자세한 논의는 『성, 생태, 영성』을 참조하라). 아서 쾨슬러가 지적했듯이 성장 위계는 (원자에서 분자, 세포, 유기체와 같이) 홀론으로 구성되기 때문에 실제로는 홀라키다. 전일주의에 이르는 유일한 길은 홀라키를 통해서고 모든 위계를 부정하면 그 결과는 전체론(wholism)이 아닌 무더기론(heapism)이 되는 이유가 이것이다.

이것은 벡과 코완이 두 번째 층의 사고가 '홀론'을 통해 인식하고 작동한다고 특별히 언급했다는 점과 일맥상통한다. 그들의 표현에 따르면 두 번째 층의 정의는 다음과 같다. "살아 있는 시스템 속에 모든 것이 다른 것들 전부와 함께 흐른다. 두 번째 층에서는 입자와 사람, 기능 그리고 접속점이 네트워크와 계층화된 수준들 [내포된 계층 또는 홀라키] 속으로 함께 엮이고 우주적 질서의 '큰 그림' 속에서 자연스럽게 흘러간다." 이 '큰 그림'이 모든 것의 이론이며, 그 질서는 홀론적인 것으로 보인다.

더 통합적인 지도

그러면, 인간의 가능성에 대한 보다 통합적인 모형에 대해서는 뭐라고 할 수 있을까? 통합 비전을 교육, 정치, 비즈니스, 건강 관리 등에 적용하는 것에 대해 이야기하기 전에, 우리가 적용하는 것이 무엇인지에 대한 일반적 개념을 먼저 확실히 할 필요가 있다. 다원적 상대주의에서 보편적 통합주의로 옮겨 갈 때 우리는 어떤 종류의 지도를 손에 넣게 될 것인가? 더 통합적인 지도를 만드는 데에는 다음과 같은 것들이 포함될 수 있다.

- 존재의 여러 수준 또는 파동, 물질에서 신체, 마음, 혼, 영(또는 베이지색에서 자주색, 빨간색, 파란색, 오렌지색……, 정묘, 시원, 비이원)에 이르는 의식의 모든 스펙트럼을 포괄하는 대(大)홀라키

- 이런 발달의 수준들을 거쳐 가는 인지적, 도덕적, 영적, 심미적, 육체적, 창의적, 대인관계적 등 수많은 발달의 지류, 모듈 또는 계통(예를 들면 한 개인은 인지적으로는 오렌지색 수준, 정서적으로는 자주색 수준, 도덕적으로는 파란색 수준에 있을 수 있다.)

- 더욱이, 사실상 모든 발달 단계에서 개개인은 깨어 있는 상태와 꿈꾸는 상태, 잠자는 상태, 변성된 상태, 비일상적 상태, 명상적 상태 등 의식의 여러 상태에 있을 수 있다(이 변성된 상태들 가운데 다수는 어떤 수준에서도 일어날 수 있다. 따라서 예컨대, 사실상 모든 의식 단계에서 다양한 종교적 체험을 할 수 있다).[17]

- 성별 유형, (에니어그램, 마이어-브릭스, 융 등) 성격 유형 등을 포함한 의식의 다양한 유형. 이런 유형들은 수준과 계통, 상태에서 발생할 수 있다.

- 다수의 유기체적 요인과 뇌의 상태(이 우상상한은 오늘날 정신의학과 인지과학, 신경생물학 분야에서 가장 주목받고 있다. 그러나 아무리 중요하다고 해도 전체 줄거리의 1/4에 불과하다.)

- 다양한 문화적 실재의 풍부한 조화, 배경적 맥락, 다원적 인식, 언어적 의미론 등을 포함한 수많은 문화적 요인들의 엄청나게 중요한 영향. 이 요인들 중 어느 것도 부당하게 소외되어서는 안 되며 모두가 통합적-비조망적 양탄자의 넓은 그물망 안에 포함되고 통합되어야 한다(그리고 역시 중요한 것은, 정말로 '통합적인 변용적 수행'은 관계와 공동체, 문화 그리고 전반적인

상호주관적 요인에 대해 단순히 영적 통찰을 적용하는 영역으로서가 아니라 영적 변용의 방식으로서 상당한 무게를 둘 것이라는 점이다).

- (특히 가이아에서 생태계까지 인간 외적 사회 체계와의 매우 중요한 관계 및 기술경제적 기반을 포함하여 자연에서 인체 구조에 이르는) 모든 수준에서 사회 체계의 거대한 영향력
- 비록 이상의 간단한 개괄에서는 언급하지 않았지만, 인생이라는 커다란 강의 항해자로서 자아의 중요성을 간과해서는 안 된다. 자아는 하나의 단일체가 아니라 무게중심을 갖는 자아들의 집단인 것으로 보이며 이들은 다수의 파동과 상태, 지류 그리고 영역들을 일종의 통합된 조직에 결속시키는 역할을 한다. 이 조직의 어느 일반적 단계에서라도 혼란이 야기되면 병리가 나타날 수 있다.[18]

이런 것들이 정말로 전일적인 온우주관(觀)에 포함되어야 할 여러 요인 가운데 일부다. 적어도 이런 항목들을 일관성 있게 포함하지 않는다면 그 어떤 모형도 그렇게 통합적인 모형은 아닐 것이다. 나는 집필 활동의 상당 부분을 전근대나 근대, 또는 탈근대 어디에 근원을 두고 있든 두 번째 층 개념을 다루는 연구자들이 내린 결론을 소개하는 데 전념해 왔다. 의식의 전스펙트럼을 그 모든 파동과 지류, 상태, 영역에서 바라보는 연구자들 말이다. 그리고 그것을 넘어 온상한, 온수준 관점을 소개하는 데 전념해 왔다. 이것은 다양한 양상을 나타내는 전체 스펙트럼으로, 특히 최대 다수의 연구자들이 얻은 최대 다수의 증거를 수용하려고 시도하는 개념이다.

앞서 말했듯이 이상의 개관은 약간 건조하고 추상적인데, 이것은 순전히 짧은 분량에 많은 배경을 다루어야 했기 때문이다. 이어

지는 장에서는 이런 개념들에 대한 구체적인 사례를 많이 살펴볼 텐데, 그러면 이 개념들이 더 흥미 있고 생생하게 다가올 것이다.

이 통합적 시도에서는 새천년의 문화·통합 연구의 중심 사안이라고 내가 믿는 바로 그것을 강조한다. 우리는 (다원적 민감성과 같은) 훌륭한 성취와 (부머리티스와 같은) 병리를 함께 간직한 채로 녹색 밈에 갇혀 있을 것인가? 아니면 두 번째 층 의식의 초공간으로 도약하여, 우리 자신의 가능성이 갖는 초개인적 파동으로 한층 더 진화할 수 있는 상태가 될 것인가?

지도 제작자를 바꾸기

달리 말하면, 우리가 다루고 있는 문제 가운데 하나는 어떻게 하면 보다 효과적으로 선도적 집단에서 통합적 의식(심지어는 초개인적 의식)이 출현하도록 할 수 있는가다. 내 생각에는 새로운 통합 이론, 즉 새로운 모든 것의 이론이 중요하기는 하지만 그것만이 아니라 새로운 **통합적 수행** 역시 필요하다. 온우주에 대한 완벽한 통합적 지도, 완벽하게 모든 것을 포함하고 한 치의 오차 없이 전일적인 지도를 가지고 있다 해도 지도 그 자체가 사람들을 변화시키지는 않는다. 우리는 지도만 필요한 것이 아니라 지도 제작자를 바꾸는 방법이 필요한 것이다.

그리하여, 내가 쓴 책은 대부분 그 목적이 진정한 통합 비전을 제시하려는 것임에도 불구하고 항상 일종의 통합적 수행을 요구하는 것으로 끝난다. 자아와 문화, 자연 속에서 신체와 마음, 혼, 영을 수련하는 온수준, 온상한 수행 말이다. 여러분은 뒤에서 이러한 요구를 계속하여 듣게 될 텐데, 진정으로 통합적인 변용적 수행이 바람직해 보인다면 그런 수행을 어떻게 시작할 것인지에 대한 구체적 제안도 곁들여질 것이다.

최우선적 지침

이 모형을 교육과 영적 수행, 정치, 비즈니스, 건강 관리 등에 적용하는 것은 제5장과 제6장에서 살펴볼 것이다. 그 사이에 우리의 요점, 즉 통합 비전이 선도적 집단과 평균적인 유형에 미치는 영향으로 돌아가 다음을 주목하자.

온수준, 온상한 접근법의 주된 결론 가운데 하나는 각각의 밈— 의식의 각 수준과 존재의 각 파동—은 건강한 상태에서 나선 전체, 의식의 스펙트럼 전체의 절대적으로 중요하고 가치 있는 요인이라는 것이다. 지구상의 모든 사회가 완전한 두 번째 층에서 설립된다 하더라도, 그 사회에서 태어난 모든 아기는 여전히 1단계의 베이지색 밈, 운동감각적 본능과 지각에서 출발하여 자주색 마법, 빨간색과 파란색 신화, 오렌지색 합리주의, 녹색 민감성 그리고 (초개인으로 가는 길 위의) 노란색과 청록색 비전-논리로 성장하고 발달해야 한다. 이런 파동 모두가 중요한 과제와 기능을 갖는다. 전부가 뒤이은 파동에 의해 초월되고 포함되며, 어느 것도 건너뛸 수 없으며 어떤 것을 비하해도 개개인과 사회에 심각한 결과를 미치게 된다. 어느 한 수준을 우선시하는 처방이 아니라 나선 전체의 건강이 최우선적 지침인 것이다.

보다 신중한 탁월성

어느 특정한 수준이 아닌 의식의 스펙트럼 전체의 건강이 가장 중요하기 때문에, 정말로 보편적인 통합주의에서는 그것이 실제로 미치는 영향을 더 신중하게 평가할 것이다. 나는 오늘날 세계가 직면하고 있는 진정한 변혁은, 초개인적 영역으로의 영예로운 집단적 이동이 아니라 존재의 마법적, 신화적, 합리적 파동의 단순하고 근본적인 변화와 관련되어 있다고 생각한다.

인간은 태어나서 의식의 거대 나선을 거치며 진화하기 시작한다. 태곳적에서 마법적, 신화적, 합리적 그리고 아마도 통합적 의식까지, 거기에서 어쩌면 순수한 초개인적 영역으로 말이다. 그러나 한 사람이 통합적 또는 그 이상의 수준으로 이동할 때마다 수십 명이 태곳적 의식을 가지고 태어난다. 존재의 나선은 거대하고도 끝없는 흐름으로 신체에서 마음, 혼, 영까지 펼쳐지며, 수백 수천만이 끊임없이 수원(水源)에서 바다까지 흘러간다. 흐름이 끊임없이 이어지기 때문에 어떤 사회도 통합적 수준에서 그냥 머무를 수는 없다. 역사적으로 그래 왔듯이 어떤 문화의 무게중심이 위쪽으로 이동할 수는 있어도 말이다(『에덴을 넘어(Up from Eden)』를 참조하라). 하지만 중요한 문제가 남아 있다. 어떻게 하면 모두를 통합적 또는 보다 상위의 파동으로 데려갈 수 있을지가 아니라, 수십억의 인간이 한쪽 끝에서 다른 쪽 끝까지 끊임없이 계속하여 나선을 거쳐 가는데 어떻게 하면 나선 전체가 건강하도록 할 수 있을지 말이다.

달리 말하면, 필요한 일은 대부분 하위(이자 기초가 되는) 파동이 나름의 방식으로 더 건강해질 수 있도록 하는 것이다. 주된 변혁은 얼마 안 되는 베이비붐 세대를 어떻게 두 번째 층으로 데려갈 것인지가 아니라, 가장 기본적인 파동에 있는 수백만의 굶주리는 사람들을 어떻게 먹여 살릴 것인지, 가장 단순한 수준에 있는 수백만의 의지할 곳 없는 사람들에게 어떻게 살 곳을 줄 것인지, 의료보험이 없는 수백만의 사람들에게 어떻게 보험을 제공할 것인지와 연관된다. 통합 비전은 지구상에서 가장 급하지 않은 문제들 가운데 하나인 것이다.

전체 세계에서의 통합 비전

스탠포드 의과대학의 필립 하터 박사가 추정한 것을 이용하여 이 점을 납득해 보자. 전지구상의 인구를 100명이 사는 마을로 축소시킬 수 있다면 그 모습은 다음과 같을 것이다.

- 57명은 아시아인
- 21명은 유럽인
- 14명은 북미·남미인
- 8명은 아프리카인
- 30명은 백인
- 70명은 백인 이외의 인종
- 6명이 전세계 부의 59%를 소유하며 이들은 모두 미국인
- 80명이 열악한 주거 환경에서 거주
- 70명이 문맹
- 50명이 영양실조로 고생

- 1명이 대학 교육을 받음
- 1명이 컴퓨터를 소유

그러므로 내가 말했듯이, 통합 비전은 지구상에서 가장 급하지 않은 문제들 가운데 하나다. 전체 나선, 특히 초기 파동의 건강이 가장 중요하고 절실한 윤리적 요구사항이다.

그럼에도 불구하고, 두 번째 층의 비전-논리 의식이 갖는 이점은 그런 급한 문제들에 대한 해답을 찾는 것에 더 창의적인 도움을 준다는 점이다. 전체적인 그림을 파악하는 데 더 타당한 해답을 제시하도록 도와줄 수 있는 것이다. 그렇다면 보다 통합적인 접근법을 절실히 필요로 하게 되는 것은 우리 사회의 통치 체제다. 해체론적 탈근대주의로 가득 찬 우리의 교육 제도야말로 보다 통합적인 비전을 간절히 원한다. 파편화된 이익으로 가득 찬 우리의 비즈니스 관행이야말로 보다 균형 잡힌 접근법을 절실히 필요로 한다. 우리의 의료시설이야말로 통합적 손길의 깊은 자비로부터 크게 혜택을 얻을 수 있다. 개발도상국가의 지도자야말로 그들 자신의 가능성에 대한 보다 종합적인 비전의 진가를 알아볼 수 있을 것이다. 이와 같은, 또 그 이상의 여러 방법을 통해 우리는 약간은 미쳐 버린 세상을 위해 정말로 통합 비전을 사용할 수 있는 것이다.

과학과 종교

종교가 없는 과학은 절름발이고, 과학이 없는 종교는 장님이다.

– 알베르트 아인슈타인

    과학과 종교, 과학과 종교, 과학과 종교. 둘의 관계는 우리 인류가 충분히 민감하다면 우리를 정말로 미치게 만들 것이다. 현재 철학자들의 입장에서 둘의 관계는 마음과 신체, 의식과 물질, 사실과 가치 등과 같이 지긋지긋한 한 쌍 가운데 하나가 될 운명일 뿐이다. 이와 반대로 평범한 사람들은 언제나 과학(또는 일종의 기술적, 경험적 지식)과 종교(또는 일종의 의미, 가치, 초월적 의도, 내재적 존재) 양쪽에 자유롭게 의지해 왔다. 그럼에도 불구하고, 이 둘을 어떻게 조화시킬 것인가. 셰익스피어의 표현처럼 "그것이 문제로다."

한 가지는 분명하다. 즉 정말로 통합적인 비전 또는 모든 것의 이론이라면, 어떻게 해서든 과학과 종교의 관계를 조화롭게 해야 한다는 것이다.

몇 권의 책에서 나는 이 까다로운 문제에 대해 특별히 고심해 왔다.[1] 나는 이 책들이 과학과 영성에 대한 통상적인 논쟁에서는 잘 듣기 어려운 주장들(다음에서 요약될 것이다)을 제기하고 있다고 생각한다. 또한 이런 주장들은 영에 대한 생각에 불과한 것이 아니라 직접적인 영의 체험을 옹호하는 것이기 때문에 대부분 계속 무시되지 않을까 우려된다. 달리 말하면, 내가 이 논쟁에 직접적 · 명상적 · 경험적인 영성을 포함시키려고 시도하고 있는 반면, 대부분의 저술가들은 관련된 철학적 · 과학적 사상들에 대해서만 논하기를, 직접적 경험이 아닌 관념을 논하기를 원한다는 것이다. 이것은 학자 여러 명이 하와이의 해변에 대해 논의하고 있는데, 하와이에 가서 직접 찾아보는 대신 지리학 서적을 여러 권 꺼내 연구하는 것과 마찬가지다. 땅 그 자체가 아닌 지도를 연구하는 것이 나에게는 항상 좀 이상해 보였다.

직접적인 영적 체험과 그런 체험들에 대한 더 정확한 지도와 모형 둘 다에 분명히 자리가 있다. 그리고 양쪽 모두 그 어떤 모든 것의 이론에서도 매우 중요하다. 이에 대해 살펴보기로 하자.

과학과 종교의 관계

많은 이론가들은 과학과 종교의 관계에 대한 통상적인 입장들을 분류해 왔다. 이런 분류들은 과학과 종교 사이의 전쟁에서 평화적인 공존과 상호 영향 및 교환, 그리고 통합의 시도에 이르기까지 기본적으로 아주 유사하다.

예를 들어, 이안 바버[1]의 분류는 다음과 같다.

- 갈등: 과학과 종교가 서로 전쟁을 벌인다. 하나는 옳고 하나는 그르며, 그것으로 끝이다.
- 독립: 과학과 종교 둘 다 '맞지만', 각각의 진실과 관련된 영역은 기본적으로 별개의 것으로 둘 사이에는 접점이 거의 없다.
- 대화: 과학과 종교는 서로 대화를 통해 득을 볼 수 있으며, 각각의 독립된 진실은 서로를 풍요롭게 할 수 있다.
- 통합: 과학과 종교는 '큰 그림'의 일부로 각각이 기여하는 부분들이 완전히 통합된다.[2]

유진 스콧[2]의 분류는 다음과 같다.

- 전쟁: 과학이 종교를 이기거나 종교가 과학을 이기며, 패자에게는 종말이 있다.
- 독립 영역: 과학은 자연적 사실을 다루고 종교는 영적 문제를 다루며, 서로 충돌하거나 조화를 이루지 않는다.
- 합의: 종교가 중요한 신학적 믿음을 포기하지 않고 과학을 이용해 재해석함으로써 과학적 사실에 스스로를 맞추는 일방적

---

1) Ian Barbour (1923~2013): 미국의 학자로 일생 동안 과학과 종교의 관계에 대해 연구했으며, 1999년 그 공로로 종교계의 노벨상이라고 불리는 템플턴상(The Templeton Prize)을 받았음
2) Eugenie Scott (1945~   ): 진화론의 대중적 이해에 힘써 온 미국 출신의 인류학자

관계

- 관계: 과학과 종교가 동등한 동반자로서 상호작용하며 서로에게 맞추는 쌍방적 관계[3]

『감각과 영혼의 만남(*The Marriage of sense and Soul*)』에서 나는 가장 보편적인 입장들에 대한 나 자신의 분류를 제시했다. 이를 간단히 요약하면 다음과 같다.

1. 과학이 종교를 부정한다. 이것은 여전히 오늘날의 과학자들 사이에서 가장 일반적인 입장으로, 리처드 도킨스, 프랜시스 크릭 그리고 스티븐 핑커 같은 사상가들이 아주 적극적으로 대변하고 있다. 종교는 그야말로 과거로부터의 미신적 유물이거나, 잘 해야 자연이 종을 번식시키기 위해 사용하는 생존의 술책일 뿐이다.

2. 종교가 과학을 부정한다. 전형적인 근본주의자의 반박은, 과학은 타락한 세상의 일부이며 따라서 참된 진실에 접근할 수 없다는 것이다. 신이 세상(그리고 모든 화석 기록)을 6일 만에 창조했고, 그걸로 끝이다. 성서는 문자 그대로의 진실이며 만약 동의하지 않는다면 과학은 더 나쁜 것이 된다.

3. 과학과 종교는 존재의 서로 다른 영역을 다루므로 평화롭게 공존할 수 있다. 이것은 가장 복잡한 입장 가운데 하나로, 강한 버전과 약한 버전 두 가지가 있다.
   - 강한 버전: 인식론적 다원주의. 이에 따르면 실재는 (물질, 신

체, 마음, 혼, 영과 같은) 여러 차원 또는 영역으로 구성되며, 과학은 대부분 물질과 신체의 하위 영역을 다루는 반면 종교는 혼과 영의 상위 영역을 다룬다. 아무튼 과학과 종교는 둘 다 똑같이 '큰 그림'의 일부로 그 안에는 둘 다에 충분한 자리가 있으며, 과학과 종교가 각각 기여하는 바는 이 큰 그림에 통합될 수 있다. 전통적인 존재의 대사슬이 이 범주에 들어간다([그림 4-3] 참조). 이런 일반적인 관점과 비슷한 입장의 대표격인 인물로는 플로티누스, 칸트, 셸링, 쿠마라스와미, 화이트헤드, 프리초프 숀, 휴스턴 스미스 그리고 이안 바버가 있다.

- 약한 버전: '겹치지 않는 교도권(NOMA: Nonoverlapping magisterium).' 이것은 과학과 종교가 서로 다른 영역을 다루지만 이들 영역은 근본적으로 서로 부합하지 않기 때문에 어떤 종류의 큰 그림으로도 통합될 수 없다는 생각을 나타내는 스티븐 제이 굴드[3]의 용어다. 둘 다 전적으로 존중을 받을 만하지만 완전히 통합될 수는 없다. 이것은 일종의 영에 대한 믿음을 천명하지만 그것이 실제로 과학과 어떻게 어울릴 수 있을지는 생각할 수 없는 여러 과학자들 사이에서 자연스레 아주 보편적인 입장이다. 그래서 그들은 카이사르의 것은 카이사르에게, 나머지는 신에게 돌려주는 것이다.

4. 과학 그 자체가 영의 존재에 대한 논거를 제공한다. 이 입장에 따르면 여러 과학적 사실과 발견들이 영적 실재를 직접적으로 가

---

3) Stephen Jay Gould (1941~2002): 미국의 진화생물학자이자 과학사가

리키며 따라서 과학은 우리가 신(또는 여신)을 직접적으로 드러내 보이도록 도움을 줄 수 있다. 예를 들어 빅뱅에는 일종의 창조주 원리가 필요한 것으로 보인다. 진화는 지적 설계를 따르는 것 같고, 인류 발생론의 원리는 우주의 진화 뒤편에 일종의 창조적 지성이 있음을 암시한다. 이것은 유진 스콧의 일방적 합의와 비슷한데, 과학이 종교를 풍요롭게 하는 데 이용되며 보통 그 반대는 아니다. 바버가 '자연의 신학(a theology of nature)'에 대비하여 '자연 신학(natural theology)'이라고 부르는 것과도 비슷하다(후자의 경우 여러 생태철학자들의 주장처럼 영은 자연에 대한 이해로부터 직접적으로 발견된다. 전자의 경우 존재가 드러난 영을 이용하여 영적인 용어로 자연을 해석한다. 바버는 전자를 더 선호했는데, 이것은 3번 범주의 일부다). 이것은 아주 보편적인 접근법이며, '신비주의를 입증하거나 지지하는 새로운 과학 패러다임'을 이야기하는 인기 작가들 사이에서는 아마 가장 흔한 접근법일 것이다.

5. 과학 그 자체는 세계에 대한 지식이 아니라 단지 세계에 대한 한 가지 해석일 뿐이며, 따라서 예술이나 시와 정확히 동일한 수준의 타당성을 갖는다. 이것은 물론 전형적인 '포스트모던적' 입장이다. 앞의 접근법이 과학과 종교를 주제로 삼는 인기 작가들 사이에서 가장 흔한 데 비해, 이 접근법은 그 어떤 통합을 구성하는 것이 아니라 다른 사람들이 이 주제에 대해 이야기할 모든 가치 있는 것을 해체하는 데 전념하는 학계와 문화계의 엘리트들 사이에서 가장 흔하다. 포스트모던주의자들은 정말로 중요한 문제들을 제기했고, 나는 그런 점들을 더 통합적인 관점

에서 강하게 포함시키려고 시도해 왔다.[4] 그러나 스스로의 계책에 빠져 있는 포스트모더니즘은 일종의 막다른 길이다(『부머리티스』를 참조하라).

자, 그런 종류의 분류를 제시한 이론가들 대부분은 구할 수 있는 모든 것을 감안했다고 기뻐한다. 나는 그 분류를 아직 이루어지지 않은 것들 전부를 요약하는 것으로서 제시했다. 바버에서 나 자신까지 그 모든 목록은 기본적으로 성공이 아닌 실패의 일람이다. 보다 정확히 말하자면, 그런 접근법 중 일부(특히 3, 4, 5)는 정말로 통합적인 관점이 될 수도 있는 무언가의 핵심 요소들을 제공해 주지만, 그중 어느 것도 통합의 탁자 위에 완전히 놓여야 한다고 내가 생각하는 종교의 핵심, 즉 직접적인 영적 체험을 충분히 포함하지 않는다. 그리고 (바버와 같은)[5] 일부 이론가들은 최소한 영적 체험을 인정하지만, 보통은 인지과학과 뇌과학, 명상적 현상학에서의 변혁에 대해서는 침묵을 지킨다. 이것들이 한데 모여 지금까지 제시되었던 것보다 훨씬 더 극적인 과학과 종교의 통합을 시사하는 데도 말이다.

이보다 통합적인 관점을 나는 '온상한, 온수준'이라고 간단히 설명해 왔다. 이제 그 주요 요점들을 과학과 영성에 적용하면서 그 개요를 간단히 설명하려 한다.

겹치지 않는 교도권?

다수의 과학자들과 종교제일주의자들의 관점인 스티븐 제이 굴드의 접근법—종교와 과학 둘 다 중요하지만 각각은 서로 다른 겹치지 않는 영역에 속한다—에서 시작하자. 굴드는 이렇게 말한다. "과학과 종교 사이에 갈등이 없는 것은 [굴드는 약한 버전의 3번 입장을 유지하고 있다] 각각의 전문 영역이 겹치지 않는 것에서 기인한다. 즉 과학은 우주의 경험적 구조를, 종교는 참된 윤리적 가치와 우리 인생의 영적 의미 탐구를 다룬다."[6] 물론 굴드는 과학과 종교가 항상 '서로 충돌하며', 그러한 마찰로 인해 아주 재미있는 빛이 나고 불쾌한 열이 발생하는 일도 흔하다는 점을 인정한다. 그러나 궁극적으로 과학과 종교 사이에는 갈등도 조화도 없는데, 둘은 전혀 성질이 다르기 때문이다.

이 관점을 유지하기 위해 굴드는 자연과 인간 사이의 다소 경직된 이원론을 만들어 냈는데, 즉 '자연'은 (과학에 의해 드러나는) 사실의 영역이며 '인간'은 (종교에 의해 드러나는) 가치와 의미의 영역이라는 것이다. "자연은 인간의 윤리적 담론이라는 전혀 부적절한 측면에서는 정말로 '잔인'하고 '무관심'할 수 있다. 왜냐하면 (비유적으로 말해) 자연은 우리를 위해 존재하지 않고, 우리가 어디에서 왔는지도 모르고, 우리에게 관심이 없기 때문이다." 보아 하니 굴드에게 인간은 자연의 완전한 일부가 아니다. 만약 그렇다면 인간은 그저 자연이 하고 있는 무언가가 될 것이다. 그러나 자연은 우리에게 관심이 없는데, 이것은 '우리'(또는 우리 가운데 종교와 윤리에 관여하는 일부)와 (야수적 진실과 무가치의) '자연'은 서로 겹치지 않는 두 영역이기 때문이다. "나는 그런 상태를 우울한 것이 아닌 해방적인 것으로 보는데, 왜냐하면 그렇게 될 때 우리는 ……자연의 사실성에서 벗어나 자신만의 방식으로 도덕적 담론을 진행시킬 능력을 갖게 되는 것이기 때문이다."[7]

이 두 영역을 이음매 없이 함께 엮으려는 시도, 그리고 둘은 영영 평행선을 걸을 운명이라고 그냥 선포해 버리지 않고 일종의 더 큰 그림을 찾으려는 시도는 바로 이 미숙한 이원론이 만들어 낸 것이다. 사실과 가치, 자연과 인간, 과학과 종교, 실증적인 것과 영적인 것, 내부와 외부, 객관적인 것과 주관적인 것 등 이원론의 여러 형태 가운데 어떤 것으로든 말이다.

이것은 몹시 어렵고 복잡한 문제다. '실증 대 영'의 이원론에 대한 신학의 표준적인 응답은, 절대영이 실증 세계를 창조했고 따라서 그런 의미에서 둘은 관계가 있다고 주장하는 것이다. 우리가 신과 조화를 이룰(그리고 악을 피할) 수 있다면 우리는 구원받을 것이다. 그러나 신으로부터 벗어나면(그리고 악을 저지르면) 우리는 지옥에 떨어질 것이다. 그런데 이 경우 똑같이 전형적인 문제가 생긴다. 만약 신이 세상을 창조했고 세상에 악이 있다면, 신이 악 또한 창조한 것이 아닌가? 그렇다면 신이 악을 책임져야 하는 것 아닌가? 왜 나를 탓하는가? 제품이 부서지면 잘못은 제작자에게 있는 것이다(결국 실증적인 것과 영적인 것의 관계를 풀기는 그렇게 쉽지가 않은 것 같다).

생태영성 이론가들도 나을 것이 없다. 그들은 자연을 창조한 초월적이고 초현실적인 신 대신에 순수하게 내재적이고 현실적인 신/여신, 즉 자연과 자연의 진화적 전개를 상정한다. 우리가 자연과 조화를 이룰 수 있다면 우리는 구원받을 것이다. 그러나 우리가 자연으로부터 벗어나면 우리는 파멸할 것이다. 그런데 이 경우 똑같은 문제가 생긴다. 만약 자연이 (진화를 통해) 인간을 만들어 냈고 인간이 오존층의 구멍을 만들었다면, 자연이 오존층의 구멍을 만든 것 아닌가? 그렇지 않다면 자연의 일부가 아닌 인간의 어떤 부분이 있는 것이고, 그러면 자연은 존재의 궁극적 토대가 될 수 없다. 자연은 순수한 신이나 여신 또는 절대영이 될 수 없는데, 왜냐하면 자연은 분명히 모든 것을 포함하는 것이 아니고 따라서 더 큰 파이의 작은 조각일 뿐이기 때문이다. 그렇다면 그 더 큰 파이란 것은 정확히 무엇일까? 그리고 또다시, 자연과 인간 사이의 이 이원론을 실제로 어떻게 치유할 것인가?

플로티누스에서 휴스턴 스미스, 세이예드 나스르에 이르는 여러 전통적 이론가들은 (범주 3의 강한 버전에 해당하는 입장인) 존재의 대사슬에 의존함으로써 이런 어려움들을 해결하려 해 왔다. 그 요점은, 실제로는 (물질이나 영과 같이) 엄격하게 별개인 두 개의 영역만 있는 것이 아니라 서로를 향해 무한하게 서서히 바뀌는 (물질, 신체, 마음, 혼 그리고 영과 같이) 적어도 네 개 또는 다섯 개의 영역이 있다는 것이다. 가장 상위의 영역은 다른 모든 영역의 비이원적 기저이므로 궁극의 영은 최후의 이원론 문제에 시달리지 않는다. 그러나 영은 창조를 향해 내려감에 따라 여러 가지 이원론을 일으키게 되는데, 이것들은 비록 현시 영역에서는 피할 수 없지만 영 그 자체에 대한 궁극적 또는 비이원적 깨달음 속에서는 치유하고 물리칠 수 있다.

『감각과 영혼의 만남』에서 분명히 했듯이, 나는 과학과 종교의 관계에 대한 전형적인 입장들 가운데 이 입장(전통적인 대사슬)에 가장 공감한다. 그러나 같은 책에서 역시 지적하고 있듯이 대사슬의 전통적 설명 방식에는 일련의 심각한 한계점이 있는데, 이들 중 다수는 굴드의 모형과 같은 더 단순한 이원론 모형의 한계점과 다를 것이 없다.[8] 두 개가 아닌 사실상 네다섯 개의 겹치지 않는 교도권을 가정하는 전통주의자들의 경우, 비록 그런 복수의 교도권(대사슬의 여러 수준들)이 종종 내포하는 둥지로 보인다고 해도 여전히 문제가 있다. 영과 같은 상위 영역과 물질 같은 하위 영역의 관계는 정확히 무엇인가? 특히 과학은 정말로 하위 영역(물질과 신체)에만 국한되고 따라서 상위 영역들(혼과 영) 자체에 대해서는 우리에게 알려줄 것이 거의 또는 전혀 없는 것인지의 의미에서 말이다. 과학과 종교의 관계는 정말 5층짜리 빌딩에서 과학은 아래쪽 두 층에 대해 알려주고 종교는 위쪽 두 층에 대해 알려주는 그런 관계란 말인가? 휴스턴 스미스에서 이안 바버, 스티븐 제이 굴드에 이르기까지, 이 논쟁에 대한 대답으로 가장 존중받는 것들은 모두 그 이야기를 변형시킨 것이다(범주 3, 강한 버전 또는 약한 버전).

하지만 만약, 과학이 1층에 대해 알려주고 종교가 다른 층에 대해 알려주는 대신 둘 다 각각의 모든 층에 대해 다른 것들을 알려준다면 어떤가? 과학과 종교가 건물의 여러 층과 같은 관계가 아니라 큰 저택의 기둥들과 같은 관계라면 어떻게 될까? 뭔가의 위에 다른 것이 있는 것이 아니라, 각각이 처음부터 끝까지 위아래로 나란히 있다면 어떻게 될까?

자, 아직 시도하지 않은 접근법이 적어도 한 가지 있다. 다른 것들은 뭔가 부족하다는 것이 밝혀졌으므로 이것을 살펴볼 가치가 있을 것이다.

신비주의자의 뇌

간단한 사례에서 시작해 보자. 명상가 한 사람에게 뇌전도기를 연결한다. 명상가가 깊은 명상 상태로 들어감에 따라 뇌전도기는 (꿈꾸지 않고 깊이 잠든 상태에서 보통 발생하는 델타파의 생성과 같은)

새로운 뇌파 양식을 분명히 보여 준다. 더욱이 이 명상가가 주장하기를, 자신은 이 델타파 상태를 직접 경험하며 '영적'이라는 말이 가장 어울려 보이는 체험을 하고 있다. 즉 확장된 의식의 감각, 사랑과 연민의 증가, 자신과 모든 세계 안에서 성스럽고 신비한 존재를 마주하는 느낌을 경험하고 있다는 것이다. 이 상태에 들어간 다른 뛰어난 명상가들도 객관적으로 동일한 뇌파 양식을 나타내며 주관적인 영적 체험에서 유사한 상태를 알리고 있다. 이것을 어떻게 이해해야 할까?

이와 비슷한 일이 자주 일어난다는 것을 보여 주는 연구가 이미 상당히 진행되었다.[9] 논의를 진행하기 위해 그냥 앞과 같은 시나리오가 일반적으로 사실이라고 가정하자. 이것은 우선, '겹치지 않는 교도권'으로 보통 생각되는 과학과 종교의 영역이 실제로는 엄청나게 중첩된다는 것을 즉각적으로 보여 준다.

일반적인 NOMA(범주 3, 강한 버전과 약한 버전 모두)의 주장에서 간과하는 경향이 있는 점은, 가치와 사실이 어떤 의미에서는 별개의 영역이라고 해도 한 개인이 주관적 가치를 경험할 때 그런 가치들은 사실에 입각한 객관적 상관물을 뇌 자체에 가지고 있다는 것이다. 이것이 가치가 뇌의 상태로 환원될 수 있다거나 영적 체험이 자연적 사건으로 환원될 수 있다는 이야기는 결코 아니다. 영적 실재(종교의 교도권)와 경험적 실재(과학의 교도권)가 이 논쟁에 대한 일반적인 해법에서 생각하는 것처럼 구분되지는 않는다는 이야기를 하려는 것이다.

통합적 모형, 즉 온상한, 온수준 모형에서는 의지만 있다면 그런 '사실들' 전부를 수용할 수 있는 체계를 제공하려고 시도한다. 즉 내적 실재와 외적 실재, '영적' 체험과 '과학적' 경험, 주관적 실재와 객관적 실재 모두의 사실 말이다. 통합적 모형에서는 물질에서 신체, 마음, 혼, 영에 이르는 전통적인 '존재와 인식의 대사슬'을 수용할 충분한 공간을 찾아내고, 그런 실재들을 확실하고 구체적인 방식으로 경험적 사실과 연결시킨다.

온상한, 온수준

간단한 그림 몇 개를 이용하여, 적절한 모든 것의 이론 안에 근대 과학과 전통적 종교를 둘 다 포함시키는 이 통합적 접근법의 개요를 설명해 보자.

[그림 4-1]은 신체에서 마음, 혼, 영에 이르는 전통적인 존재의 대사슬로, 근본적으로는 [그림 3-3]과 [그림 3-4]와 유사하다. 각 상위 수준이 하위 수준을 초월하며 포함하기 때문에, 이것은 그림에서 시사하는 것처럼 실제로 존재의 대둥지다. 사실 존재의 대둥지는 존재의 대홀라키다. 이 대둥지 그림은 휴스턴 스미스의 『잊혀진 진실: 세계의 종교들이 갖는 공통의 비전(Forgotten Truth: The Common Vision of the World's Religions)』에서 인용한 것이다. 휴스턴 스미스는 세계의 종교에 관한 현존하는 거의 틀림없는 최고의 권위자이고, 『잊혀진 진실』은 세계의 중요한 전승 종교에서 공유하는 본질적 유사성을 요약한 책이다. [그림 4-1]은 중요한 종교들이 모두 어떤 형태로든 신체, 마음, 혼, 영을 인식하고 있다는 사실을 간단하게 보여 준다. 사실상 전세계에서 발견되는 전통적인 종교적 세계관을 놀랄 만큼 간단하게 요약하고 있는 것이다. 역시 스미스의 지도 아래 마련된 [그림 4-2]에는 이에 대한 사례가 몇 가지 나타나

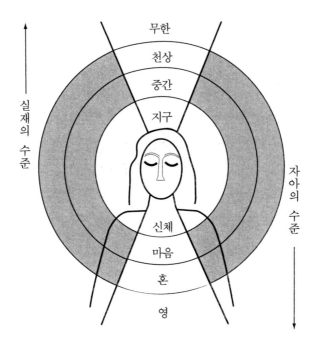

[그림 4-1] 존재의 대둥지

출처: 휴스턴 스미스의 『잊혀진 진실: 세계의 종교들이 갖는 공통의 비전』(하퍼샌
프란시스코, 1992년, 62페이지)에서 승인을 받고 인용

있다.

[그림 4-1]과 [그림 4-2]에서는 각각 4개의 수준만 나타나 있지
만, 대부분의 전승들은 더 풍부하고 자세한 지도 역시 가지고 있다.
어떤 전승에서는 5개의 수준을, 어떤 전승에서는 (일곱 차크라와 같
이[제6장을 참고하라]) 7개의 수준을, 어떤 전승에서는 수십 개의 수
준을 제시한다. [그림 3-2]에서 나는 (나선역학의 8개에 더 상위의 수
준 3개를 더한) 11개의 수준이 있는 지도를 제시하였다. 정확한 숫
자보다 중요한 것은, 실재가 존재와 인식의 몇 가지 수준 또는 파동

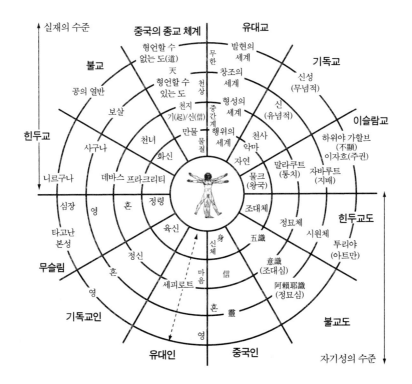

[그림 4-2] 다양한 전승에서 나타나는 대둥지

도표의 배치는 브렛 레이놀즈가 제공해 주었다.

으로 구성되는 것으로 이해된다는 점이다.

[그림 4-3]은 대둥지가 대홀라키임을 강조하는 간단한 그림이다. 이 **전통적 관점에 따르면**, (예를 들면 물리학, 생물학, 심리학 등의) 과학은 실제로 아래층에 있고 종교(신학, 신비주의)는 가장 높은 층에 있다는 것을 알 수 있다(이것이 범주 3의 근거인데, 이는 앞에서 보았듯이 영성과 공감하는 사람들 사이에서 아마도 가장 영향력 있는 입장일 것이다). 그러나 이것은 또한 전통적 대사슬에 그 '초현실적인' 존재론을 부여했으니, 위쪽 층들은 대부분 문자 그대로 '이 세상의 것이

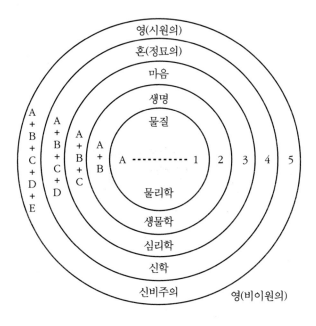

[그림 4-3] 대홀라키

영은 가장 높은 수준(시원)이자 모든 존재의 비이원적 근본이다.

아니고' 물질 영역과는 접점이 설령 있다 해도 거의 없다는 것이다 (보다 구체적으로 표현하면, D와 E로 표시된 종류의 사건들은 A나 B와는 사실상 직접적 관계가 전혀 없고 따라서 '초현실적'이라는 것이다).

근대 과학의 발흥은 그런 전통적 개념에 치명적인 일격을 몇 방 날렸다. 예를 들어, 근대의 연구를 통해 (가령 마음과 같은) 의식이 한낱 초월적인 본체와는 거리가 멀고 실제로는 여러 면에서 유기체 적, 물질적 두뇌에 그 기반을 두고 있음이 명백히 밝혀졌다. 이것은 너무나 명백하여, 근대의 수많은 과학자들은 의식을 단지 뉴런 체 계의 유희로 간단히 환원시켜 버렸다. 그러나 의식이 대부분의 전 승 종교에서 생각하는 육신에서 분리된 정수와는 거리가 멀다는 것을 깨닫기 위해 과학적 유물론을 따를 필요는 없다. 적어도 의식은 생체물질적 두뇌 그리고 경험적 유기체와 가깝게 연관되어 있고, 따라서 과학과 종교는 그 관계가 무엇이든 그저 '겹치지 않는 교도권'인 것은 아니다.

근대(특히 18세기) 과학의 발흥은 사실 '근대성'이라고 묘사되어 온 전체 사건들의 일부였다. 그러나 이들은 모두 '문화적 가치 영역의 분화'('가치 영역'은 근본적으로 예술, 도덕 그리고 과학을 의미한다)라는 막스 베버의 발상을 이용해 요약할 수 있다. 대부분의 전근대적 문화들이 이들 영역을 큰 규모로 아주 명확히 구별하는 데 실패한 반면, 근대에는 예술, 도덕 그리고 과학이 분화되어 침해나 방해를 받지 않고 각각의 진실을 각각의 방식으로 추구하게 되었다(예를 들어 근대 이전의 유럽에서 갈릴레오는 망원경으로 들여다본 것을 자유롭게 발표할 수 없었는데, 이것은 과학이 종교적 신조와 아직 분리되지 않았기 때문이었다. 근대에서는 이들 영역이 분화되어 자유롭게 자신의 길을 가게 되었다). 그 결과 과학적 지식은 놀랍도록 성장하게 되었고, 예술의 새로운 접근법에 대한 한바탕 소동이 일었으며, 보다 자연주의적인 관점에서 도덕에 대한 일관된 시선이 생겨났다. 다시 말해 우리가 지금 '근대적'이라고 부르는 많은 것들이 나타나게 된 것이다.

이들 '3대' 영역(예술, 도덕 그리고 과학)은 기본적으로 나, 우리, 그것의 영역을 나타낸다. 예술은 미학적/표현적 영역, 1인칭 또는 '나' 언어로 묘사된 주관적 영역을 나타낸다. 도덕은 윤리적/규범적 영역, 2인칭 또는 '우리' 언어로 묘사된 상호주관적 영역을 나타낸다. 그리고 과학은 외면적/경험적 영역, 3인칭 또는 '그것' 언어로 묘사된 객관적 영역을 나타낸다(과학은 실제로는 두 영역, 즉 개인적 '그것'과 집합적 '그것들'로 나눌 수 있다). 그러면 네 가지 주요 영역이 얻어지는데, 즉 나와 우리, 그것 그리고 그것들이 이에 해당한다. 각각에 대한 사례가 [그림 4-4]에 나타나 있다(용어들은 주석에 자세하게 설명되어 있는데, 이것들을 기억할 필요는 없다).[10] 이런 다소 건조하고 추상적인 개요에 대해서는 역시 뒤쪽에서 구체적인 사례를 들어 설명할 것이다.

[그림 4-4]에서, 앞의 두 상한은 단수 또는 개인적이고 다음의 두

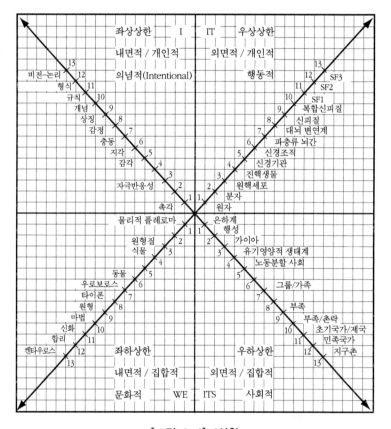

[그림 4-4] 4상한

상한은 복수 또는 집합적이라는 것에 주목하라. 왼쪽 두 상한은 내면적 또는 주관적이고 오른쪽 두 상한은 외면적 또는 객관적이다.

전반적인 개념은 아주 간단하다. 인간의 복합체 신피질([그림 4-4]의 10)을 예로 들어 보자. 이것은 외면적, 객관적, 과학적 용어로 묘사할 수 있으며(다양한 뉴런 조직과 신경 전달 물질 그리고 유기 경로로 구성된 두뇌 바깥층의 물리적 열구) 그것이 우상상한이다. 그러나 인류가 최초로 복합체 신피질을 발달시켜 유인원으로부터 분리되었을 때 인류는 베이지색의 내면적 밈에서 자주색의 내면적 밈(마법적)으로 이동했다. 다시 말해, 객관적인 뇌 구조에서만이 아니라 오랜 태곳적 세계관이 마법적 세계관을 일으킴에 따라 베이지색에서 자주색으로 주관적인 의식에서도 변화가 일어났던 것이다. 개개인(좌상상한)과 집단(좌하상한)에서 발생한 이런 내면적 변화 역시 그림에 나타나 있다. 끝으로, 외면적(물질적 또는 사회적) 형태의 측면에서 말하자면 초기 인류의 집합군은 ([그림 3-1]과 [그림 4-4]에서 나타나는 것처럼) 베이지색의 생존을 위한 씨족에서 민족적 부족으로 옮겨 갔다.

이제 (신피질의 구조, 다양한 사회 체계에 대한 과학적 사실들, 의식 발달의 비교문화적 밈 등과 같은) 이런 종류의 세부적인 것들은 전부 근대 과학의 연구를 통해 주로 밝혀지게 되었다.

그렇다면, [그림 4-1]은 전통적, 전근대적 또는 '종교적' 세계관을 요약한 것이고 [그림 4-4]는 근대적이고 분화된 또는 '과학적' 세계관을 요약한 것이다. 일단은 이 둘을 단지 서로 겹쳐 놓음으로써 '통합'하도록 하자. 물론 절대로 그렇게 간단한 것은 아니다. 나는 몇 권의 책에서 이 통합이 실제로 무엇과 관련되는지에 대해 아주 많은 설명을 제시해 왔다.[11] 그러나 이 책은 입문자를 위한 짧은

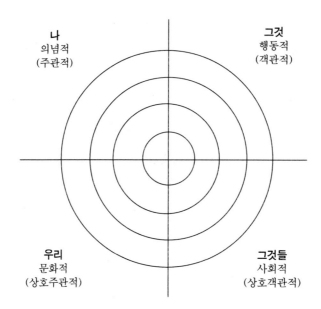

[그림 4-5] 대둥지와 4상한

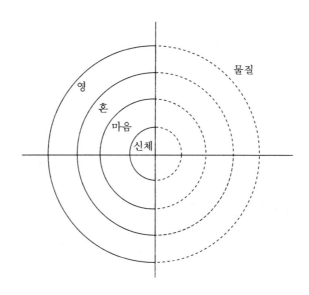

[그림 4-6] 내면적 상태(의식)와 외면적(물질적) 상태의 관계

개관에 해당하므로, [그림 4-5]에서처럼 그냥 전근대에 근대적 이해를 겹쳐 놓도록 하자. [그림 4-6]은 (신체적 감각, 정신적 관념, 영적 체험의) 내면적 상태와 (객관적 과학이 연구한) 외면적, 물질적 영역의 관계가 나타나도록 [그림 4-5]에 설명을 추가한 것이다.

[그림 4-5]와 [그림 4-6]에서 이해하고 있는 것이 타당하다면, 우리는 전근대적 종교의 관점과 근대적 과학의 관점을 통합하기 위해 먼 길을 지나온 셈이다. 즉 존재의 대둥지를 근대의 분화와 통합한 것으로, 이것은 종교와 과학의 영역 및 세계관을 어느 쪽의 규율도 어기지 않고 상당히 매끄럽게 통합함으로써 얻을 수 있는 직접적인 이점 가운데 하나다.

이 통합적 접근법을 택함으로써 여태껏 적용하려고 시도한 적이 없었던 한 가지 기준 역시 만족된다. 다시 말해, 과학(또는 외면적 실재)과 종교(또는 내면적 실재)가 ([그림 4-3]에서처럼) 어느 하나가 다른 하나의 위에 있는 상태가 아니라 ([그림 4-5]와 [그림 4-6]에 나타나듯이, 온상한, 온수준 접근법의 왼쪽 측면과 오른쪽 측면처럼) 서로 나란히 발달할 것이라는 점이다. 따라서 [그림 4-6]은 뇌전도기를 연결한 명상가의 까다로운 이야기를 쉽게 설명할 수 있다. 명상가는 아주 현실적인 내면적, 주관적, 영적 실재(좌상상한)를 체험하고 있지만 이런 실재들은 아주 현실적인 외면적, 객관적, 경험적 상관물(우상상한) 역시 가지고 있으며, 뇌전도기는 이런 것들을 충실하게 기록한다. 그리하여 과학과 종교는 우리에게 영적 실재들의 서로 관계되는 측면(내면과 외면)들 중 일부를 제시하고 있는 것이며, 이것은 더 크고 포괄적인 모든 것의 이론에서 과학과 종교 간 통합의 핵심적인 요소다.

좋은 과학

"잠깐만," 하고 실증적 과학자가 말한다. "영적 영역에 실제 현실을 부여한 것까지는 이해가 됩니다. 명상가들이 뭔가를 경험하고 있다는 것은 인정하지만, 그건 주관적인 감정 상태에 불과할 수도 있어요. 그게 과학이 현실을 다루는 것과 같은 방식으로 실제 현실과 관련된다고 누가 그럽니까?"

이제 『감각과 영혼의 만남』이 등장할 차례다. 우선, 지금까지 나는 '과학'과 '종교'(또는 '영성')의 정의를 내리지 않았다.[12] 이들 용어를 대부분의 사람이 사용하는 일반적인 방식으로 써 왔던 것이다. 그러나 몇몇 다른 책에서 나는 '과학'과 '종교'에 부여된 여러 가지 다른 의미들을 신중하게 살펴보았다(예를 들어, 『사교적인 신(A Sociable God)』에서는 '종교'에 대한 일반적이지만 서로 극적으로 다른 아홉 가지 의미의 개요를 설명했다). 두 용어에 대한 수십 가지 다른 정의가 구별 없이 사용되고 있어 이 '과학과 종교' 논쟁은 상당히 혼란스럽고 엉망인 상태인 것이 사실이다.

예를 들어, 영성의 영역에서는 적어도 (분리된 자아에 의미와 위안을 부여하고자 하며 따라서 자아를 강화시키는) 수평적 또는 **변환적** 영성과 (자아 너머에 있는 비이원적인 통합 의식 상태에서 분리된 자아를 초월하고자 하는) 수직적 또는 **변용적** 영성을 구별할 필요가 있다. 이것들을 간단히 '좁은 종교'와 '넓은 종교'(또는 여러분이 선호하는 비유에 따라 표층 종교와 심층 종교)로 부르기로 하자.[13]

과학의 경우에도 마찬가지로 좁은 개념과 넓은 개념을 구별할 필요가 있다. 좁은 의미의 과학은 외면적, 물리적, 감각운동 세계에 주로 기반을 두고 있으며, 물리학이나 화학, 생물학과 같이 우리가 '자연과학'이라고 보통 생각하는 것이다. 하지만 이것이 과학은 우리에게 내면의 영역에 대해서는 전혀 알려 줄 것이 없다는 의미일까? 바위와 나무뿐 아니라 인간과 마음에 대해서도 이해하려고 시도하는 더 넓은 과학이 분명히 있지 않을까?

실제로 우리는 이런 더 넓은 유형의 과학, 단지 외면적, 물리적, 감각운동 세계에만 뿌리를 두지 않고 내면의 상태나 질적 연구방법론과 관계가 있는 과학을 인정하고 있다. 이런 보다 넓은 의미의 과학을 '인문과학'이라고 부른다[독일인들은 이것을 '정신(geist)' 과학이라고 부른다]. 심리학, 사회학, 인류학, 언어학, 기호학, 인지과학 등의 '넓은 과학'에서는 모두 인간 의식의 연구를 위해 일반적인 '과학적' 접근법을 사용하려고 시도한다. 이런 접근법이 좁은 의미의 과학의 실증주의적 단순성을 단지 흉내 내는 것이 아니라는 점을 알아야 한다. 내가 말하고자 하는 요점은, 좁은 의미의 과학과 넓은 의미의 과학의 차이가 이미 널리 인정되고 있다는 것이다(잠시 후 이 이야기로 돌아올 테지만, [그림 4-6]을 보면 좁은 의미의 과학은 오른쪽 상한 또는 물질적 상한을 연구하고 넓은 의미의 과학은 적어도 왼쪽 상한의 어떤 측면들을 연구하려고 시도한다는 것을 알 수 있다).

『감각과 영혼의 만남』에서는 그러고 나서 넓은 종교와 넓은 과학을 명확히 규정하는 것은 무엇인지에 대한 논의로 나아간다. 넓은 과학에서부터 시작하기로 하자.

이미 보았듯이, 좁은 의미든 넓은 의미든 모든 지식의 기반을 감각운동 세계에 두고 있다는 말로 과학을 정의할 수는 없다. 좁은 의미의 과학(예를 들어 물리학)에서도 수학이나 논리학과 같이 경험적이거나 감각운동적이지 않은 도구를 엄청나게 많이 사용하기 때문이다. 수학과 논리학은 내면적 실재다(-1의 제곱근이 실증 세계에서 돌아다니는 것을 본 사람은 아무도 없다).

아니, '과학'은 실험과 솔직함, 공동 연구의 어떤 사고방식이며 가능한 곳에서라면 어디에서나 증거에(그 증거가 좁은 과학에서처럼 외면적이든, 넓은 과학에서처럼 내면적이든) 그 지식의 기반을 둔다. 나는 다음의 세 가지 요인들이 좁든 넓든 일반적인 과학적 연구란 무엇인지를 정의하기 위해 적용되는 경향이 있다고 생각한다.

1. 현실적인 교시(injunction) 또는 전범(典範)   비가 오고 있는지 아닌지 알고 싶다면 창문으로 가서 밖을 내다보아야 한다. 여기서 중요한 것은, '사실'은 모든 사람이 알기를 기다리며 아무렇게나 놓여 있지 않다는 것이다. 이것을 알기를 원한다면 이것—실험, 교시, 실용적인 일련의 참여, 사회적 관행—을 해야 한다. 좋은 과학이라면 대부분 그 이면에 이런 것들이 숨어 있다. 이는 사실 '패러다임'에 대해 쿤이 정의한 개념이 의미하는 것으로, 초(超)이론이 아닌 전범 또는 실제 실행을 의미한다.

2. 이해, 깨달음 또는 경험   일단 실험을 하거나 교시를 따른 후에는—일단 실용적으로 세상과 관계를 맺은 후에는—교시에 의해 제시되는 일련의 경험 또는 이해를 접하게 될 것이다. 이런 경험들은 엄밀히는 자료라고 알려져 있다. 윌리엄 제임스가 지적했듯이, '자료'의 실제 의미는 즉각적인 경험이다.[14] 따라서 물리적 경험(또는 물리적 자료), 정신적 경험(또는 정신적 자료), 그리고 영적 경험(또는 영적 자료)이 있을 수 있다. 좁든 넓든 좋은 과학은 모두 자료 또는 경험적 증거에 어느 정도 입각하고 있다.

3. (승인을 하건 거부를 하건) 공동의 점검　　일단 패러다임(또는 사회적 관행)과 관계를 맺고 일련의 경험과 증거(또는 자료)를 얻게 되면, 이런 경험들을 역시 교시를 마치고 증거를 보았던 다른 사람들과 확인해 보는 것이 도움이 된다. 동료 집단, 또는 처음의 두 요건(교시와 자료)을 적절히 마친 사람들이 아마 가능한 최선의 점검 대상일 것이며, 좋은 과학은 모두 승인이나 거부를 적절한 집단에 의지하는 경향이 있다. 여기에서 반증가능성(falsifiability)의 원칙이 아주 유용할 수 있다. 이 오류성의 기준은 비록 칼 포퍼 경의 믿음처럼 그 자체만으로 독립적인 기준이 되지는 못하지만, 좋은 과학에서는 중요한 요소인 경우가 많다. 이 개념은 단지 나쁜 자료는 적절한 집단에 의해 거부될 수 있다는 것이다. 만약 신념 체계에 이의를 제기할 방법이 없다면 설령 그것이 명백히 틀렸다고 해도 제거할 방법이 없게 되고, 그밖에 무엇을 갖추고 있더라도 그 신념 체계는 그다지 과학적인 것이 아니게 된다[이것은 그 대신 '신조(dogma)'라고 부르는데, 즉 권위적 명령에 의해서만 지지를 받는 진실에 대한 주장을 의미한다]. 물론 오류성 검증의 대상이 되지 않는 실재도 많이 있다. 가령 데카르트가 지적한 것과 같이 자기 자신의 의식에 대해서는 거부하거나 심지어 의심을 가질 수도 없다. 그러나 이 세 번째 기준의 간단한 의미는 좋은 과학은 지식에 대한 그 주장을 계속하여 확인(또는 거부)하려고 시도한다는 것이며, 오류성 기준은 좋은 과학의 이 세 번째 요건의 한 부분으로서 유용한 경우가 많다.

심층 종교

이 세 가지 기준은 좁든 넓든 좋은 과학이 갖는 일반적인 특징이다. 보다 구체적으로 말하면, 이것들은 어떤 영역(물리적, 정신적, 영적)에서든 좋은 과학에서 자료를 모으고 그 타당성을 검증하려고 시도하는 방식의 특징이다. 또한 대부분의 과학에서는 자료를 설명하기 위해 가설을 제기하며, 이런 가설들은 좋은 과학의 세 가지 요건(추가적인 실험, 더 많은 자료, 가설이 확인되는지 거부되는지 판단)을 더 적용시킴으로써 검증을 받는다. 요컨대, (대부분의 자료를 외적 영역 또는 우측 상한에서 얻는) 좁은 의미의 과학과 (자료를 대부분 내적 영역 또는 좌측 상한에서 얻는) 넓은 의미의 과학은 둘 다 좋은 과학(또는 증거 축적과 확인의 세 가지 요건을 따르는 과학)이 되고자 한다.

그러면 종교를 간단히 살펴보자. 과학의 경우와 마찬가지로 (분리된 자아를 강화시키고자 하는) 좁은 종교와 (자아를 초월하고자 하는) 넓은 종교 또는 심층 종교가 있다는 것을 이미 보았다. 그런데 심층 종교 또는 **심층 영성**은 정확히 무엇이며, 그것은 어떻게 확인할 수 있는가? 요지는 결국, 어떤 의미에서 심층 영성은 온우주에 대한 진실을 드러내고 있으며 단지 일련의 주관적 감정 상태에 불과한 것은 아니라는 점이다. 그리고 이 지점에서 『감각과 영혼의 만남』이 제기하는 급진적인 주장은, 심층 영성은 인간 발달의 상위 수준에 대한 넓은 의미의 과학과 부분적으로 관련된다는 것이다.

통합적 계시

이것은 (다음에서 설명하겠지만) 심층 영성에 대한 전모는 아니라도 결정적인 부분인데, 아직 충분한 관심을 받지 못하고 있다. 전통적인 존재의 대사슬을 나타낸 [그림 4-3]을 보면 물질에서 신체, 마음, 혼, 영에 이르는 일반적인 전개를 알 수 있다. 이것은 전통적으로(가령 플로티누스) 존재의 존재론적 수준과 개인적 발달의 시간적 수준 둘 다에 해당하는 것으로 여겨져 왔다. [그림 4-4]를 보면 발달의 개인적 수준은 비전-논리와 켄타우로스(노란색/청록색)에서 멈추는 것을 알 수 있다. [그림 4-4]에 (혼이나 영과 같은) 상위의 초개인적이고 초정신적인 파동이 포함되지 않는 이유는, 이 그림은 단지 지금까지의 **평균적인** 진화를 나타내는 것이어서 (개개인이 독자적으로 이런 상위 파동으로 발달할 수 있기는 하지만) 초의식적 전개의 상위 파동은 보여 주지 않기 때문이다. 위대한 전승지혜에서 주장하는 것은, 의식 발달의 **상위 수준**이 정말로 존재하며 따라서 물질과 신체와 정신뿐 아니라 혼과 영도 우리에게 유효하다는 것이다. 이들 상위 파동들은 [그림 4-5]와 [그림 4-6]에 나타나 있다(좌상상한에 국한되기는 하지만 앞서 [그림 3-2]의 경우도 마찬가지인데, 여기서 요점은 이런 수준들 모두가 4상한 전부에서 상관물을 갖는다는 것이다).

나의 논지는 간단하다. 즉 심층 영성은 의식 발달의 상위 수준(나는 이들 수준을 심령적, 정묘적, 시원적, 비이원적 수준이라고 불러 왔는데, 그림에서는 '혼'과 '영'으로 간단히 요약되어 있다)에서 드러나는 **경험적 증거**에 대한 직접적 조사와 관련된다는 것이다. 심층 영성의 이런 조사들은 모든 좋은 과학(좁은 의미의 과학이 아닌 좋은 과학)이 갖추어야 하는 세 가지 요건을 따른다. 즉 (명상과 같은) 구체적인 사회적 관습 또는 교시에 의존하며, 자료와 경험적 증거에 주장의 근거를 두며, 이런 자료들을 적절한 집단 안에서 계속하여 정제하고 점검한다. 이것이 심층 영성의 조사를 관조의 과학이라고 부르는 정확한 이유다(그들 자신도 분명 스스로를 이렇게 이해하고 있다).

따라서 [그림 4-3]의 경우, 심층 영성은 어느 정도는 D와 E라고 표시된([그림 4-6]에서 D는 혼, E는 영으로 표시되어 있다) 현상과 자료, 경험들과 관련된 넓은 의미의 과학이다. 하지만 주목해야 할 점이자 이 접근법의 새로운 주장 가운데 한 가지는, (좌상상한의) 혼과 영의 내면적 자료와 체험들은 우상상한의 감각운동적 증거와 상관관계를 갖는다는 점이다([그림 4-6]을 참조하라). 달리 말하면, 넓은 의미의 과학에서 연구하는 좌상상한의 심층 영성은 좁은 의미의 과학에서 연구하는 우상상한과 상관관계를 갖는다. 관조의 과학과 현상학적 과학(내면에서의 넓은 의미의 과학)은 그리하여 좌상상한의 직접적 · 경험적 자료를 다루는 **좋은 과학** 그리고 우상상한의 상관적 자료를 다루는 **좁은 과학**과 손을 잡을 수 있다(다시 말하지만, 넓은 의미든 좁은 의미든 과학적 측면이 상위 영역의 전부는 **아니다**. 하지만 이것은 계속하여 간과되어 왔던 중요한 부분이며, 이 주제에 대한 정말로 통합적인 그 어떤 접근법에서라도 분명히 중요한 요소다).[15]

따라서 모든 '온상한, 온수준' 접근법은 여러 영역에서 과학과 종교를 긴밀하게 통합시킨다. 심층 영성이 부분적으로는 인간 잠재력의 더 깊은 부분을 연구하는 넓은 과학임을 입증함으로써 심층 영성과 넓은 과학을 통합시키는 것이다. 또한 심층 영성을 좁은 과학과 통합시키는데, 왜냐하면 심층 영성적 자료와 (신비적 체험과 같은) 체험조차도 물질적 뇌에 실제 상관물을 가지고 있고 이는 (뇌파

계를 연결한 앞서의 명상가와 같은 경우처럼) 좁은 과학을 통해 신중하게 연구할 수 있는 것이기 때문이다. 곧이어 보게 되듯이 좁은 종교를 위한 자리를 만들어 주기도 한다. 이런 모든 경우에서 온상한, 온수준 접근법은 최소한, 과거에는 겹치지 않는 교도권으로 생각되었던 것들이 이음새 없이 딱 들어맞을 가능성을 열어 준다.

차이 만세!

이 통합적 접근법은 또한 여러 유형의 과학과 종교 사이의 필연적인 차이점을 존중한다. 어떤 연구가 좋은 과학이라는 것은 그 연구의 내용이나 실제 **방법론**이 어떨 것이라는 의미가 아니다. 이 연구가 세상과 관계를 맺고(교시) 세상의 경험을 만들어 내며(자료), 이것은 가능한 한 신중하게 점검을 받는다는(확인) 의미일 뿐이다. 그러나 연구의 실제 형태, 즉 방법론과 내용은 수준과 상한에 따라 극적으로 달라질 것이다. 단 하나의 영역(감각운동)에서 하나의 방법(경험적)만을 허용하는 실증주의와 달리, 이 접근법에서는 수준과 상한의 수만큼 다양한 방법과 연구가 허용된다.

따라서 아주 간단한 형태를 예로 들자면, A, B, C, D 그리고 E라는 명칭을 갖는 현상들은 모두 아주 다른 독립체이며, 이들 각각을 각자의 용어로 다루는 방법론들이 개발되어 왔다. 나는 『아이투아이(*Eye to Eye*)』에서 이런 유형의 연구들 중 어느 것도 다른 것으로 환원될 수 없는 이유를 몇 가지 제시했다[나는 감각운동 체험, 경험적-분석적, 해석적/현상학적, 만다라적 그리고 영지적(靈知的) 연구를 구별했다]. 그런 연구들은 교시(또는 실용적 참여)를 사용하고 경험적 증거에 주장의 근거를 두려고 시도하며 가능한 한 신중하게 그런 주장을 확인하려고 노력하는 범위까지는 모두 '좋은 과학'이라고 부를 수 있다. 그러나 그밖의 측면에서는 극적으로 차이가 나며, 이 통합적 접근법에서는 그런 차이를 충분히 존중하고 심지어는 옹호하기도 한다.

좁은 종교

『감각과 영혼의 만남』에 대한 비평가들의 반응은 한 가지 중요한 예외를 제외하면 긍정적이었다. 단연코 가장 일반적인(그리고 유일하게 진지한) 비판은, 좁은 종교를 경시하고 보통은 무시함으로써 과학과 종교의 만남에서 전반적으로 보아 종교에 무리한 요구를 한다는 것이었다. 비평가들은 말하기를, 평균적인 신앙을 가진 사람은 대부분의 영성에서 95%를 구성할 신화와 이야기들을 결코 포기하지 않을 것이다. 전문 비평가들만 이 점을 두드려 댔던 것이 아니다. 가령 부모님들께 이 책을 드리려 했던 내 친구들 대부분의 경우에도 부모님들은 고개를 저을 뿐이었던 것이다. "뭐야, 예수의 부활이란 건 없다고? 모세와 십계명도? 매일 기도할 때 메카를 향할 필요도 없다고? 이건 내 종교가 아니지."

맞다. 내 잘못이다. 내가 거의 전적으로 (심령적, 정묘적, 시원적, 비이원적 영역의) 심층 영성 체험에 초점을 두고 변환적 영성(또는 좁은 종교)이라는 훨씬 더 일반적인 차원의 종교를 무시했던 것은 틀림없다. 공평하게 말하자면, 나는 그 차원을 부정하지 않았고 거부해야 한다고 주장하지도 않았다. 『감각과 영혼의 만남』에서 발췌

한다. "동시에, 이것은 우리가 종교적 차이들과 국지적 색채마저도 모두 잃어버리고 균일화된 (중략) 영성으로 추락할 것이라는 의미는 아니다. 대사슬은 단지 신성을 향한 개인의 접근에 골격을 제공할 뿐이고, 그 골격 위에 개개인과 각각의 종교는 적절한 살과 뼈와 내장과 영광을 가져올 것이다. 대부분의 종교는 수직적 관조의 순수한 변용적 수행에 더하여 성사(聖事), 위안 그리고 신화(와 다른 변환적이거나 수평적인 위로)를 계속하여 제공할 것이다. 어떤 종교에서도 그중 어느 것도 극적으로 변할 필요는 없다……."[16]

하지만 나는 분명히 두 가지를 비난했고, 이것들이 아직도 옳다고 생각한다. 첫째, 좁은 종교에서 실증적 주장(즉 우측 상한의 개체들에 관한 주장)을 한다면 그것은 실증적(좁은) 과학의 검증을 거쳐야 한다. 지구가 6일 만에 창조되었다는 주장을 한다면 이 실증적 주장을 실증적 과학으로 검증하자. 그런 종류의 종교적 주장은 대부분 검증에서 대실패를 겪었다. 믿는 것은 자유지만, 좋은 과학이나 심층 영성의 승인을 요구하지는 못하는 것이다. 둘째, 종교의 참된 핵심은 심층 종교 또는 심층 영성인데 이는 좁은 종교의 열정을 이완시키고 줄이는 경향이 있고, 따라서 자신의 높은 잠재력을 알고 있는 한 좁은 종교의 매력은 더욱 약해질 것이다.[17]

물론 비평가들은 사람들이 대부분 변용적 또는 좁은 종교—성서에 대한 믿음이나 가이아에 대한 믿음, 아니면 전일적 시스템 이론에 대한 믿음 등—를 받아들이고 그런 신념의 대상을 근본적으로 바꾸려 하지 않는다는 입장을 고수한다. 내 모형에서 그런 정신적 신념은 발달의 마법적, 신화적, 합리적 또는 비전-논리 수준(즉 자주색에서 청록색까지)을 의미한다. 그러나 나는 보다 상위의 초개인적 영역(심령, 정묘, 시원), 심층 종교와 명상적 과학의 핵심을 이루는 초의식적 · 초정신적 영역도 다루고 싶었다. '온수준, 온상한' 모형에서는 정신 이전에서 정신적, 초정신적(supramental)에 이르기까지 그 모든 경우를 위한 공간을 마련하고 있다.

영성과 자유주의

이 주제에 관해 내가 마지막으로 짧게 논하고 싶은 이야기는 단순하다. 종교와 자유주의가 화해하기 전까지는 종교와 과학은 결코 사이좋게 지낼 수 없으리라는 것이다.

전형적인 서구적 계몽(과 자유주의 철학)은 상당 부분 반종교적 운동의 일환으로 등장했다. 계몽사상의 자유주의 철학자들과 정치 이론가들은 특히 국가의 종교와 집단적 사고방식의 압제에서 개개인을 해방시키고자 했다. 소리 높여 교황을 반대하면 스페인식 이단심문에서 흥미로운 이야기를 나누게 될 현실에서 말이다. 반면 자유주의에서는 국가는 어떤 형태의 바람직한 삶이라는 것도 장려해서는 안 되며 개인이 스스로 결정하도록 해야 한다(종교와 국가의 분리)고 주장했다. 지금까지도 자유주의는 종교에 대해 극도로 의심하는 경향이 있는데, 이것은 단지 종교를 믿는 많은 사람들이 분명 자신들의 가치를 남에게 강요하려고 한다는 이유 때문이다. 더구나 자유주의는 물리학에서 생물학, 화학에 이르는 신흥 자연과학으로부터 밀접하게 지지를 받고 있기도 했는데, 자연과학에서는 (우주가 6일 만에 창조되었다는 식의) 신화적인 종교적 신념에 대한 증거를 거의 발견하지 못했다. 신화적 종교의 관점에서 자유주의는 사회를 파괴할 '섬뜩하고 사악한 무신론'과 별로 다르지 않았다. 간단히 말해, 자유주의와 종교는 거의 시작부터 서로에게 매우 적대적인 경향이 있었다.

그러나 이제 종교에는 적어도 두 가지 종류(좁은 종교와 심층 종교)가 있다는 것을 알았으니, 이 오래된 적대감을 재구성해 보자. 계몽주의에서 의문을 가졌던 전통적 종교는 (신화적 신을 믿으면 모두 구원받고 불신자들은 모두 영원히 저주받는) 민족중심적 신화와 절대주의의 파란색 종교였다. 대신 계몽주의는 새롭게 나타나는 세계중심적인 오렌지색 존재의 파동을 과학적 유물론과 진화적 진보, 상업, 실증주의에 대한 강한 믿음을 갖고 대변하고 있었다. 그 결과는 밈들의 거대한 충돌이었고, 이는 결국 최소한 두 번의 혁명(미국 혁명과 프랑스 혁명)을 촉발했다.

우리는 오렌지색 파동이 최초의 진정한 탈관습적이고 세계중심적인 의식의 파동임을 보아 왔다. 여러 면에서 계몽사상가들이 (그들 스스로의 논리에 따르면 머지않아 여성과 노예, 아이들 그리고 심지어 동물에게까지 확대될) 인간의 보편적 권리를 강조하며 이 꽤나 놀라운 파동을 옹호한 것은 정말 옳은 일이었다. 이것은 인종중심에서 세계중심, 계급주의에서 능력주의, 의무에서 존엄성으로의 심오한 변화였다. 그리고 신화적-멤버십 종교의 교리는 대부분 실제로는 증거가 거의 없는 미신이라는 점에서도 계몽사상가들은 전적으로 옳았다. 그러나 전승 종교 모두가 산타클로스 신화와 다름없다고 생각한 것은 정말로 착각이었다. 중요한 전승지혜들은 모두 그 핵심에 일련의 명상적 수행을 포함하며, 최선의 상태에서 이런 명상 수행들은 의식의 초합리적·초개인적 파동을 드러내기 때문이다.[18] 이런 명상적 과학들은 전합리적 신화가 아닌 초합리적 실재를 드러내며, 합리적 계몽주의는 모든 비합리적 주장에 대응하면서 안타깝게도 초합리적인 것과 전합리적인 것을 둘 다 경솔하게 창밖으로 던져 버렸다. 정말로 귀중한 아기가 더러운 목욕물과 함께 던져진 것이다.

그리하여, 계몽주의와 함께 좁은 과학적 유물론(오렌지색)은 거의 모든 형태의 종교(前·超 모두)에 대해 잔인하리만큼 적대적인 입장을 갖게 되었다.[19] 지금까지도 종교는 파란색 신화적-멤버십 믿음(성서와 율법, 코란 등을 문자 그대로 믿는 것)과 동일시되는 경향이 있고 과학은 매우 반종교적인 입장과 동일시되는 경향이 있다. 내가 말하고자 하는 것은, 양쪽 다 자신들의 좁고 피상적인 열성을 누그러뜨리고 존재의 상위 파동에 관한 좋은 과학과 심층 영성에 대해 개방적인 입장이 될 필요가 있고, 그러면 서로 더 깊은 합의점을 찾을 수 있을 것이라는 점이다.

이것은 탈보수적이고 탈진보적인 영성이 될 것이다. 세계중심적 계몽주의의 이점에 기반을 두고, 한낱 신화적-멤버십의 선언과 권위적 도덕률로 퇴보하지 않을 것이다. 다시 말해서 이것은 전자유적이고 반동적인 영성이 아닌 진보적이고 진화적인 영성이다.[20] 그 신념 체계를 다른 사람들에게 강요하려고 하지 않고 각자 모두가 스스로의 잠재력을 발달시키도록 초대한다. 그 안에서 무한히 빛나고 어둠 속에서 반짝이며 영원히 행복한 스스로의 깊은 영성을 발견하도록, 지금도 빛나고 있는 여러분 자신의 근원적 면면, 여러분의 신성한 혼과 영에 대한 이 단순하고 놀라운 발견이 일어나도록 말이다.

현실 세계

우리는 단결해야 한다. 그렇지 않으면 흩어져 죽을 것이다.

– 벤자민 프랭클린

이 연구에 대해 내가 가장 많이 듣는 질문은 그것을 어디에 적용하는가다. 다시 말해 '현실 세계'에서 통합적 또는 홀론적 모형을 어디에 적용하는지, 모든 것의 이론이 있다고 해도 무슨 소용인지 말이다. 무슨 일이 일어나고 있는지에 대해 간단히 예를 들어보자.

통합 정치

나는 거명하기에는 너무 많은 정치이론가들의 저술에 대해 연구했고, 그에 더해 온상한, 온수준 정치 모형을 목표로 드렉셀 스프레처(Drexel Sprecher), 로렌스 치커링(Lawrence Chickering), 돈 벡, 잭 크리텐든(Jack Crittenden)을 비롯한 여러 사람들과 연구를 해 왔다. 우리는 특히 빌 클린턴, 앨 고어, 토니 블레어, 조지 W.부시, 젭 부시의 고문들과 관계를 맺어 왔다. 자유주의와 보수주의에서 최고의 것들을 통합시키는 보다 종합적이고 균형 잡힌 정치에 대해서는 전세계적으로 놀랍도록 강한 열망이 있는데—몇 가지만 예를 들자면, 클린턴 대통령의 **핵심적 중도**, 조지 W.부시의 **온정적 보수주의**, 게하르트 슈뢰더의 **새로운 중도**, 토니 블레어의 제3의 길, 타보 음베키의 아프리카의 르네상스—온상한, 온수준 체계가 이를 위한 가장 튼튼한 기반이라는 것을 많은 이론가들이 발견하고 있다.

지금부터 설명하는 것은 내가 스스로의 이론적 지향점이라고 생각하는 것으로, 주로 내가 자체적으로 발전시켜 앞의 이론가들과 논의하기 위한 틀이 되었다. 그리고 이들은 자신들만의 아이디어를 가져와 함께 나누었다. 먼저 내 생각을 제시하고, 그 후에 다른 이론가들로부터 엄청나게 도움을 받은 영역들을 설명하도록 하자.

『에덴을 넘어(*Up from Eden*)』의 마지막 장('공화주의자, 민주주의자, 신비가')에서 나는, 인간이 겪는 고난의 원인에 대해 자유주의자들은 외부적 요인을 생각하는 경향이 있는 반면 보수주의자들은 내부적 요인을 생각하는 경향이 있다는 관측을 언급했다. 다시 말해, 한 개인이 고통을 겪을 때 전형적인 자유주의자는 외부의 사회 제도를 탓하는 경향(가난한 것은 사회에서 억압받기 때문)이 있는 반면 전형적인 보수주의자는 내부적 원인을 탓하는 경향(가난한 것은 게으르기 때문)이 있다는 것이다. 따라서 자유주의자들은 사회에 대한 외부적 개입을 주장한다. 부를 재분배하고, 더 공평한 결과를 얻도록 사회 제도를 바꾸고, 경제적 성과를 균등하게 나누고, 무엇보다 평등을 추구하는 것이다. 전형적인 보수주의자들은 가족의 가치를 가르치고, 개개인이 스스로에 대해 더 많은 책임을 지고, (흔히 전통적인 종교의 가치를 받아들임으로써) 느슨해진 도덕 기준을 강화하고, 직장 윤리를 고무하고, 성과에 대한 보상을 할 것 등을 주장한다.

달리 말하면, 전형적인 자유주의자들은 주로 우측 상한의 인과관계를 믿고 전형적인 보수주의자들은 주로 좌측 상한의 인과관계를 믿는다(상한의 용어 때문에 헷갈리지 말자. 정치적 좌파는 우측 상한의 인과관계를, 정치적 우파는 좌측 상한의 인과관계를 믿는다. 4상한을 정리할 때 내가 정치 이론에 대해 생각을 했었더라면 아마 서로가 일치하도록 만들었을 것이다).

중요한 것은, 자유주의와 보수주의에서 최고의 것들을 통합시키는 **통합 정치**를 향한 첫 번째 단계는 내면적 상한과 외면적 상한 둘 다 똑같이 실재이고 중요함을 인식하는 것이라는 점이다. 따라서 우리는 내적 요인(가치, 의미, 도덕, 의식의 발달)과 외적 요인(경제적 상황, 물질적 풍요, 기술 발전, 사회 안전망, 환경) 모두를 고민해야 한다. 간단히 말해, 진정한 통합 정치는 내적 발달과 외적 발달을 둘 다 강조할 것이다.

그러면 잠시 내적인 의식 발달의 영역에 초점을 맞추도록 하자. 이것은 결국 자유주의자들이 가장 받아들이기 어려운 부분인데, 왜냐하면 (의식을 포함하여) 무엇에 관해서든 '단계'나 '수준'에 대한 논의는 그런 '판단'이 전부 인종차별적이고 성차별적이거나 소외시키는 것이라는 대부분의 자유주의자들의 생각과 매우 상극이기 때문이다. 전형적인 자유주의자들은 내적 요인을 믿지 않고 때로는 내부라는 것조차 믿지 않음을 기억하자. 전형적인 자유주

인식론(예를 들어 존 로크)에서는 마음이 백지 상태이며 외부 세계의 그림들로 채워진다고 믿는다. 내부에 문제가 있다면(고통을 받고 있다면) 그것은 우선 외부에 문제(사회 제도)가 있는 것인데, 내부는 외부에서 비롯되기 때문이다.

그러나 만약 내부에 자체적인 성장과 발달의 단계가 있고, 내부가 단지 외부 세계에서 들여온 것은 아니라면 어떻게 되는가? 만약 진정한 통합 정치가 내적 발달과 외적 발달 모두에 의존한다면, 우리는 이런 의식 전개의 내적 단계들을 신중하게 살펴볼 의무가 있다. 『통합심리학』과 같은 책에서 나는 동서고금의 100개가 넘는 의식발달 모형들의 상관관계를 보여 왔고, 이는 주관적 영역의 발달 단계에 대한 매우 견고한 그림을 제공하는 데 도움이 된다. 일련의 경직되고 변하지 않는 수준으로서가 아니라 의식 전개에서 가능한 파동에 대한 일반적인 지침으로서 말이다.

통합 정치를 향한 첫 번째 단계가 내부와 외부(좌측 상한과 우측 상한, 주관과 객관)를 결합하는 것이라면, 두 번째는 주관의 단계, 다시 말해 의식 진화의 단계가 있음을 이해하는 것이다. 이런 단계에 대한 설명을 돕기 위해 제인 뢰빙거, 로버트 키건, 클레어 그레이브스, 윌리엄 토버트, 수잔 쿡-그로터 등이 만든 더 명성 있는 내적 발달의 지도 가운데 아무것이나 사용할 수 있고, 벡과 코완의 나선역학을 사용할 수도 있다. 여기서는 간단한 설명을 위해 전인습(자기중심적), 인습(사회중심적) 그리고 후인습(세계중심적)의 3단계만을 사용하겠다.

전통적인 보수주의 이념은 인습적, 신화-멤버십, 사회중심적인 발달의 파동에 근원을 두고 있다. 그 가치들은 (성서와 같은) 신화적인 종교의 원천에 기반을 두는 경향이 있고, 보통 가족의 가치와 애국심을 강조하며, 강하게 사회중심적(그래서 흔히 인종중심적)이고, 귀족적이고 계층적인 사회 가치(파란색 밈)에도 뿌리를 두며 가부장제와 군국주의를 지향하는 성향이 있다. 이런 유형의 신화-멤버십과 공민 도덕은 기원전 1,000년경부터 계몽시대까지 서구의 문화의식을 지배했으며, 계몽시대에 이르러 완전히 새로운 일반적 의식 유형—합리적-이기적(후인습적, 세계중심적, 오렌지 밈)—이 영향력 있는 규모로 등장하며 새로운 형태의 정치 이념, 즉 자유주의를 발생시켰다.

자유주의 계몽에서는 스스로가 특히 두 가지 면에서 대부분 신화-멤버십 구조와 그 근본주의에 대한 반작용이라는 것을 이해했다. 즉 (가령 모든 기독교도는 구원받고 이교도들은 모두 지옥에 떨어진다는 것과 같이) 인종중심적 편견을 가진 신화의 사회 억압적 권력, 그리고 (가령 우주가 6일 만에 창조되었다는 것과 같이) 신화가 주장하는 지식의 비과학적 본질 말이다. 신화적 · 인종중심적 종교가 도입한 적극적인 억압과 그 비과학적 특성 둘 다 막대한 고통에 책임이 있었고, 이 고통을 줄이는 것이 계몽주의의 목표 가운데 하나였다. 계몽주의의 분위기를 결정한 볼테르의 슬로건은 '만행을 기억하라!' 였는데, 이것은 교회가 신화적 신의 이름으로 수백만의 사람들에게 가한 고통을 의미하는 것이었다.

인종중심적 신화-멤버십을 대신하여, 계몽주의는 역할 정체성 계층 내에서 하나의 역할 정체성에 근거해 인종중심적 편견에서 자유롭고(인간의 보편적 권리) 합리적인 과학적 탐구에 기반한 자아 정체성을 추구했다. 보편적 권리는 노예 제도에 맞서, 민주주의는 군주제에 맞서, 자율적 자아는 집단적 사고방식에 맞서, 그리고 과학은 신화에 맞서 싸운다는 것이 계몽주의가 스스로를 이해한 (그리고 많은 경우에 옳았던) 방식이다. 달리 말하면, 최선의 상태에서 자유주의 계몽은 인습적/사회중심적 의식에서 후인습적/세계중심적 의식으로의 진화를 나타낸 것이자 그 산물이었던 것이다.

단지 인종중심적 단계에서 세계중심적 단계로의 진화적 발전일 뿐이었다면 자유주의는 그야말로 승리했을 것이다. 그러나 자유주의는 사실은 내가 이차원(flatland)이라고 부르는 풍조 속에서 생겨났다. 이차원, 또는 과학적 유물론은 물질만이 실재하며 좁은 과학만이 진실에 대한 권리를 갖는다는 믿음이다.[1] (좁은 과학은 우상상한의 원자론적 과학이든 우하상한의 시스템 과학이든 우측 상한 영역의 과학이라는 것을 상기하자.) 달리 말하면, 이차원은 우측 상한만이 실제라는 믿음이다.

그리고 이런 과학적 유물론의 한가운데에서 바로 생겨난 자유주의는 그 세계관을 완전히 받아들였다. 달리 말하면, 자유주의는 이차원의 정치적 옹호자가 된 것이다. 궁극적으로 실제인 것은 우측 상한의 물질적, 감각운동적 세상뿐이며, 마음 그 자체는 우측 상한의 세상을 나타낸 것으로 채워지는 백지 상태와 같다. 만약 주관적 영역이 병들었다면 그것은 객관적 사회 제도가 병들었기 때문이다. 따라서 인간을 해방시키는 최선의 방법은 물질적·경제적 자유를 제공하는 것이며, 그러므로 과학적 유물론과 경제적 평등은 인간의 고통을 종식시킬 중요한 방법이다. 내면적 영역, 즉 좌측 상한의 영역 전체는 그저 무시되거나 심지어 부정된다. 내부는 모두 평등하며, 즉 어떤 입장도 다른 것보다 나을 수는 없고 이로써 논의는 종결된다.[2] 의식의 파동이나 단계, 수준 같은 것은 존재하지 않는데, 이런 것들은 서열에 대한 판단을 만들어 내고 서열이라는 것은 정말로 나쁘기 때문이다. 자유주의는 고결한 정서지만, 내면을 전부 파괴해 버렸고 이차원에 충성을 맹세한 것이다.

그럼에도 불구하고, 인간의 고통을 덜겠다는 이 열망은 **보편적으로** 적용된다. 즉 모든 사람이 인종과 피부색, 성별 또는 신조에 관계없이(인종중심적 단계에서 세계중심적 단계로의 이동) 공정한 대우를 받는 것이다. 따라서 자유주의 정치이론은 보다 높은 발달 수준에서 생겨나는 것이지만, 그 발달은 병리적 이차원에 갇혀 버렸다. 직설적으로 말하자면 자유주의는 더 높은 수준의 병든 형태였던 것이다.

이것이 자유주의의 커다란 모순이다. 이론가들은 오래전부터 전통적 자유주의가 선천적으로 자기 모순이라는 것을 지적해 왔는데, 왜냐하면 자유주의가 평등과 자유를 옹호하면서도 둘 다가 아닌 둘 중 하나만을 택할 수 있기 때문이다. 이 모순의 근원을 설명하면 다음과 같다. 자유주의는 그 자체가 자기중심에서 인종중심, 세계중심까지 의식 발달의 내적 단계 전 과정에서 나타난 산물인데, 돌아서서는 그런 발달의 내적 수준들이 갖는 중요성이나 심지어 그 존재조차 부정해 버렸다. 자유주의는 외면적 인과관계만을 옹호하면서(다시 말해 이차원) 스스로를 만들어 낸 내적 경로를 부정해 버린 것이다.[3] 자유주의적 입장 그 자체는 스스로가 부정하는 단계들의 산물이며, 따라서 자유주의는 선천적인 모순을 갖게 된다.

그리하여 자유주의는 개개인의 내면에 대한 어떤 '판단도' 내리기를 거부하고—어떤 입장도 다른 것보다 낮지 않으니까!—그 대신 외면적, 경제적, 사회적 제도를 고칠 방법을 찾는 데만 초점을 두며, 따라서 보수주의자들에게 내면(가치, 의미, 내적 발달)을 완전히 위임했다. 반면 보수주의자들은 내적 발달을 완전히 받아들였는데, 이는 신화적-멤버십 단계까지만이기는 하지만 어느 정도 건전한 것으로 하위 수준의 건전한 형태다. (신화적-멤버십, 공민 도덕, 파란색 밈, 발달의 인습적/순응주의자 단계는 인간의 발달에서 정상적이고 건전하며 자연스럽고 필연적인 파동이며, 이 견고한 사회 구조는 여전히 전통적 보수주의 정치의 주된 기반이다.)[4]

그래서 오늘날 우리에게는 정말로 이상한 정치적 선택이 주어져 있다. 더 높은 수준의 병든 형태인지 더 낮은 수준의 건전한 형태인지, 다시 말해 자유주의 대 보수주의 말이다.

중요한 것은, 진정한 통합 정치는 더 높은 수준의 건전한 형태를 받아들일 것이라는, 즉 후인습적 · 세계중심적 발달 파동에 기반을 두고 내면의 발달과 외면의 발달을 둘 다—경제적, 사회적, 물질적 행복의 성장과 발달뿐만 아니라 의식과 주관적 행복의 성장과 발달도—똑같이 촉진할 것이라는 점이다. 달리 말하면 그것은 '온상한, 온수준' 정치 이론과 실천이 될 것이다.[5]

더구나, 이 유리한 위치에서 진정한 통합 정치의 최우선적 지침은 모두를 (통합적, 다원주의적, 자유주의적 또는 그 비슷한 무엇이든) 의식의 특정 수준에 이르게 하는 것이 아니라 모든 수준과 파동에서 발달의 나선 전체의 건전성을 보장하는 것이다. 따라서 통합 정치를 위한 두 가지 단계는 ① 내면과 외면 모두를 포함시키고, ② 내면의 단계를 이해함으로써 최우선적 지침에 이르는 것이다.[6]

이것이 앞에서 언급한 이론가들과의 정치적 담론에 내가 끌어들인 일반적 방향이다. 나는 치커링(『좌우를 넘어(Beyond Left and Right)』)과 스프레처로부터 보수주의와 자유주의 안에서 '질서'와 '자유' 진영을 구별하는 중요한 개념을 받아들였는데, 이것은 집단과 개인의 목적 중 어느 것을 강조하는지를 의미한다.[7] 이들은 좌파는 외면적 인과관계를 믿고 우파는 내면적 인과관계를 믿는다는 나의 일반적 개념 정의에 동의한다.[8] 좌파와 우파의 질서 진영은 자신들의 신념을 보통 정부를 통해 모두에게 강요하고자 하는 반면 두 이념의 자유 진영은 개인의 권리를 가장 우선시한다. 예를 들어, 국가가 관습적 역할과 질서를 강화하기 위해 권위를 사용하기를 바라는 것은 질서 우파다. 반면 자신들이 생각하는 평등을 강화하기 위해 국가를 이용하고자 하는 정치적 정당성 운동과 정통 페미니스트들은 질서 좌파다. 자유시장경제를 주장하는 자유주의자들은 일반적으로 자유 우파고, 시민적 자유주의자들은 보통 자유 좌파다.

이런 정치적 사분면은 공교롭게도 의미심장한 방식으로 내 4상한과 일치한다. 위쪽 상한은 개인적 또는 '자유'고, 아래쪽 상한은 집합적 또는 '질서'이며, 내적 상한은 우파/보수주의고, 외적 상한은 좌파/자유주의기 때문이다.[9] 이로부터 특정 이론가가 가장 중요하다고(따라서 정책적 성과를 달성하려고 시도할 때 다루어야 하고 고민하거나 보호를 받아야 한다고) 생각하는 상한이 무엇인지 알 수 있다. 물론 중요한 것은, 네 가지 상한 모두가 실제로는 피할 수 없이 중요하다는 것이다. 따라서 또다시 온상한, 온수준 접근법은 진정한 통합 정치를 지향하기 위한 이론적 기반이 될 수 있다.

잭 크리텐든(『개인주의를 넘어(*Beyond Individualism*)』)은 『에덴을 넘어』에서 발전된 '복합적 개성(compound individuality)'의 개념을 정치 및 교육 이론에 적용해 왔고, 이런 생각들에 대한 나 자신의 이해를 계속하여 더해 왔다. (크리스토퍼 코완과 함께 발전시킨) 돈 벡의 나선역학은 클레어 그레이브스의 선구적 연구에 대한 멋진 설명으로 정치에서 교육, 비즈니스에 이르는 '현실 세계'에서 수많은 응용이 가능하며, 나는 그런 여러 논의를 통해서도 크게 득을 보았다. 벡은 아마 누구보다도 최우선적 지침에 대해 잘 이해하고 있을 것이며, 그의 연구 덕분에 나의 표현이 풍부해질 수 있었다. 세계포럼의 회장인 짐 개리슨은 어떻게 통합 비전이 세계 무대에 영향을 미칠(또 흔히 영향을 미치지 않을) 것인지에 대한 폭넓은 경험을 쌓아 왔다. 비록 질서 좌파의 가정에 깊이 빠져 있어서 통합적 접근법은 아니지만, 마이클 러너의 '의미의 정치(Politics of Meaning)'는 그럼에도 불구하고 자유주의자들이 내면적 상한(의미, 가치, 영성)을 바라보게 하려는 비범하고 감탄스러운 시도다. 전통적으로 자유주의자들은 내면적 상한을 마치 역병인 것처럼 기피했고 이것은 심각한 결과를 낳아 왔기 때문이다(예를 들면 내면은 보수주의자들과 종종 반동적인 그들의 신화-멤버십 가치에 맡겨졌고, 이것은 사회 기반의 일부로는 괜찮지만 그들 마음대로 내버려 두면 재앙이 되고 만다).

통합 거버넌스

이 모든 경우에 있어, 우리는 거버넌스에 대한 두 번째 층 또는 통합적 접근법이 어떤 모습일 것인지에 대한 단서를 찾고 있다.

미국의 헌법은 일반적으로 5단계(후인습적이고 세계중심적)의 도덕 수준에 해당하는 문서다. 제정 당시에는 아마도 미국 인구의 10%가 실제로 5단계에 해당했을 것이다. 이 문서의 탁월한 점은, 세계중심적이고 후인습적인 입장을 제도화할 방법을 발견하여 그것이 대부분은 그런 높은 수준에 있지 않았던 사람들을 대상으로 거버넌스 체제의 역할을 하도록 했다는 것이다. 그리하여 헌법 그 자체는 그 범위 내의 모든 활동이 세계중심적이고 후인습적, 비인종중심적인 도덕적 분위기 안에 위치하도록 부드럽게 북돋우는 변용의 조정자가 되었다. 이 문서와 그 제정자의 탁월함은 아무리 강조해도 지나치지 않다.

미국의 헌법은 첫 번째 층 거버넌스 철학의 정점이었다. 비록 그 제정자들이 종종 두 번째 층의 사고를 사용했지만 그들이 다루었던 현실, 특히 봉건 제국과 고대 국가에서 진화한 기업형 국가의 형성과 관계는 대부분 전적으로 첫 번째 층에 해당했다.

그러나 이제 세계 체제와 통합적 그물망이 기업형 국가와 가치 공동체에서 진화하고 있다([그림 3-1] 참조). 이런 상호의존적 체제들은 내면적·외면적 발달의 나선 전체를 통해 국가와 공동체들을 (지배하는 것이 아니라) 통합할 수 있는 거버넌스를 필요로 한다. 현재 세계가 필요로 하는 것은 순수하게 두 번째 층에 해당하는 최초의 정치 철학과 거버넌스다. 물론 그것은 구조와 양식에 있어서 깊이 통합적인 온상한, 온수준 정치 이론과 실천이 될 것으로 나는 생각한다. 이것은 결코 미국(이나 다른 나라)의 헌법을 대신하지는 않겠지만, 상호 전개와 증진을 촉진하는 세계적 그물망, 즉 통합적이고 전일적인 정치 속에 헌법이 자리 잡도록 할 것이다.

남아 있는 질문은, 이것을 정확히 어떻게 상상하고 이해하며 받아들이고 실천할 것인가다. 실제 세부 사항은 정확히 무엇이고, 어디서 어떻게 그리고 언제? 이것은 새천년 벽두에서 세계 정치에 대한 중요하고도 매우 즐거운 요청이다.[10] 통합적 거버넌스 체제는 우리를 보다 포괄적인 미래로 초대하고, 각각의 파동을 전개되는 대로 존중하면서도 모두를 더 깊은 곳으로 안내하며, 인간 발달의 전스펙트럼의 변용을 위한 온화한 조정자의 역할을 할 것이다. 그런 체제의 틀을 만들어 낼 새로운 전지구적 창설자들을 우리는 기다리고 있는 것이다.

통합 의학

의학에서만큼 4상한을 즉각적으로 적용할 수 있는 분야도 없으며, 전세계에서 이 모형을 받아들이는 의료기관이 점차 늘어나고 있다. 상한들을 간단히 살펴봄으로써 통합 모형이 왜 유용한 것인지를 알 수 있을 것이다. 여기서는 골절, 암, 심장병 등 신체적 질병과 이것들을 가장 잘 다루는 방법에 대해 이야기할 텐데, 그것을 대부분의 정통 의학이 중시하기 때문이다.

정통 의학 또는 주류 의학은 전통적인 우상상한 접근법이다. 수술, 약물, 의약품, 행동 수정 등의 물리적 개입을 사용하여 거의 전적으로 물리적 유기체만을 다룬다. 정통 의학에서는 근본적으로 신체적 질병을 유발하는 신체적 원인을 믿기 때문에 주로 물리적 개입을 처방한다. 그러나 홀론 모형에서는 모든 물리적 사건(우상상한)에는 적어도 네 가지 차원(4상한)이 있으며 따라서 모든 신체적 질병은 4상한 전체(수준은 말할 것도 없고 말이다. 이에 대해서는 뒤에서 언급할 것이다)의 관점에서 볼 필요가 있다고 주장한다. 통합모형의 의미는 우상상한이 중요하지 않다는 것이 아니라, 그것이말하자면 전체 이야기의 1/4에 불과하다는 것일 뿐이다.

최근 정신신경면역학과 같은 분야를 포함한 대안적 치료에 대한관심이 폭발적으로 증가함에 따라, 환자의 내적 **상태**(감정, 심리적 태도, 이미지, 의도)가 신체적 질병의 경우에도 그 원인과 치유에 모두결정적인 역할을 한다는 것이 아주 분명해졌다. 달리 말하면, 그 어떤 종합적 의학 치료에서도 좌상상한은 중요한 요인이라는 것이다. 시각화와 확언, 이미지의 의식적 사용이 대부분의 질병을 관리하는 데 중요한 역할을 하는 것이 입증되었고, 그 성과는 정서적 상태와 정신적 가치관에 의존하는 것으로 나타났다.[11]

그러나 그런 주관적 요인들이 중요하기는 하지만, 개개인의 의식은 진공 속에서 존재하는 것이 아니라 공유된 문화적 가치, 신념 그리고 세계관 속에 불가분하게 깊이 새겨진 채로 존재한다. 어떤 문화(좌하상한)가 특정 질병을 어떻게―배려와 연민으로, 또는 조롱과 멸시로―바라보는지는 개인(좌상상한)의 질병에 대한 대처에 깊은 영향을 미칠 수 있으며, 이것은 신체적 질병 그 자체(우상상한)의 전개에 직접적인 영향을 미칠 수 있다('잡초'로 간주되는 것은 당초에 기르려고 하는 것이 무엇인지에 달려 있는 경우가 많은 것처럼). 사실 많은 질병들은 공유된 문화적 배경과 관련짓지 않고서는 정의할 수조차 없다. 좌하상한에는 의사와 환자 사이에 공유하는 의사소통, 가족과 친구들의 태도 및 그것이 환자에게 어떻게 전해지는지, (가령 에이즈와 같은) 특정 질환의 문화적 수용(또는 폄하), 그리고 질병 그 자체가 위협하는 바로 그 문화의 가치와 같은, 인간의 모든 상호작용에 결정적인 수많은 상호주관적 요인들이 다 포함되어 있다. 그런 요인들은 (모든 홀론은 4상한을 가지고 있다는 바로 그 이유 때문에) 전부 어느 정도까지는 모든 신체적 질병과 치유의 원인이 된다.

물론 좌하상한은 실제로는 의사와 환자의 의사소통 기술, 가족과 친구들로 구성된 지지 집단, 문화적 판단과 그것이 질병에 미치는 영향에 대한 일반적 이해와 같이 효과적으로 관련지을 수 있는 요인들로 한정될 필요가 있다. 예를 들어, 지지 집단이 있는 암환자는 비슷한 문화적 지지를 받지 못하는 환자보다 오래 산다는 것이 연구를 통해 일관적으로 입증된다. 따라서 좌하상한의 보다 적절한 몇몇 요인들은 그 어떤 종합적인 의학적 치료에서도 결정적인 의미를 갖는다.

우하상한은 질병의 일부라고 간주되는 경우는 드물지만, 실제로는 다른 모든 상한과 마찬가지로 질병과 치료 모두의 원인이 되는 물질적, 경제적, 사회적 요인들에 영향을 미친다(기근에 시달리는 국가들이 안타깝게도 매일 보여 주듯이). 음식을 만들어 내지 못하는 사회 체제에서는 사람이 살 수 없다. 그러나 선진국에서도, 치명적이지만 치료할 수 있는 병에 걸렸는데 치료비가 없고 의료보험이 부족하다면 죽게 될 것이다. 가난이 죽음의 원인인 것이다. 보통 이런 식으로는 생각하지 않기 때문에, "그 사람은 바이러스 때문에 죽었어."라고 말한다. 그러나 바이러스는 원인의 일부일 뿐이고, 다른 세 상한도 마찬가지로 원인이 된다. 식품의약국(FDA)이 에이즈 치료에 도움이 될 수 있는 약물의 허가를 연기하고 있었을 때, 한 남자가 국회 앞에서 외쳤다. "내 묘비명에 '관료주의 때문에 사망'이라고 적히지 않게 해 주시오." 하지만 그게 정확히 사실이다. 모든 개체가 4상한을 가지고 있는 현실 세계에서는, 우상상한의 바이러스가 주된 문제일 수 있지만 치료를 제공할 수 있는 사회 제도(우하상한)가 없다면 죽게 된다. 이것은 별개의 문제가 아니라 문제의 핵심이다. 모든 홀론은 4상한을 가지고 있기 때문이다. 우하상한에는 경제, 보험, 사회적 급부 제공 체제와 같은 요인들이 포함되며, 환경 독소와 같은 것들은 말할 것도 없고 병실의 물리적 배치(이동은 쉬운지, 방문자들의 접근성은 좋은지 등)와 같이 단순한 것들도 포함된다.

앞서 언급된 사항들은 질병의 원인과 치료(또는 관리)에 대한 '온상한' 측면을 나타낸다. '온수준'의 측면은 개개인이 그런 상한들 각각에서 적어도 신체적, 감정적, 정신적 그리고 영적 수준을 갖는다는 점을 나타낸다([그림 4-5], [그림 4-6] 참조). 어떤 질병들은 주로 신체적 원인에 의한 것이고 그 치료법도 신체적이다(버스에 치여 다리가 부러졌고, 물리적으로 고정하여 깁스를 한다). 그러나 대부분의 질병은 그 원인과 치료법에 감정적, 정신적 그리고 영적 파동이 포함된다. 이런 구체적인 수준들에 대해서는 『세상에서 가장 아름다운 용기』에서 다루었으므로 여기서는 반복하지 않겠다. (샤머니즘에서 티벳 불교에 이르기까지 위대한 전승지혜들의 귀중한 유산을 포함하여) 전세계에서 문자 그대로 수백 명의 연구자들이 질병과 치료법의 '다층적' 본질에 대한 우리의 이해를 가늠할 수 없을 정도로 높여 왔다. 중요한 점은, 4상한에 그런 수준들을 더함으로써 훨씬 더 포괄적이고 효율적인 의료 모형이 모습을 드러내기 시작한다는 것이다.

요컨대, 정말로 효과적이고 포괄적인 의료 제도는 온상한, 온수준 접근을 취할 것이다. 핵심은 각각의 상한 또는 차원(나, 우리 그리고 그것)에는 신체적, 감정적, 정신적 그리고 영적 수준 또는 파동이 있고([그림 4-6]), 진정한 통합적 치료에서는 이런 실재들을 모두 고려할 것이라는 점이다. 이런 유형의 통합적 치료는 더 효과적일 뿐 아니라 그 때문에 더 비용 효율적이므로 조직 의학에서조차 이를 더 면밀하게 살펴보고 있다. 이와 관련된 훌륭한 연구를 하고 있는 수많은 이론가들 중 일부를 언급하면 다음과 같다. 보완적·대안적 의학에 홀론 이론을 적용하는 것에 대해 통찰력 있는 글을 쓰고 있는 존 애스틴,[12] 팻 오젠과 케쿠니 민튼,[13] 게리 슈바르츠와 린다 루섹,[14] (신세기 의료연구소의) 완다 존스와 제임스 엔자인, '치유의 대사슬'에 대한 자신들의 폭넓고 독창적인 연구를 보완하기 위해 홀론 이론을 사용해 온 바바라 도시와 래리 도시.[15]

최근에 우리 중 몇몇은 통합 의학, 통합 심리학, 통합 정치 등의 분과(다음을 참조)가 있는 통합연구소를 설립했다. 앞 문단에서 언급된 이론가들 외에 통합의학연구소의 구성원으로는 켄 펠레티어, 마이클 머피, 조지 레너드, 마릴린 슐리츠, 조안 보리생코, 진 액터버그, 존 카밧-진 등이 있다. 통합연구소의 구성원들은 내가 이야기하는 통합주의에 대해 세세한 것들 전부까지 동의할 필요는 없지만, 물질에서 마음 그리고 영에 이르는 스펙트럼에 걸쳐 이어지며 자아와 문화, 자연 속에서 발휘되는 통합적이고 균형 잡힌 종합적 비전에 대해 깊은 관심을 가지고 있다는 공통점이 있다.

통합 비즈니스

최근 비즈니스 분야에서 홀론 모형의 적용이 폭발적으로 증가하고 있는데, 이것은 아마 이 분야에서도 즉각적이고 분명한 적용이 가능하기 때문일 것이다. 상한의 개념은 하나의 제품이 생존해야 하는 네 가지 '환경' 또는 차원을 제시하며, 수준의 개념은 제품을 생산하고 구매하는 가치의 유형들을 제시한다. 매슬로와 그레이브스의 가치 위계(예: 나선역학)처럼 이미 비즈니스와 VALS[1]에 막대한 영향을 미치고 있는 가치 위계에 대한 연구를 (이들 가치의 수준이 서로 다른 네 가지 환경에서 어떻게 나타나는지를 보여 주는) 상한들과 결합하면 정말로 종합적인 시장(전통적 의미의 시장과 온라인 시장

---

1) VALS(Value and Lifestyle Study): 고객의 가치관과 생활양식에 중점을 두는 시장조사 기법

을 모두 포함한다)의 지도를 얻을 수 있다. 이것은 물론, 사업은 결국 사업이기 때문에 부정적이고 조작적인 방식으로 사용될 수도 있다. 그러나 소비자를 필요한 제품이나 서비스와 더 생산적으로 연결시키는(그리하여 나선 전체의 건강을 촉진시키는) 진보적이고 효율적인 방식으로 사용될 수도 있다.

통합 모형에 기반을 둔 경영·리더십 교육 프로그램도 번창하기 시작했다. 「경영: 다차원적/다수준적 관점(*Management: A Multidimensional/Multilevel Perspective*)」에서 대릴 폴슨은 비즈니스 경영에 대한 네 가지 주요 이론(개인의 행동을 강조하는 X이론, 심리적 이해를 중시하는 Y이론, 조직 문화를 강조하는 문화적 경영, 사회 체제와 그 거버넌스를 강조하는 시스템 경영)이 있다는 것을 알려 준다. 그 다음에는 이 네 가지 경영 이론이 사실은 4상한에 해당하며, 통합 모형은 네 가지 접근법 모두를 포함할 필요가 있음을 입증한다. 그러고는 '온수준' 부분으로 이야기를 옮겨 상한들이 거치는 단순하지만 아주 중요한 네 단계를 제시하고, 보다 '온상한, 온수준' 적인 경영을 도입하기 위한 구체적인 제안을 곁들인다.[16]

이 분야의 선구자들로는 다음과 같은 인물들이 있다. 수많은 포춘 500대 기업에 (4상한과 3개 수준을 사용하는) 통합 리더십 세미나를 소개한 제프리 지오자와 JMJ 협회("최근까지는 조직 변화에 대한 변화관리 접근법이 주관적으로나 객관적으로나 돌파구를 찾기 위한 타의 추종을 불허하는 최고의 방법이었다.[17] 그러나 이제 변화관리 접근법은 통합적 접근법 앞에서 빛을 잃었다"), 시스템 및 복잡성 이론의 보완(과 이들에 대한 이차원적 왜곡의 수정)에 온상한, 온수준 접근법을 사용하는 R.W.벡 협회의 존 포먼, 온퍼포스 협회(존 클리블랜드, 조안 뉴로스, 피트 플라스트릭, 뎁 플라스트릭), [『기업의 혼을 일깨우기

(*Awakening Corporate Soul*)』의 공저자로] 리더십 서클을 통해 '통합적 변용과 리더십'에 온상한, 온수준 접근법을 도입한 밥 앤더슨, 짐 스튜어트 그리고 에릭 클라인("모든 상한 속에서 일어나는 이런 발달 지류들의 진화는 서로 긴밀하게 연관되어 있다는 것이 중요하다. 영적 지성은 변용의 실천에 있어서 읽기·쓰기 능력에 해당하며 리더십에서 반드시 필요한 것이라는 인식이 급속하게 확산되고 있다"), 모토로라 리더십·다문화 연구 전문학교의 학장으로 전세계 약 2만 명의 관리자들에 대한 훈련을 감독하는 리오 버크, 『기업국가 미국에 대한 영적 감사(*A Spiritual Audit of Corporate America*)』의 저자인 이안 미트로프, 『홀론 모형과 360도 피드백 프로세스를 활용한 리더십과 경영 기법 개발(*Developing Leadership and Management Skills Using the Holonic Model and 360 Degree Feedback Process*)』의 저자인 론 카시오프와 사이먼 알브레히트, 문자 그대로 수십만 명에게 사용된 나선역학의 돈 벡, 신체적·감정적·정신적 에너지의 최적 관리를 중심으로 하는 아주 구체적인 변화 기술과 연결된 온상한, 온수준 접근법을 연구하고 있는 짐 로어와 토니 슈바르츠. 토니는 현재 『패스트 컴퍼니(*Fast Company*)』에 매월 라이프/직장 칼럼을 쓰고 있으며 여기를 통해 연락할 수 있다. 이들 모두가 통합비즈니스 연구소에 합류했으며, 그 외에 디팩 초프라, 조 퍼미지(보이저 프로젝트), 밥 리처드(클라루스), 샘 버콜즈(샴발라), 프레드 코프만, 빌 토버트, 워렌 베니스를 비롯한 다수가 함께 하고 있다.

통합 교육

'통합적' 또는 '전일적' 사상가로서 내가 전통적인 것이든 대안적인 것이든 '전일적' 교육법이라고 부르는 것은 뭐든 지지할 거라고 생각하는 사람들이 많다. 안타깝게도 이것은 일반적으로 사실이 아니다. 내 생각에 '전일적' 접근법들 다수는 불행히도 (시스템 이론이나 단지 우하상한에만 기반을 둔) 이차원적인 것이거나 무겁게 그리고 다소 배타적으로 녹색 밈에서만 유래한 것이다. 후자의 경우 일종의 다원적 접근법으로서 다른 접근법들을 소외시키지 않으려는 훌륭한 시도지만, 그런 가운데 실제로는 계층적 발달을 무시함으로써 결국 실제 성장과 진화를 방해하게 된다는 의미다. 어떤 경우든 이런 전형적인 전일적 접근법들은 대부분, 도덕적으로 긴요한 것은 어떤 특정 수준이 아닌 나선 전체의 건강이라는 최우선적 지침을 간과한다. 진정한 통합 교육에서는 모두에게 처음부터 녹색 밈을 그냥 강요하는 것이 아니라, 증가하는 포괄성의 특정 단계별 파동 안에서 발달이 전개된다는 것을 이해한다. 겝서의 버전을 사용하자면 의식은 태곳적에서 마법적, 신화적, 합리적, 통합적 파동으로 유동적으로 흘러가는데, 진정한 통합 교육이라면 마지막 파동뿐 아니라 적절하게 전개되는 **모든** 파동을 강조할 것이다.

이런 생각들, 그리고 온상한, 온수준 교육의 적용에 대해 연구하고 있는 참된 통합 이론가들이 많다. 학교의 조직적 구조(행정 및 교직원)와 학생들에게 제공되는 핵심 교육과정을 둘 다 온상한, 온수준 방식으로 구성하는 경우가 많다. 이것은 기존의 학교뿐 아니라 발달장애아들을 위한 학교에서도 일어나고 있는 일이다. 통합 교육연구소는 이 전반적 주제에 대해 가장 중점을 두고 있다.

의식 연구

이 나라에서 의식 연구를 위한 지배적인 접근법은 여전히 좁은 과학(즉 주로 우상상한에 기반을 둔 인지과학)이다. 『통합심리학』에서 내가 제안했듯이 의식 연구를 위한 보다 종합적인 접근방식은 4상한 모두, 또는 단순히 나, 우리, 그것의 삼대 가치(의식의 일인칭 현상적 설명, 이인칭의 상호주관적 구조, 삼인칭의 과학적 체계)를 활용하는 것에서 출발할 수 있다. 이런 유형의 '1-2-3' 의식 연구는 이미 시작되었으며, 이것은 프란시스코 바렐라와 조나단 쉬어가 펴낸『내부로부터의 관점(*The View From Within*)』과『의식연구저널(*The Journal of Consciousness Studies*)』에 자주 실리는 여러 논문에서 확인할 수 있다. 보다 종합적인 접근법의 다음 단계는 '온상한' 뿐 아니라 '온수준'을 포함할 것이고, 나는『통합심리학』에서 이 중요한 다음 단계를 실행할 수 있는 방법을 개괄적으로 제시했다.

심리학과 의식 연구에 대한 더 종합적이고 균형 잡힌 접근법에 관심이 있는 여러 이론가들이 통합심리연구소를 설립했다. 연구소의 구성원으로는 로저 월시, 프랜시스 본, 로버트 키건, 수잔 쿡-그로터, 제니 웨이드, 카이사 푸하카, 돈 벡, 로버트 포먼, 리처드 만, 브라이언 반 데르 호스트, 앨런 쿰즈, 라즈 잉그라시, 안토니 아카리, T 조지 해리스, 프란시스코 바렐라, 코니 힐리어드, 마이클 머피 등이 있다.

관계적 영성과 사회 참여적 영성

영성에 대한 온수준, 온상한 접근법의 주된 함의는 자아와 문화, 자연 속에서 (다시 말해 나, 우리, 그것 영역 속에서) 존재의 신체적, 감정적, 정신적, 영적 파동을 동시에 수행해야 한다는 것이다. 이와 관련해서는 통합적 변용 수행에서 사회 참여적 영성, 영적 경로로서의 관계에 이르기까지 여러 변형된 형태가 있다. 이런 유형의 접근방식을 선도하고 있는 정말로 인상적인 집단과 조직은 그 수가 너무 많아서 모두 열거하기는 어렵다. 그러나 이 고귀한 노력에 신선한 관점을 도입하려 시도하고 있는 틱낫한, 다이아나 윈스턴, 도날드 로스버그, 『티쿤』[2]지(誌), 로버트 포먼과 (나도 회원인) 포지 연구소의 연구를 언급할 수는 있을 것이다.

통합 생태학

비평가들은 『성, 생태, 영성』에서 제시된 생태학 접근법이 독특한 것이라는 데 동의한다. 그들은 이 책을 좋아하든 아니든, 생물권에 특혜를 주지 않고 또 내가 환원적이고 이차원적 신념이라고 보는 생명의 직물 개념을 사용하지 않고 생태학적 통합과 시스템 이론 그리고 비이원적 영성을 결합할 수 있었기 때문에 독특하다는 점에 동의한 것이다. 더 정확히 말하면, 생태학에 대한 온상한, 온

---

2) Tikkun: 유대어로 '세상의 회복'이라는 의미

수준 접근법은 물질권과 생물권, 인지권, 신(神)권이 온우주 전체에서의 적절한 관계 속에 위치하도록 해 준다. 그리하여 우리는 모든 것을 생물권으로 환원시키지 않고서도 생물권의 결정적인 중요성을 강조할 수 있게 되는 것이다.

　이런 관계들에 대한 실마리와 그것들을 왜 그리 쉽게 혼동하는지에 대한 이유를 [그림 4-6]에서 찾아볼 수 있다. 신체(생물권)와 마음(정신권), 그리고 혼/영(신권)이 그림에 모두 나타나 있음에 주목하자. 각각의 상위 파동은 감싸는 둥지들이 나타내는 것처럼 하위의 파동을 초월하면서 포함한다. 이런 의미에서, 마음이 신체를 초월하면서 포함한다거나 정신권이 생물권을 초월하면서 포함한다는 말은 아주 정확하다. 생물권은 정신권의 결정적인 요소지만 (대부분의 생태학자들이 생각하는 것과는 달리) 그 반대는 아니다. 다시말해, 정신권 또는 인간의 마음을 파괴해도 생물권은 아주 훌륭하게 살아남을 수 있다. 그러나 생물권을 파괴하면 인간의 마음 또한모두 파괴된다. 생물권은 정신권의 일부지만 그 반대는 아니기 때문이다. 유추에 따르면 원자는 분자의 일부다. 분자를 파괴해도 원자는 남아 있을 수 있지만, 원자를 파괴하면 분자 역시 파괴된다. 생물권과 정신권의 경우에도 마찬가지다. 후자를 파괴하면 전자는남아 있을 수 있지만 그 반대는 아니다. 이것은([그림 4-3]과 [그림 4-6]에서 명확히 나타나는 것처럼) 내적 영역에서 생물권은 정신권의 일부지만 그 반대는 아니라는 것을 보여 준다. 따라서 인간의 마음(정신권)이 자연(생물권)의 일부라는 것은 사실이 아니며, 오히려 그 반대다.

　그러나 모든 내면의 사건들은 외면의 감각적 세계, 우리가 흔히 '자연'이라고 부르는 세계에 상관물을 가지고 있다는 것을 주목하

자. 따라서 생태이론가들은 대부분 외면의 실증적이고 감각적인 세계를 바라보고는, ([그림 4-4]와 [그림 4-6]에서 볼 수 있는 것처럼) 모든 것이 실제로 우측 상한의 세계에 상관물을 가지고 있기 때문에 '모든 것은 자연의 일부'라는 결론을 내린다. 그래서 그들은 '자연'(또는 '생물권')이 궁극의 실재라는 결론을 내리고, 우리가 '자연'에 따라 행동해야 한다고 주장하며 그 결과 모든 것을 일종의 생태학이나 생물권, 또는 위대한 생명의 직물로 환원시킨다. 그러나 이것은 전체 이야기의 절반, 즉 오른쪽 절반에 불과하다. 내면적 또는 좌측 상한의 차원에서는 자연(또는 감각적이고 느낄 수 있는 경험적 차원들)이 더 큰 그림 속의 작은 부분, 생물권과 정신권, 신권을 포함하는 더 큰 파이의 작은 조각에 불과하다는 것을 알 수 있다. 그리고 그런 내면적 파동들은 비록 모두가 자연의 외면적 상관물을 가지고 있지만 그런 외면들로 환원될 수 없다. 자연으로 환원될 수가 없는 것이다. 그러한 환원은 단지 또다른 형태의 이차원(flatland)을 받아들이는 것이다. 오른쪽 실재의 흑백 세상, 경험적이고 감각적인 생명의 직물 말이다. 이것이 온우주 전체를 우하상한으로 환원시키는 최악의 생태학적 환원주의, 많은 생태철학의 핵심인 환원주의다.

이와 반대로, ([그림 4-6]에 요약되어 있는) 생태학에 대한 온상한, 온수준 접근법은 우리로 하여금 물질권과 생물권, 정신권, 신권을 모두 존중하도록 해 준다. 어느 하나를 다른 것들로 환원시키려고 함으로써가 아니라, 이들 모두가 이 특별한 온우주 속에서 맡고 있는 지극히 중요한 역할을 인정하고 존중함으로써 말이다.[18]

소수집단에 대한 지원

　진정한 통합 모형은 발달의 (다원적, 초개인적, 또는 심지어 통합적이라고 해도) 어느 한 수준이나 차원을 택하여 모두에게 그것을 강요하려고 하는 대신에 발달의 나선 전체의 건강을 위한다는 최우선적 지침을 따른다. 따라서 그 소수집단에 대한 접근법은 전형적인 자유주의, 보수주의 그리고 반문화적 접근과는 아주 다르다. 필요한 것은 자유주의적 다원주의, 보수주의의 가치, 녹색 다문화주의 또는 전일적 관념을 모두에게 강요하는 것이 아니라 개개인과 문화들이 자신만의 속도와 방식으로 나선을 발달해 가도록 해 주는 내적 · 외적 여건을 조성하는 것이다.[19] 개발도상국에 대한 보다 통합적인 접근방식의 경우에도 마찬가지다. 유니세프의 구체적 사례를 살펴보면 도움이 될 것이다.

온상한, 온수준, 온계통: 유니세프에 대한 개관

　'통합적 발달의 과정' 과 '통합적 접근: 온상한, 온수준, 온계통'은 유니세프의 자문역인 아이샤이크 발달협회(iSchaik Development Associates)가 발표한 일련의 프리젠테이션에 포함된 것들이다. 여기에서는 4상한을 각각의 예와 함께 개괄적으로 설명하고, 각 상한의 주된 수준 또는 파동을 요약하며, 다양한 파동을 거치며 상대적으로 독립된 방식으로 진행되는 수많은 발달 계통 또는 지류의 중요성을 시사한다(아이샤이크 발달협회에서 준비한 [그림 5-1]을 참조하라).

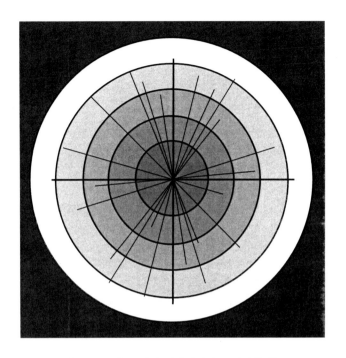

[그림 5-1] 유니세프(아이샤이크 발달협회)

그들은 다음과 같이 명시한다. "이것은 유니세프와 관련된 모든 아이디어와 발달을 포함하는 더 큰 그림이다."

그 다음에는 구체적인 언급이 이어진다. "우리 세계의 복잡하고 상호 연관된 본질에 대한 이해를 깊게 하기 위해서는 사회적 · 문화적 진화 속의 의식 발달에 대한 지도를 만드는 것이 매우 중요하다. 여기에는 진화가 지속 가능한 발전의 상태로 확실히 회복되고, 그 결과로 아이들과 인류, 문화, 사회 역시 그렇게 될 수 있도록 하기 위해 통합적인 접근법이 반드시 필요하다." 그리고는 지적하기를, "그러기 위해서는 단순한 객관적/표면적 체제나 망에 대한 이해보다 더 깊게, 그리고 다양성에 대한 문화적 이해보다 더 넓게 바라볼

수 있도록 해 주는 체계가 필요하다." 달리 말하면, 우리는 (우하상
한만을 다루는) 생명의 직물과 일반적인 시스템이론 분석을 넘어서
야 하며 단순히 (녹색 밈에 한정된) 다원주의와 다양성을 받아들이
는 것을 넘어서야 한다는 것이다. '온상한, 온수준, 온계통' 접근법
이 필요하다는 주장에 이어, 유니세프와 유엔의 지난 업적에 대한
비평이 시작된다.

> 발달의 과정은 지속 가능한 방향을 유지하기 위해 분명 이 네
> 가지 상한들 전부를 통합적인 방식으로 다루어야 한다. 그러나 마
> 찬가지로 분명한 점은, 이 과정에 유니세프가 참여해 온 내역을
> 인간 발달의 더 넓은 과정 및 이들 서로가 어떻게 영향을 미치는지
> 와 함께 살펴보면, 여태까지의 발전은 대체로 지속 가능한 변화를
> 이루어 내지 못했다는 것이다. 진화 또는 (인간) 의식 전개의 본질
> 에 대한 이해가 없다면 변화나 변용, 발달의 과정을 이해하려는
> 시도는 성공할 가능성이 별로 없다.[20]

그 다음에는 유니세프와 유엔의 과거 몇 가지 실패에 대한 주요
원인을 정확히 집어낸다. "유니세프의 활동은 주로 우상상한과 우
하상한, 즉 객관적이고 외면적(개인적, 사회적)인 상한들에서 이루
어졌다. 내면과 문화적 상한은 거의 무시되었다." 단지 우측 상한
만의 그런 접근법을 나는 '독백적'(이차원의 다른 표현)이라고도 불
러 왔다. 분석은 계속된다. "유니세프와 유엔의 체제가 성공하지
못했던 것은 지나치게 독백적인 인간 발달의 비전 때문이었을지 모
른다. 아니면 단지 어떤 단계에서도 더 큰 그림에 대한 지도를 그리
려 하지 않았기 때문일 수도 있다. 인간의 의식이 태곳적에서 마법

적, 신화적, 합리적 문화 단계를 [그리고 이제 머뭇거리며 비전-논리 또는 네트워크-논리(즉 두 번째 층)를] 거쳐 왔고 지금도 거쳐 가고 있기 때문에, 이 독백적 비전은 단기적으로는 당연히 필요했을 것이다. 그러나 이제는 이들 조직이 보다 탈합리적 또는 초합리적인 접근법, 즉 합리적 수준에서 나오는 긍정적인 생각들[그리고 내가 덧붙이자면, 이전의 모든 파동들이 긍정적으로 기여한 것들]을 포함하면서도 이런 것들을 더 높거나 깊은 탈합리적 의식 수준으로 초월하기도 하는 접근법을 받아들이는 것이 반드시 필요하다."

그 다음에는 유니세프의 다양한 프로그램들의 역사를 개괄하며, 이것들이 중요하기는 했지만 모두가 주로 우측 상한에 치우쳤음을 지적한다.

- 1950년대는 질병 캠페인의 시대였다. '측정과 관찰이 가능하며 객관적인 확실한 우상상한'
- 1960년대는 개발의 10년이었다. '이제 우하상한, 즉 '기능적 적합성'에 대한 강조'
- 1970년대는 대안의 시대였다. '그러나 오로지 주로 우측 상한에 해당했던 대안'
- 1980년대는 아동 생존의 시대였으나, 내면이나 내적 발달에 대한 언급은 없었다.
- 1990년대는 (전부 행동주의적 방식으로 바라보는) 아동 권리의 시대였는데, 기부자 피로현상의 시대에 빠르게 길을 내주었다. "기부자들과 정부는 국가주의라는 세계화 이전의 상태로 돌아갔다['퇴행' 했다]. 이런 상태는 모든 관점이 동등하다는 잘못된 관념[다원적 상대주의의 '비조망적 광기']으로 인해 충분

한 이해에 이르지 못한 것에 국내의 문제가 더해져 초래되었다." 나는 각각의 홀론이 생존하기 위해서는 정의와 권리(작인)가 배려와 책임(공존)과 균형을 이루어야 한다는 주장을 자주 해 왔다. 이에 대해서는 유니세프와 유엔의 과거 노력이 "전지구적 수준에서 명확하게 '권리'(정의)가 법제(배려와 책임)와 나란히 서도록 하지 못했다."는 반향이 일고 있다.

이런 요인들을 모두 고려하여, 2000년대는 **통합적 접근법**의 시대라는 결론이 도출된다. "이것이 의념과 문화의 좌측 두 상한을 더 깊이 탐구하는 통합적 관점에서 지속 가능한 변화의 과정을 바라보는 지점이다. 그리고 이것은 물론 유니세프에는 어린이와 청소년, 그리고 여성을 주로 강조한다는 의미다." 지금까지의 문제점은 "지난 50년간의 발상 모두가 아주 독백적이었고, 그래서 변화와 특히 변용의 과정을 지속 가능한 것으로 하기 위해서는 개개인과 사회에 있어서 내면적/주관적 발달이 필요하다는 것에 대한 이해가 없었다는 점이다."

끝맺음은 다음과 같다. '우리가 시도하는 행동들, 또는 우리가 제안하는 프로그램/발상/비유가 지속 가능하며 방향성을 갖는 혁신적인 변화 과정의 일부가 될 가능성을 확실히 갖도록' 하려면, '온상한, 온수준, 온계통' 접근법을 각각의 구체적인 상황에 맞게 세심하고 특별하게 조정하여 택할 필요가 있다.

그런 통합적 접근법은 최대한의 배려와 염려, 그리고 연민을 가지고 시행해야 한다는 것을 (아이샤이크 발달협회와 마찬가지로) 지적하고자 한다. 어떤 수준이나 계통, 상한에 대해서도 경직되고 미리 정해진 비판적 방식으로 의미를 부여해서는 안 된다. 발달 연구의 의미는 사람들을 분류하거나 우열을 가르는 것이 아니라, 사용되지 않은 가능한 잠재력에 대한 지침으로서의 역할을 하는 것이다. 최우선적 지침은, 의식 전개의 모든 개별 파동이 제공하는 필연적이고 필수적인 독특한 기여를 존중하고 인정하며, 그럼으로써 특권적인 어느 한 영역이 아니라 나선 전체의 건강을 보호하고 촉진하라는 것이다. 그리고 동시에, 더 완전한 의식의 스펙트럼과 발달의 전체 나선에 대한 개념을 조심스럽게 제안해 달라는 것이다. 더 깊거나 더 높은 차원의 인간 가능성 가운데 일부를 알지 못하는 개인이나 문화라 하더라도 그런 특별한 자원에 따라 행동하는 것을 선택할 수 있도록 말이다. 그러면 결국, 여태껏 다른 덜 통합적인 접근법들로는 해결하지 못한 어려운 몇 가지 문제를 다루는 데 도움이 될 수도 있을 것이다.

내일의 공포

인류가 직면한 가장 큰 문제들과 끊임없는 위험들 중 하나는 간단히 말해 다음과 같다. 우측 상한은 모두 물질적인 것이고, 일단 물질적 개체가 만들어지면 내적 발달의 사실상 모든 수준에 있는 개인들이 그것을 사용할 수 있다. 예를 들어 원자폭탄은 형식적-조작적 사고(오렌지색)의 산물이지만, 일단 존재하게 되면 스스로는 폭탄을 만들어 낼 수 없는 더 낮은 발달 수준에 있는 사람들이 그것을 사용할 수 있다. 도덕적 의식의 세계중심적 수준에 있는 사람이라면 아무도 기꺼이 폭탄을 사용하지 않겠지만, 전인습적 빨간색 밈의 자기중심적 수준에 있는 어떤 사람은 방해가 된다면 누구에게든 아주 기분 좋게 폭탄을 던져 버릴 수도 있는 것이다.

더 일반적인 용어로 말하자면, 인류의 거듭되는 악몽들 가운데 하나는 우측 상한의 기술적 발달이 지혜와 배려, 연민으로 그 기술을 사용하는 좌측 상한의 성장을 언제나 앞질러 왔다는 것이다. 달리 말해 외적 발달이 내적 발달을 앞질러 왔던 것이다(다시 언급하자면, 이것은 단지 어떤 인공 물질이든 일단 만들어지고 나면 모든 사람이 그 내적 수준에 관계없이 그것을 사용할 수 있기 때문이다. 따라서 높은 인지적 수준에 있는 천재가 어떤 기술을 구상하여 만들어 내면—예를 들어 제임스 와트가 증기기관을 발명한 것처럼—그것은 모든 발달 수준에 있는 사람들이 사용할 수 있는데, 그들 중 절대 다수는 그런 기술을 스스로는 발명하지 못한다).

근대 이전까지는 기술 자체가 아주 제한되어 있었기 때문에 이 문제는 제한적이었다. 활과 화살로는 생물권과 다른 인간들에게 가할 수 있는 피해가 크지 않았다. 그러나 근대성과 광범위한 과학적 역량을 가진 오렌지색 밈이 출현하면서, 인류는 대부분이 여전히 빨간색이나 파란색의 도덕 의식에 머물러 있음에도 불구하고 오렌지색 수준의 기술을 만들어 내기 시작했다. 놀랍도록 강력해진 외적 발달이 같은 수준의 내적 발달과 결합되지 않았고, 우측 상한의 기술이 좌측 상한의 지혜를 앞질러 가면서 전지구적 재앙은 역사상 처음으로 일어날 수 있는 일, 더 정확히는 그럴듯한 일이 되었다. 핵무기에 의한 대참사에서 생태계 파괴라는 자살행위에 이르기까지, 인류는 가장 근본적 문제인 통합적 발달의 결핍을 대규모로 맞닥뜨리게 되었다.

오늘날 양자 준위의 에너지 생산에서 인공지능(로봇공학)과 조직적 유전공학, 나노기술에 이르기까지 전지구적 규모로 촉발된 강력한 두 번째 층의 기술이 부상하면서, 인류는 다시 한 번 최고의 원초적 악몽에 직면했다. 즉 우측 상한의 기술이 폭발적으로 증가했지만, 내적 의식과 지혜는 그에 상당하는 성장을 이루지 못하고 있는 것이다. 그런데 이번에는 통합적 성장의 결핍이 인류 그 자체의 종말을 암시하는 것일 수도 있다.

선마이크로시스템즈의 공동 설립자인 빌 조이는 『와이어드(*Wired*)』지(誌)에 기고한 글(「미래는 왜 우리를 필요로 하지 않는가(*Why the Future Doesn't Need Us*)」, 2000년 4월호)에서 50년 내에 유전공학, 로봇공학, 나노기술의 발전이 인류의 종말을 의미할 수도 있다고 추정하여 센세이션을 일으켰다. 유전공학의 관점에서는 의도적으로 또는 우연히 폐결핵을 만들어 낼 수 있고, 로봇공학의 관점에서는 인간의 의식을 기계에 내려받을 수 있게 되어 우리가 알고 있는 인간성이 종말을 맞게 될 수 있고,[21] 나노기술의 관점에서는 '그레이 구'(폐결핵에 맞먹는 나노 기계)가 며칠 만에 생물권을 잿더미로 만들어 버릴 수 있다는 것이다. 그가 인용한 과학자들은 인류가 21세기를 살아서 넘기지 못할 확률을 30~50%로 추정했다.

이것은 분명히 엄청나게 복잡한 문제지만, 몇 가지는 이야기할 수 있다. 먼저 이 기술을 '통제'할 수 있는 방법은 기본적으로 두 가지, 즉 외부적인 법률 집행(가령 특정 유형의 연구에 대한 할지)과 내부적인 도덕적 통제(가령 기술의 지혜로운 사용을 추구하고 이행하는 집단적 지혜의 내적 성장)뿐이라는 점이다. 나는 두 가지 형태 모두가 결국은 어느 정도 필요할 것이라고 생각하지만, 내면 전체를 계속하여 무시한다면 지혜와 의식의 내적 성장에 대한 논의를 시작조차 할 수 없다는 것은 분명하다. 우리는 이런 전지구적 악몽들에 대한 **통합적 해법**을 고안해야 하며, 그러지 못한다면 소멸하게 될 가능성이 매우 크다.

빌 조이는 외부적 통제와 내부적 통제의 조합을 추천했다. 그는 어떤 유형의 연구에 대해서는 포기하거나 금지하려 하는 것을 찬성하지만, 그것이 충분히 가능하다고 해도(이것은 사실 지식이 경계를 살짝 빠져나간다는 것을 감안하면 가능하지 않다) 집단적 지혜의 성장이 필요하다는 근본 문제를 정말로 해결해 주지는 않을 것이라는 점도 알고 있다. 그래서 그는 질문을 던진다. "우리의 진로를 정하기 위한 새로운 도덕적 근거를 어디에서 찾을 수 있을까? 나는 달라이 라마가 쓴 『새천년의 윤리(*Ethics for the New Millennium*)』에서 제시하는 아이디어가 아주 유용하다는 것을 발견했다. 아마 잘 알려져 있지만 거의 주목받지 않고 있을 텐데, 달라이 라마는 우리에게 가장 중요한 일은 다른 사람들에 대한 사랑과 연민을 가지고 삶을 살아가는 것이며 우리 사회는 보편적 책임과 상호의존성에 대한 개념을 더 발달시킬 필요가 있다고 주장한다." 기독교에서 유대교, 힌두교까지 다른 수많은 영적 지도자들도 이런 값진 생각에 공감할 것이다.

그러나 이와 동시에 알아둘 것은, 자기중심에서 인종중심, 세계중심으로 전개되는 사람들에게 단순히 사랑과 연민 그 자체를 권할 수는 없다는 점이다. 우리는 인종중심적 사랑이 커지기를 정말로 원하는가? 그것이 바로 이런 문제들 가운데 상당 부분의 원인이 아닌가? 나치도 그들의 가족, 인종, 확장된 일족을 사랑했다. 이것이 파란색 밈에 중심을 둔 대부분의 종교가 전쟁을 막는 대신 전쟁을 일으켜 왔던 이유다. 종교는 역사상 다른 어떤 세력보다 더 많은 전쟁을 일으켜 왔다. 그것도 신과 국가에 대한 강렬한 사랑의 이름으로 말이다. 그들의 사랑은 참된 신봉자와 선택받은 사람들에게만 너그럽게 나누어 주는 인종중심적 사랑이었으며, 다른 모두에게는 그 사랑과 연민의 이름으로 죽음을 내렸다.

분명 '사랑과 연민'이라는 말에서 달라이 라마와 다른 지도자들이 요구하는 것은 후인습적이고 세계중심적, 보편적인 사랑과 연민이다. 하지만 그것은 전세계 인구의 30% 미만이 도달한 발달의 단계이며, 반면 전세계 인구의 사실상 100%는 머지않아 전세계를 파괴할 수 있는 기술에 접근하게 될 것이다.

뭔가 따라잡아야 할 것들이 내적 상한에 있다는 점은 분명하다. 우리가 자기중심적 또는 인종중심적 의식만을 지닌다면, 무한한 생명 연장에서 컴퓨터와 정신의 연결, 무한의 영점 에너지,[3] 웜홀을 이용한 은하계 여행까지 우리 앞에 있는 경이로운 외적 기술에만 계속하여 초점을 맞추는 것이 무슨 소용이 있겠는가? 우리는 정말로 빨간색 밈의 나치나 KKK와 함께 우주에 식민지를 건설하기를 원하는가? 우리는 정말로 잭더리퍼(Jack the Ripper)가 400년을 살면서 슈퍼카를 타고 온 나라를 돌아다니며 여성혐오 나노로봇을 풀어놓기를 원하는가? 외적 발달은 분명히 중요하지만, 내적 발달 또는 그 결핍이야말로 훨씬 더 중요한 것이다.

헌법과 국제법 분야에서 인정받는 권위자로 핵무기의 통제에 대해 수십년 동안 연구해 온 에드윈 퍼미지는 다음과 같이 말한다. "법[외부의 법적 통제]은 도움이 될 수 있지만, 우리가 있어야 할 곳이 어디인지에 대해서는 절망적으로 부족하다. 법에 의해 지구상의 모든 핵무기를 제거할 수 있다고 해도, 한 세대의 물리학자들에게 뇌엽절제술을 시술할 수는 없다. 군비 경쟁은 다시 시작될 수 있

---

3) Zero-point Energy: 절대영도에서 존재하는 에너지

는 것이다. 인간의 영혼을 어떻게 바꿀 수 있을까? 그러려면 법이
이르지 못하는 곳으로 가야 한다."[22] 다시 말해 내적 상한으로, 즉
우측 상한의 기술적 성장과 보조를 맞출 좌측 상한에서의 영혼의
성장, 지혜의 성장, 의식의 성장, 내적 성장을 지향해야 하는 것이
다.[23] 이것이 불가능하리만치 어려운 일이라는 것은 정말로 문제가
되지 않는다. 그러지 못할 경우의 결과가 뼈저리게 명확하기 때문
이다.

이런 문제들에 대한 해법이 무엇이든 논의는 통합적 플랫폼으로
확실하게 이동해야 한다. 왜냐하면, 그에 미치지 못하는 모든 것은
위기의 근본적 차원을 잊은 채 죽음의 운명을 향한 명랑한 길을 통
제 불능이 되어 전속력으로 달려갈 가능성이 크기 때문이다.

통합연구소

평범한 것에서부터 종말론적인 것까지, 이 장에서 소개한 모든
접근법은 단지 보다 통합적인 온상한, 온수준 접근법을 즉각적으
로 응용할 수 있는 분야들에 대한 몇 가지 영역들일 뿐이다. 내가
언급하지 않은 다른 분야들도 있다. 통합 페미니즘, 통합 법학, 통
합 예술과 문학 이론, 심지어 통합적 교도소 개혁 등 말이다. 잭 크
리텐든이 이끄는 편집진의 작업을 통해 샴발라에서 곧 출간될 책에
서 이런 접근법들 가운데 몇 가지를 강조하고 있다. 임시로 『유사
한 비전들—켄 윌버와 선구적 통합 사상가들(*Kindred Visions-Ken
Wilber and Other Leading Integral Thinkers*)』이라고 이름 붙인 이
책에 기여한 여러 사람들 가운데 일부를 언급하면 다음과 같다. 알

렉스 그레이, 짐 개리슨, 조이스 닐슨, 에드 코왈치크, T 조지 해리스, 마릴린 슐리츠, 게오르그 포이어스타인, 래리 도시, 제니 웨이드, 후안 파스콰이-레온, 마이클 러너, 제임스 패디먼, 로저 월시, 렐런드 반덴 댈레, 프란시스코 바렐라, 로버트 쉬어, 조지 레너드, 마이클 짐머만, 스탠 그로프, 토마스 키팅 신부, 어빈 라즐로, 위르겐 하버마스에 대해 토마스 맥카시, 카를-오토 아펠에 대해 에두왈도 멘디에타, 하미드 알리, 로버트 프레이저, 드렉셀 스프레처, 로렌스 치커링, 구스 디제레가, 엘리자베스 디볼드, 라마 수르야 다스, 랍비 잘만 샤흐터-살로미, 미첼 카포, 돈 벡, 프랜시스 본, 로버트 포먼, 마이클 머피, 막스 벨만, 토니 슈바르츠, 데이비드 찰머스, 수잔 쿡-그로터, 하워드 가드너, 로버트 키건, 존 설, 찰스 테일러. 이들 모두는 온우주에 대한 보다 통합적이고 우아한 관점을 위해 각자의 의미심장한 방식으로 기여해 왔다.

『유사한 비전들(*Kindred Visions*)』에 기여하고 있는 여러 이론가들과 이 책에서 소개된 많은 사람들이 통합연구소의 시작을 나와 함께 하고 있다. 현 시점에서 통합 의학, 통합 심리학, 통합 영성, 통합 비즈니스, 통합 생태학, 통합 교육, 통합 예술, 통합 정치 분과가 있으며 그밖의 분과들(미디어, 외교, 법학)도 계획하고 있다. 통합연구소는 순수한 통합 연구를 위한 주요 상위 조직이 되기를 그리고 통합 프로젝트를 위한 자금의 전달자가 되기를 희망한다. 연구소의 본부 역할을 하는 통합 센터를 (뉴욕이나 샌프란시스코 가운데 한 곳 또는 두 곳 모두에) 개설할 생각이며, 이미 샴발라와 함께 인테그럴미디어(IntegralMedia)를 시작했다. 연구소에 합류하거나 자금을 제공하는 것에 관심이 있다면 Shambhala.com 웹사이트의 후속 공지에 주목하기 바란다.

온우주의 지도

모든 지적 논쟁에서는 양 쪽 모두 각자가 단언하는 점에서는
옳고 부인하는 점에서는 틀리는 경향이 있다.

– 존 스튜어트 밀

전일적 색인 체계

홀론적 모형은 당초 모든 상한과 파동, 지류, 상태 그리고 영역
을 일관성 있게 설명하려는 시도로 생겨난 것이다. 따라서 정말로
종합적 또는 전일적이 되고자 한다는 것이 그 주장 가운데 하나다.
진정한 모든 것의 이론 말이다. 이렇게 포괄성을 추구한 결과 얻어
진 부산물이, 여러 해 동안 나타난 다양한 세계관, 철학, 종교, 과

학에 대한 색인을 만드는 아주 유용한 체계다. 또다시 중요한 점은, (나 자신의 것을 포함하여) 이런 다양한 세계관들 가운데 어떤 하나가 완전한 그림을 가지고 있다는 것이 아니라, 이들 가운데 더 많은 것들을 보다 큰 비전 안에 이음새 없이 포함시킬수록 온우주에 대한 관점이 더 정확해진다는 점이다. 그러면 보다 포괄적인 이 관점은 다음 장에서 살펴보듯이 개인적 변용을 도울 뿐 아니라, 수많은 세계관들 자체에 대한 전일적 색인 체계의 역할을 하며 서로에 대한 관계와 각각의 대체할 수 없는 중요성을 보여 준다.[1]

이 장에서는 이런 다양한 세계관들에 초점을 맞추고, 그것들을 실제로 더 통합적인 비전 또는 모든 것의 이론으로 합치는 방법을 제안할 것이다. 또한 국제 정치 상황에 대해서도 주의 깊게 살펴보고, 홀론적 색인 체계가 가장 어려운 문제에 대한 우리의 정치 분석을 명확하게 하고 국가적·국제적 정치 행위의 실습 과정을 제공함으로써 어떻게 상당한 실마리를 던져 줄 수 있는지 설명할 것이다.

이 장에서 소개하는 이론들 전부가 바로 세계에 대한 이론 또는 지도다. 그렇기 때문에 이 모두는 우리가 보다 통합적인 관점을 얻도록 돕는 유용한 부분이다. 하지만 그와 동시에, 통합적인 두 번째 층의 사고를 위한 기본 역량은 이런 서로 다른 지도에 대해 전부 통달할 것을 요구하지 않는다. 여러 가지 수준들을 암기하거나 뒤에서 논의할 문명권을 전부 알아야 할 필요가 없고, 스스로가 종합적인 지도를 만드는 연구를 할 필요도 없다. 그러나 그 두 번째 층의 역량은 ('온상한, 온수준, 온계통'을 받아들이는) 이런 통합적 지도를 접함으로써 발휘되고 고무된다. 그런 지도들이 온우주와 그 안에 살고 있는 모두에 대한 더 폭넓고 연민 어린 포용을 향해 우리의 마음을 개방하고 그리하여 가슴을 개방하는 것을 도와주기 때문이다.

그래서 다시 말하지만, 이제부터 소개할 지도들을 외울 필요는 없더라도 단지 그것들을 접함으로써 마음과 가슴을 여는 연습을 할 수 있다. 다음 장에서는 특별히 통합적 수행 그 자체를 살펴볼 텐데, 이것은 여러분 스스로의 통합적 능력을 한층 더 구체적이고 정확한 방식으로 일깨울 것이다.

세계관

오랜 시간에 걸쳐 인간의 다양한 세계관들을 범주화하려는 수많은 시도가 있어 왔다. 일부만 언급하자면, 플라톤은 고대 그리스에 소개된 대안적 철학들에 대한 명석한 설명을 제시했고, 불교의 법상학파(法相學派)는 중국 당나라에 존재하는 종교 체계들을 분류했으며, 성 토마스 아퀴나스는 현존하는 가장 영향력 있는 철학들을 빠짐없이 설명했다.

근대에 이르러 진화를 이해하게 되면서 여러 이론가들은 다양한 세계관들을 그 발달의 관점에서 분류할 것을 제안하기 시작했다. 초창기의 제안 중에서 아직도 가장 영향력이 있는 것이 실증주의의 창시자인 오귀스트 콩트의 주장이다. 유명한 콩트의 '3단계 법칙(Law of Three)'은 인간의 지식 탐구가 종교, 형이상학 그리고 과학의 세 가지 주요 단계를 거쳐 왔다는 것으로, 앞의 단계일수록 원시적이고 뒤의 단계일수록 더 정확하다(그 결과 운 좋게도 콩트의 수준에 이를 수 있었다. 발달 이론의 변함없는 단점은 일반적으로 가장 높은 수준이 우연히도 그 이론을 제창한 사람의 수준이라는 것이다. 나도 이런 비난을 받는 경우가 많지만, 나 스스로는 그런 주장을 결코 한 적이 없다는 것을 서둘러 언급해야겠다). 이런 지식 발달의 분류 가운데 단연코 가장 복잡한 것은 게오르그 헤겔이 제시한 것이었는데, 명백하게 뛰어난 이 체계적 철학이 역사상 동서양의 모든 중요한 세계관들을 위한 공간을 발견했다는 것이 그의 생각이었다(버트란드 러셀이 지적했던 것처럼, 불행히도 헤겔이 중국에 대해 실제로 알았던 것은 중국이 존재했다는 점뿐이었다. 이러한 중국에 대한 무지는 더 미묘한 문제점들과 함께 헤겔의 체계를 무너뜨렸다. 그럼에도 불구하고, 관념론이 어렵게 성취한 탁월한 결과에 대해서는 존경할 만하다).[2] 그밖에 잘 알려진 역사적 발달 모형(성장과 쇠락을 모두 포함할 만한 것)을 만들어 낸 인물들로는 아담 스미스, 칼 마르크스, 허버트 스펜서, 오스왈드 스펭글러, 아놀드 토인비, 피티림 소로킨, 안토니오 그람시, 테야르 드 샤르댕, 캐롤 퀴글리, 위르겐 하버마스, 게르하르트 렌스키, 장 겝서, 스리 오로빈도 등이 있다.

보다 최근에 일부 철학자들은 인류가 만들어 낼 수 있는 세계관들의 유형을 제시하는 '개괄적' 모형을 만들려는 시도를 해 왔다. 맨 처음 등장한 것들 가운데 하나인 스테판 C.페퍼의 『세계관 가설(*World Hypotheses*)』(1942년)의 주장에 따르면 세계관은 네 가지, 즉 형성적(세계는 범주들로 존재한다), 기계론적(세계는 원인과 결과다), 맥락적(세계는 관계적이다) 그리고 유기체적(세계는 상호작용을 하며 관계적이다) 유형으로 나누어진다. 슈바르츠와 루섹(제5장의 '통합 의학'을 참조하라)은 페퍼의 연구를 기반으로 하여 내포된 절차(세계에는 더 미묘한 에너지와 의식이 있다), 순환적 인과관계(인공두뇌), 창조적 전개(창발적 적응) 그리고 (이들 모두를 통합하고자 하는) 통합적 다양성의 네 가지를 추가했다.[3]

이용 가능한 유형들에 따라 세계관을 분류한 또 다른 영향력 있는 것으로는 사회 체계 이론가인 탤컷 파슨스(Talcott Parsons)의 분류가 있다. 그는 세계관들을 우파 체계주의자, 우파 경계주의자, 중도 경계주의자, 좌파 경계주의자, 좌파 체계주의자 등 다섯 가지 주요 입장의 (정치적) 연속체를 따라 배치했다. 이것은 유용한 면도 있지만, 실제로는 뒤에서 보게 되듯이 가능한 세계관들의 아주 좁은 중간 수준의 범위만을 다룬다. 로버트 벨라는 그의 분석을 또 다른 각도에서 분석하여 미국에서의 주요 세계관 네 가지, 즉 공화주의, 성서주의, 실용주의, 낭만주의를 발견했다. 마크 게이어존은 종교주의, 자본주의, 반정부주의, 미디어주의, 뉴에이지, 정치주의 등 여섯 가지를 발견했다. 사뮤엘 P.헌팅턴은 세계의 가장 중요한 특징은 아홉 가지 중요한 문화적 세계관(또는 문명), 즉 서구, 라틴아메리카, 아프리카, 이슬람, 중국, 힌두, 그리스 정교회, 불교 그리고 일본의 충돌인 것으로 이해했다. 이것들은 모두 세계관 유형의 '메타 분석'에 대한 좋은 사례들로 그 유용성은 현대의 여러 학자들이 입증했다. 그리고 이것들 모두가 정말로 유용하려면, 우리는 전부에 대해 일종의 존경심을 부여할 수 있는 더 포괄적인 맥락을 발견해야 한다(아, 그것이 바로 문제다).

실재의 수준(또는 존재의 파동)이라는 개념은 또 다른 종류의 색인 체계를 제공해 준다. 나선역학을 사용하든 존재의 대사슬을 사용하든, 아니면 제인 뢰빙거의 자아의 수준을 사용하든 간에 중요한 점은, 세계관 그 자체의 수준에 따라 세계관의 유형을 꽤 쉽게 분류할 수 있다는 것이다. 그리고 수많은 이론가들이 바로 그렇게 해 왔다. 쉬운 예를 몇 가지만 들어 보자. 프로이트와 베르그송과 같은 성적, 생명적 세계관은 주로 생물학적 삶의 수준 또는 베이지색 밈에 기인한다고들 말한다. 니체와 같은 권력적 세계관은 빨간색 밈, 데카르트와 같은 합리적 세계관은 오렌지색에 기인하며 데리다와 리오타르 같은 포스트모더니즘은 녹색, 소로와 같은 자연신비주의는 산호색/심령, 아빌라의 성 테레사와 같은 신성신비주의는 정묘, 마이스터 에크하르트와 같은 무형신비주의는 시원에 기인한다.[4]

존재와 지식의 수준이 다양한 세계관의 존재에 정말로 기여한다는 것은 아주 합리적으로 보이므로, 이 사실을 진정한 모든 것의 이론에 포함시키는 것이 현명할 것이다.

마지막 필요조건이 있다. 완전한 통합이 정말로 완전한 것이 되려면 중요한 세계관들 전부가 기본적으로는 (비록 부분적이더라도) 진실이 되는 방법을 발견해야 한다. 상위 수준이라고 더 정확한 관점을 제공하는 것이 아니고, 하위 수준이라고 거짓이나 미신, 원시적인 헛소리를 늘어놓는 것도 아니다. 어떤 의미에서는 '어린애 같은' 마법과 산타클로스 이야기도 사실이 되는 방법이 있음이 틀림없다. 그런 세계관들은 그야말로 그 수준 또는 그 파동에서 세계를 보는 방식이고, 그런 파동들은 모두 온우주의 아주 중요한 구성 요소들이기 때문이다. 신화적 수준에서 산타클로스(또는 제우스, 아폴로, 점성술)는 현상학적 실재다. "이봐, 우리는 그 수준을 넘어서 진화했으니 이제 산타클로스는 진짜가 아니라는 걸 알잖아."라고 하는 것은 소용이 없다. 왜냐하면, 이것이 사실이고 모든 단계가 그 이후의 진화를 감안할 때 원시적이고 그릇된 것이라면 바로 지금 우리 자신의 관점도 (미래의 발전이 그 너머로 향할 것이므로) 틀리다는 점을 인정해야 하기 때문이다. 특정한 실재의 수준이 하나 있고 다른 관점들은 전부 그 수준의 원시적이고 부정확한 형태인 것이 아니다. 그런 관점들 각각은 특정한 진실된 수준의 **부정확한** 관점이 아니라, 수준은 낮지만 근본적으로 중요한 실재의 수준에 대한 **정확**

한 관점이다. 발달의 개념은 원시적 미신이 아니라 내포된 진실을 알아차리게 해 주는 것이다.[5]

나는 다양한 세계관들을 통합하려는 시도 자체를 왜 하는지에 대한 질문을 자주 받는다. 여러 가지 관점들의 풍부한 다양성을 그저 찬양만 하고, 통합하려는 시도는 하지 않아도 충분한 것이 아닌가? 글쎄, 다양성을 인정하는 것은 분명히 고귀한 노력이고 나는 진심으로 그 다원주의를 지지한다. 그러나 다양성을 찬양하는 수준에만 머무른다면 궁극적으로는 분열과 소외, 분리와 절망을 촉진하는 것이다. 당신은 당신의 길을 가고 나는 내 길을 가서 우리는 산산이 흩어지는 것, 이것은 너무도 많은 영역에서 탈근대의 바벨탑을 남겨 놓은 다원적 상대주의자들의 시대에 흔히 일어났던 일이다. 우리 모두가 서로 다른 여러 가지 면들에 대해 아는 것으로는 충분하지 않다. 더 나아가 서로 비슷한 여러 가지 면들도 알기 시작해야 한다. 그렇지 않으면 전체가 아닌 무더기에 이바지할 뿐이다. 다원적 상대주의의 풍부한 다양성을 기반으로 다음 단계로 나아가 그런 수많은 가닥을 통일적 연결의 홀론적 나선, 서로 딱 들어맞게 짜인 온우주 속으로 엮을 필요가 있다. 한마디로 우리는 다원적 상대주의에서 보편적 통합주의로 이동할 필요가 있다. 온우주 자체의 모습인 다자(多者) 안의 일자(一者)를 발견하려는 노력을 계속해야 하는 것이다.

이런 방식의 통합적 비전을 시도해야 하는 이유가 이것이라고 나는 생각한다. 우리가 완전한 성공을 거두는 날이 올까? 절대 그렇지 않다. 그렇지만 계속 노력해야 하는가? 언제나 그래야 한다. 그 이유는 무엇일까? 왜냐하면 다자 안의 일자를 찾고자 하는 의도는 우리의 마음과 머리가 세상에서 밝게 빛나는 절대 영 그 자체인 다자 안의 일자와 보조를 맞추도록 하기 때문이다.

나는 그런 통합적 접근법이 다자 안의 일자를 나타내는 가장 성공 가능성이 높은 시도라고 생각한다(앞으로 보게 될 것처럼). 이 장에서 언급된 모든 세계관을 분명하게 받아들이고 존중하기 때문이다. 내가 제시한 것과 같이 이 완전한 개괄 또는 모든 것의 이론은 더 나아가 그런 모든 세계관에 대한 색인 체계로서의 역할을 수행하며, 그리하여 각각의 특별하고 심오한 기여에 대해 우리가 그 진가를 알아볼 수 있게 해 준다. 그리고 말할 필요도 없이, 이 모든 것의 이론에 대한 내 주장이 완벽한 사실이라 하더라도 그것은 단지 미래의 더 나은 비전들의 일부에 지나지 않게 될 것이다.

이 완전한 색인 체계는 '변용적 웹사이트(transformational website)'에서 '세계 도서관(world library)'까지 몇 가지 분야에서 이미 사용되고 있다. 스위스 다보스에서 열리는 세계경제포럼에서는 최근 '온상한, 온수준' 접근법에 대해 패널 몇 명을 초청했는데, 이것은 그 실용적 유용성을 나타내는 현상일 것이다.

로버트 벨라, 마크 게이어존

상한과 수준, 계통, 유형, 상태를 이용하면 이 장에서 언급되는 세계관들을 모두 수용할 수 있는 충분한 공간이 마련된다. 이것은 실제로는 보기보다 훨씬 더 간단하다. 몇 가지 구체적인 사례를 살펴보자.

다양한 세계관 이론가들 가운데 다수는 하나의 상한에 초점을 맞추고 그 상한의 중요한 단계나 유형을 개괄적으로 설명한다([그림

3-6]에 이 일반적인 '단(單)상한' 현상의 몇 가지 예가 나와 있다). 가령 로버트 벨라(Robert Bellah)는 좌하상한과 두 가지 주요 수준, 즉 신화-멤버십 수준(파란색)과 그 두 가지 주된 유형(공화주의와 성서주의) 및 자아-합리적 수준(오렌지색)과 그 두 가지 주된 유형(실용주의와 치료법. 치료법의 하위 집단 중 하나는 녹색이다)에 초점을 맞춘다. 처방이 어쩌면 파란색으로 너무 심하게 치우쳐 있을 수는 있지만, 그의 분석은 좌하상한의 이들 네 가지 수준-유형들에 대한 훌륭한 사회학적 기술이라고 나는 생각한다.[6]

마크 게이어존(Mark Gerzon)은 오늘날 미국에 존재하는 여섯 가지 주요 '국민 유형' 또는 '신념 체계'를 제시한다. 종교주의, 자본주의, 반정부주의, 미디어주의, 뉴에이지 그리고 정치주의는 그 명칭들이 암시하는 거의 바로 그것을 의미한다. 주로 녹색 밈(놀라운 다원적 민감성)을 통해 수행된 그의 분석은 미국에 존재하는 중요한 세계관들 몇 가지에 대한 또 하나의 유용한 기술적 현상학이다(그 상관관계에 대해서는 주석에서 개괄적으로 설명할 것이다).[7] 이런 '국민'들은 모두 첫 번째 층이라는 것에 주목하자. 주위에서 두 번째 층의 조직들이 풍부하게 출현할 수 있는 두 번째 층의 국민들이나 인구의 주된 구심점은 없다(가이아나 '변용적' 국민들은 절대 다수가 녹색/자주색/빨간색이며, 극히 일부인 2% 미만이 두 번째 층과 상위의 관심사에 적극적으로 관여하고 있다). 그러나 두 번째 층의 활동 기반이 없다면 게이어존이 지혜롭게 추천하는 '새로운 애국심'은 기껏해야 산발적인 것으로 남을 것이다.

수직적 깊이

탤컷 파슨스의 분류는 유용하기는 하지만 다수준적 현상을 고려하지 않은 결과 나타나는 한계점의 사례가 된다. 파슨스의 연속체(우파 체계주의자, 우파 경계주의자, 중도 경계주의자, 좌파 경계주의자, 좌파 체계주의자)는 전부 합리적 세계관으로, 합리적 수준에서 바라볼 수 있는 몇 가지 유형의 세계관들에 대한 본보기다. 이 스펙트럼은 합리적 수준들의 위나 아래에 이르는 **수직적** 구조가 아닌 그 내부의 **수평적** 구조로, 내적 인과관계에 대한 체계적 신념(우파 체계주의자)에서 외적 인과관계에 대한 체계적 신념(좌파 체계주의자)까지 이어진다. 제3장에서 보았듯이 의식의 각 수준에는 이용할 수 있는 다양한 수평적 유형이 있다. 정치적 성향은 몇 가지 수준에서 이용할 수 있는 유형이다(빨간색 좌파 또는 우파가 존재할 수 있고 파란색 좌파나 우파, 오렌지색 좌파나 우파 역시 가능하다).[8] 중요한 것은 이것들이 독립적인 척도라는 점, 즉 수평적 수준들과 그런 다양한 수준 내에서 이용할 수 있는 다양한 유형들이라는 점이다.

파슨스의 구조는 대부분 자아-합리적 파동 안의 수평적 유형이다. 따라서 태곳적 파동(베이지색)과 마법적 파동(자주색), 신화적 파동(빨간색/파란색)에서 바라보는 매우 중요한 세계관들이 포함되어 있지 않다(또는 심지어 인식조차 되지 않는다). 파슨스는 전세계 인구의 70% 가까이를 차지하는 파동을 전부 놓치고 있는 것이다(더 높은 심령, 정묘, 시원의 초정신적이고 초개인적인 파동은 말할 것도 없고 말이다. 잠시 후에 이에 대해 살펴볼 것이다).

파슨스의 구조에서 부족한 것은 물론 수직적 깊이의 차원으로, 이것은 이 장에서 논의하는 전통적 이론가들 모두에게 일반적으로 해당한다.[9] 사실 이 장에 등장하는 이론가들은 (이블린 언더힐을 제외하고) 모두 주로 합리적 수준에서 비롯되며, 그 관점에서는 매우 유용한 일련의 세계관들을 제공해 준다. 그러나 계속하여 보게 되듯이 그들의 중요하지만 제한된 관점을 온상한, 온수준의 시각으로 보충할 필요가 있다. 특히 상위 수준들 그 자체에 관해서, 그리고 더 중요하게는 세계 인구에서 압도적으로 우세한 발달의 **초기 단계** (자주색, 빨간색, 파란색)에 관해서 말이다.

프랜시스 후쿠야마: 『역사의 종말』

오늘날 세계 정세에 대한 가장 영향력 있는 분석가는 프랜시스 후쿠야마와 사뮤엘 헌팅턴이고, 대중적 수준에서는 토마스 프리드먼이 있다. 이들 사이의 차이점은 서로 다른 상한과 수준, 계통에 중점을 두는 것의 차이를 분명히 보여 준다. 후쿠야마(『역사의 종말 (*The End of History and the Last Man*)』)는 자아-합리적 수준(오렌지색)과 그 **자아 인식의 욕구**(매슬로의 욕구 단계에서는 자아존중의 욕구에 해당)를 강조한다. 그는 자유주의적 경제 국가가 이 상호 인식을 역사상 그 어떤 체계보다 효과적으로 전달해 왔다는 것에 주목한다. 그는 따라서 이 점에 있어서는 역사적으로 중요한 변화가 더 이상 일어날 수도 없고 일어나지도 않을 것이며, 그런 의미에서 자유주의 서구가 승리를 거두어 역사를 '종식시켰다'고 생각한다.

후쿠야마의 주장에는 중요한 진실이 있다. 문제는 그의 분석이 우리가 살펴본 것처럼 전세계 인구의 30% 정도를 구성하는 자아-

합리적, 후인습적, 세계중심적 수준(오렌지색과 녹색)에서만 유효하다는 점이다. 더구나 세상 사람들은 아무리 자아-합리적, 자유주의적, 후인습적 국가에서 태어난다고 해도 모두 1단계(태곳적, 베이지색)에서 존재를 시작하며, 발달의 나선을 거치며 이동해야 하고 대여섯 단계를 지나야 후인습적(오렌지색) 의식에 이르게 된다. 그러나 4상한 전체에서의 요인들 때문에 전세계 인구의 1/3 미만이 여기에 해당할 뿐이며, 따라서 나머지 약 70%는 후쿠야마의 자아-합리적 파동(오렌지색)에 대한 사랑은 고사하고 그에 대한 인식조차 공유하지 못하고 태고, 마법, 신화(자주색, 빨간색, 파란색)의 변형을 선호한다. 요컨대 후쿠야마의 분석은 좌측 상한의 오렌지색 밈과 우하상한의 자유자본주의 경제적 요인들에 그 기반을 두고 있으며, 이는 세계 인구의 다수를 차지하는 오렌지색 이전의 발달 단계를 배제하게 되는 것이다.

사뮤엘 P. 헌팅턴: 『문명의 충돌』

여기서 사뮤엘 헌팅턴의 분석이 매우 유용하다. 세계중심적, 후인습적인 오렌지색과 녹색 밈 '아래에'(우리 자신의 문명을 포함하여) 다양한 인종중심적 문명의 뿌리와 기반이 있기 때문이다. 이런 인종중심적 문명들 다수가 세계중심적 이상을 가지고 있기는 하지만, 각각의 문명에 속하는 많은 사람들은 의식 전개의 자주색, 빨간색, 파란색(그리고 드물게는 오렌지색) 파동에 머무르고 있다. 헌팅턴의 분석에서는 아홉 가지 이런 거대한 문명 단위를 제시하는데, 서구, 라틴아메리카, 아프리카, 이슬람, 중국, 힌두, 그리스 정교회, 불

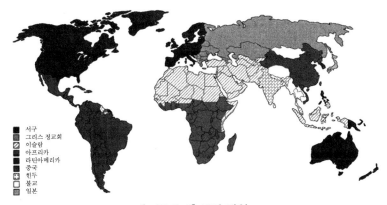

서구
그리스 정교회
이슬람
아프리카
라틴아메리카
중국
힌두
불교
일본

[그림 6-1] 문명 단위

출처: 승인을 얻어 사뮤엘 P. 헌팅턴의 『문명의 충돌(*The Clash of Civilizations*)』
　　　(뉴욕 사이먼 & 슈스터, 1996년, 26~27페이지)에서 인용

교, 일본이 여기에 해당한다([그림 6-1]을 참조하라). 이것들은 말하
자면 인간 문화의 수평적 지질구조판이며 이를 고려하는 것은 절대
적으로 중요하다. 헌팅턴은 이런 판들이 국제 정치, 상업, 전쟁 그
리고 외교에서 주된 동기유발요인에 해당한다고 설득력 있는 주장
을 편다.[10]

　다음에서 보게 될 것처럼, 헌팅턴은 문명에 대한 상당히 폭넓은
정의를 제시하기는 하지만 특히 좌하상한 또는 구체적 의미에서는
문명에 초점을 둔다.[11] 그리고 그의 권고 사항은 파란색 밈 또는 보
수주의 · 공화주의적 입장에 심하게 치우쳐 있다(많은 자유주의자들
은 이것이 나쁘다고 주장할 테지만, 반드시 그렇지는 않다. 세계 인구의
70%는 파란색 또는 그 아래에 해당하는 것을 기억해야 한다. 로마에 가면
로마법을 따라야 하는 것이다. 더구나 앞에서 보았듯이, 내적 인과관계와
파란색까지의 내적 단계를 인식한다는 정확히 그 이유 때문에 보수주의
자들은 자유주의자들보다 훨씬 더 믿을 만하고, 그런 내적 영역에 대해 보

다 현실적인 판단을 할 수 있는 경우가 많다. 자유주의자들은 보통 내적 영역을 전혀 인정하지 않기 때문에, 외적 변화를 요구하면서도 내적 영역에서는 문자 그대로 눈을 가리고 지나간다).

인간 역사의 대부분에 걸쳐 좌측 상한과 우측 상한은 서로 발맞추어 발달했다. 좌하상한의 태곳적(베이지색)에서 마법적(자주색), 신화적(빨간색/파란색)을 거쳐 합리적(오렌지색)에 이르는 진화에는 각각 수렵채집사회에서 원예농업사회, 농경사회를 거쳐 산업사회에 이르는 우하상한의 기술적 발달이 수반되었다([그림 4-4]를 참조하라). 마법적 세계관은 수렵채집 기반과 함께 했고 신화적 세계관은 농경 기반, 합리적 세계관은 산업 기반과 함께 했던 것이다.

그러나 근대성의 발흥(합리적-산업적)과 함께 경제 교류의 세계화가 증가하며 아주 강렬한 유형의 다(多)수준적 현상이 가능하게 되었다. 예를 들어 부족 공동체는 합리적-산업적 기술에 접근할 수 있으며 이것은 끔찍한 결과를 가져오는 경우가 많다. 더구나 같은 유형의 수준 간 접근은 특정한 문화 내에서도 일어날 수 있는데, 아우슈비츠 수용소는 합리적-기술적 역량(오렌지색)이 매우 전합리적인(빨간색/파란색) 인종중심적 퇴행의 손에 이용된 결과물이었다. 오늘날 거의 모든 민족 집단이나 봉건적 질서가 역사적으로 그 스스로는 결코 만들어 낼 수 없었던 핵무기와 생화학무기를 손에 넣을 수 있고, 그 결과는 문자 그대로 폭발적이다. 우리가 앞서 주목하기 시작했듯이, 우측 상한은 모두 **물질적**이라는 바로 그 이유 때문에 (기술적 방식에서 핵무기에 이르는) 이런 인공 물질들은 내적인 좌측 상한의 발달에서 거의 **모든** 수준에 있는 개인들이 손에 넣을 수 있다. 그들 자신은 결코 그것을 만들 수 없더라도 말이다. 이런 종류의 현상들로 인해 오늘날 국제 정치에서는 상한과 수준, 계통에 대한 비교수준적(cross-level) 분석이 절대적으로 필요하며, 그 보다 미흡한 분석은 존립할 수 없게 되었다(이 중요한 주제에 대해서는 다시 논의할 것이다).

여기에서 본질은 단지, 문명이 (발달의 수준이 높을수록 그에 해당하는 개인의 수는 적은) 발달의 피라미드에 대한 부분적인 증거가 된다는 것이다. 이는 앞에서 이야기했듯이 세계 인류의 대부분이 초기 또는 기초적 파동, 주로 자주색과 빨간색, 파란색(그리고 더 드물게는 오렌지색)에 해당한다는 것을 의미한다. 이것은 도덕적 판단이 아니다. 이런 단계들은 모두 모든 문화에서 매우 중요한 기능을 수행할 뿐 아니라 그 이상의 발달을 위해 필요한 주춧돌이다. 앞서 보았듯이 아무리 수준이 높거나 발달된 사회에서도 모든 사람은 출발점에서 태어나고 거기에서 위대한 전개가 시작된다. 따라서 최우선적 지침은 우리의 판단이 미치는 데까지 발달의 나선 전체의 건강을 보호하며 촉진하는 방식으로 행동하고, 마음에 드는 파동에 부당하게 특권을 부여하지 않는 것이다.

그러나 이것은 분명 새로운 현실정치가 인구의 대부분이 (전인습적) 자주색/빨간색과 (인습적) 파란색에 머무른다는 것을 인식하면서도 나선 전체를 고려할 것임을 의미한다. 따라서 세계 인구의 대부분은 자기중심에서 인종중심단계에 해당하며, (헌팅턴의 말처럼) 이런 인종중심적 구역들은 세계적 경향을 형성하는 데 막대하게 관여할 것이다. 다음에서 보게 되듯이 유일하지는 않지만 아주 중요한 영향력을 행사하면서 말이다. 제1장에서 보았듯이 벡과 코완은 세계 인구의 10%가 자주색, 20%가 빨간색, 40%가 파란색에 해당한다고 추정했으며, 따라서 세계 인구의 약 70%라는 엄청난 수가 인종중심 또는 더 낮은 수준에 무게중심을 가지고 있는 것이 된다.

이것은 또한 세계 인구의 70% 정도가 후쿠야마의 분석이 효과를 나타낼 수준에 미치지 못한다는 의미이기도 하다(세계 인구의 100% 가까이가 일생 동안에 오렌지색에 이를 것으로 기대될 수 있다면 이는 후쿠야마의 기준에 따르면 일종의 '역사의 종말'이 될 것이다. 그러나 그렇다고 해도 이것은 100년이나 200년 후의 일이 될 것이다. 게다가 그 이후에는 녹색, 노란색, 청록색이 있고 산호색/심령 등이 이어진다. 안타깝지만 역사는 결코 끝나지 않을 것 같다).

수직과 수평

헌팅턴의 분석은 어느 정도까지는 훌륭하고 유용하지만, 안타깝게도 주로 수평적 관점에서 이루어졌다. 그는 이런 거대한 문명 단위들의 존재와 엄청난 중요성은 인정하지만, 이런 단위들의 중요한 고고학적 단층에 해당하는 발달의 수평적 수준(가령 자주색, 빨간색, 파란색, 오렌지색, 녹색, 노란색 등)은 인정하지 않는다. 오늘날 존재하는 아주 현실적인 영역들의 표면에 대한 이해를 제공하지만, 그런 단위들의 기반에 대한 심도 있는 발달상의 분석은 제공하지 않는 것이다. 헌팅턴의 수평적 분석에 이런 수직적 차원을 더함으로써, 즉 지질구조판뿐만이 아니라 그런 판들의 고고학적 수준도 인정함으로써 우리는 더 믿을 만한 정치적 판단을 할 수 있게 해 주는 훨씬 더 통합적인 관점을 갖게 될 것이다.

이 온상한, 온수준 접근법에 포함될 수 있는 것들에 대한 사례를 몇 가지 들어 보자. [그림 6-2]는 돈 벡과 그레이엄 린스콧의 『도가니: 남아프리카의 미래를 구축하기(The Crucible: Forging South

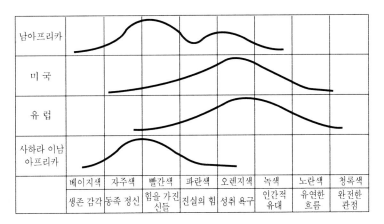

	베이지색	자주색	빨간색	파란색	오렌지색	녹색	노란색	청록색
남아프리카								
미 국								
유 럽								
사하라 이남 아프리카								
	생존 감각	동족 정신	힘을 가진 신들	진실의 힘	성취 욕구	인간적 유대	유연한 흐름	완전한 관점

[그림 6-2] 가치 체계 모자이크

출처: 승인을 얻어 돈 벡과 그레이엄 린스콧의 『도가니: 남아프리카의 미래를 구축
하기』(남아프리카 요하네스버그, 뉴패러다임 프레스, 1991년, 80~81페
이지)에서 인용

Africa's Future)』에서 인용한 것으로, 미국과 유럽, 사하라 이남의
아프리카와 남아프리카의 성인 인구에서 나타나는 평균적 밈의 구
성을 보여 준다. 이런 종류의 수직적 분석을 헌팅턴의 수평적 분석
에 추가함으로써 우리는 다양한 인구 집단에서 실제로 일어나고 있
는 정치적, 군사적, 문화적 측면 등의 사건들에 대한 보다 3차원적
이고 종합적인 색인을 얻게 될 것이다.

[벡은 인종차별을 허물고 있는 사람들과 작업을 하면서 남아프리카에
60번 넘게 방문했다. 물론 자유주의자들은 보통 '단계'나 '수준'이 소외적
이고 억압적이라는 입장이지만, 사실 이것은 단계의 개념을 오용하는 경우
와 계층적 단계나 계층에 반대하는 정치적 올바름(political correctness)을
이용하여 어떻게든 남들을 억압하려고 하는 사람들에게만 해당된다. 벡은
단계 개념을 올바르게 사용하면 사람들을 인종적 편견에서 해방시키는 데
실제로 도움을 줄 수 있다는 점을 지치지 않고 지적해 왔다. "검은 사람과

하얀 사람이라는 것은 없다. 자주색 사람과 파란색 사람, 오렌지색 사람, 녹색 사람 등이 있을 뿐이다." 넬슨 만델라와 줄루족 지도자인 몽고수투 부텔레지 둘 다 이 분야에서의 창의적 연구에 대해 벡을 칭찬했다는 것은 놀랄 일이 아니다.]

이 그림에서 바로 눈에 뜨이는 것이 몇 가지 있다. 유럽과 아메리카는 오렌지색에 무게중심이 있고 파란색과 녹색 집단도 강력하다(내가 『부머리티스』에서 지적하려 했듯이, 사실 '문화 전쟁'의 대부분은 파란색의 보수주의가 녹색의 자유주의와 싸우는 것이다). 사하라 이남의 아프리카는 여전히 자주색에서 빨간색의 부족 의식에 중심을 두고 있다. 북아프리카와 중동의 상당 부분은 (주로 코란의 좁은 종교 측면에 기반을 둔) 강력한 파란색 가부장제와 봉건 질서가 지배하고 있다. 헌팅턴의 수평적 문명 단위는 따라서 실제로는 수평적 밈 구조 역시 포함하고 있으며 이런 두 차원 모두를 감안하는 것이 매우 중요해 보인다.

남아프리카의 상황은 서로 다른 **수평적** 문명(유럽 대 사하라 이남의 아프리카)과 **수직적** 밈 구조(자주색/빨간색 대 파란색/오렌지색)의 충돌이라는 바로 그 이유 때문에 특히 어려웠다. 인종차별 그 자체는 전형적인 파란색 구조였다(인종차별에서 카스트 제도에 이르는 동서양의 지배자 사회 계층은 거의가 오직 파란색 신화-멤버십 구조에서만 발견된다). 이 파란색의 기반 위에 남아프리카의 백인들은 강력한 오렌지색 자본주의 국가를 건설했다. 아주 급격하게, 그리고 무엇이 그것을 대체할 것인지에 대해서는 아마도 별 생각 없이 인종차별이 철폐되었을 때 남아프리카는 혼란에 빠졌다. 물론 인종차별은 해체되어야 했지만, 남아프리카인들은 유럽의 것을 대체할 수 있는 그들 자신의 파란색 구조를 자라게 할 시간이 조금 더 필요했다. 남아프리카의 지도자들과 가까운 관계를 유지해 온 벡의 말에 따르면, 파란색 구조의 성장은 어렵게 단속적으로 머뭇거리며 진행되고 있다(내적 단계에 대한 일반적 믿음이 부족한 녹색 자유주의자들은 아직 도움을 주지 않고 있다. 이들은 그저 모든 파란색 구조를 해체해야 한다고 주장해 왔지만 이것은 나선 전체에 심각한 손상을 줄 뿐이다).

남아프리카에서와 마찬가지로, 정말로 어려운 국제 정세 가운데 다수는 (수평적 범위에서) 문명 단위의 충돌과 (수직적 범위에서) 밈들의 전쟁이 동시에 벌어진 결과다. 베트남은 두 문명(중국과 서구)이 서로 다른 발달 수준(빨간색/파란색과 오렌지색/녹색)에서 충돌하는 끝없는 수렁이었으며, 그 결과 기업형 국가인 미국은 고대 국가와 봉건 제국의 진흙탕에 빠지게 되었다.

세르비아의 갈등은 최소한 네 가지 발달 수준(자주색 민족 부족, 빨간색 봉건 제국, 파란색 고대 국가, 오렌지/녹색 국가)에 걸쳐 있는 최소한 세 가지 문명(그리스 정교, 이슬람, 서구)이 격렬하게 충돌한 것이기 때문에 완전한 악몽이 되고 있다. 슬로보단 밀로셰비치는 파란색 고대 국가인 세르비아를 차지했고 빨간색 종족의 인종 청소와 성폭행, 고문을 촉발시켰다. 민감한 녹색의 자유주의자인 빌 클린턴과 토니 블레어는 녹색 인권을 지키려고 개입했으나, 파란색 고대 국가인 러시아와 중국, 이란은 클린턴과 블레어야말로 진짜 전범이라고 간주하여(그들의 밈 구조에서 보면 이것은 완벽하게 이해할 만한 일이다) 이를 무시했다. 이 지역에서 실질적인 변화는 아직 일어나지 않았으며, 지질구조판과 밈들은 다음 지진을 대비하며 여전히 극단적으로 불안정한 상태에 놓여 있다.

수직적 파동 또는 밈의 중요한 역할은 독일의 통일에서 한층 더 이해할 수 있다. 독일인들은 동일한 문명 단위와 동일한 유전자, 상당히 유사한 역사를 공유했지만, 냉전 시대의 사건들 때문에 동독은 마르크스 근본주의 국가권력(본질적으로 일당 독재와 국가에 대한 복종을 기반으로 한 파란색 고대 국가)의 지배를 받았고 서독은 강력한 녹색 요소를 가진 오렌지색 기업형 국가로 발달했다. 따라서 통일은 주로 이런 아주 다른 두 가지 문화-발달적 파동(파란색과 오렌지색/녹색)을 결합시키는 문제였다. 물론 양 독일의 배후에는 매우 강력한 오렌지색 기술로 무장하고 자주색/빨간색 인종 청소와 홀로코스트로 퇴행했던 세계 제2차 대전, 근대성이 가능하게 했던 기이한 다수준적 악몽의 일시적 광기가 도사리고 있다. 독일의 통일에서 직면한 어려움은 수평적인 문명의 충돌이 아니라 수직적인 밈들의 충돌이었다.

구소련도 마찬가지다. 표면상으로는 현대 국가지만 그 기반구조는 권위주의적 규율과 일당 지배, 계획 경제와 집단생산주의 이상을 갖는 파란색 고대 국가에 해당했다. 이런 환경에서는 개인의 진취성이 주도하는 오렌지색 밈의 자본주의 시장은 발달할 수가 없기 때문에, 시장 경제와 유사한 뭔가가 상당히 갑작스레 도입되었을 때 고대 국가는 오렌지색 현대 국가로 진화하지 못하고 여러 면에서 빨간색 봉건 제국으로 퇴행하고 말았다. 갱들과 군벌 범죄자들의 전쟁이 만연하고 러시아 마피아가 시장의 상당 부분을 통제했다. 여기에 고대 국가가 현대 국가로의 어려운 발달을 계속하면서 우하상한의 구조적 결핍이 수반되었고, 말할 필요도 없이 현 시점에서 녹색의 인권에 대해서는 우려하거나 관심을 가질 여유가 거의 없다.

이와 비슷한 문화적·발달적 투쟁은 파란색 고대 국가가 오렌지색 현대 국가를 향해 간헐적으로 이동하고 있는 중국 본토에서도 일어나고 있다. 일반적으로 말하자면 녹색의 인권을 주된 문제로 삼는다고 해서 이 발달에 도움이 되지는 않는다. 파란색 국가는 직관적으로(그리고 정확하게) 녹색의 인권이 파란색 구조를 부식시키고 해체할 것임을 이해하며 중국의 경우 이것은 재앙을 의미한다. 중산층의 증가, 기술의 발달, 객관적 인권에 대한 존중, 개인적 진취성의 해방과 함께 오렌지색 기반구조가 뿌리를 내리기 시작해야 비로소 녹색의 인권이 호소력까지는 아니라도 약간의 의미를 가질 수 있다. 파란색 국가가 녹색의 다원주의로 이동하기를 원한다 해도 그것은 구조적으로 불가능하며, 따라서 이 문제를 강조하는 것은 그저 반동적이고 피해망상적인 반응을 강화시키는 경향이 있다.

이 모든 것을 통해 문명과 그 불만에 대한 중요한 사실이 두드러지게 되는데, 즉 외적 발달은 그에 상응하는 내적 발달이 동반되어야 이행되고 지속될 수 있다는 것이다. 어느 한 쪽이 다른 쪽보다 중요한 것이 아니라 양쪽이 함께 흥망성쇠를 겪는다는 것이다. 온상한, 온수준 분석은 이 근본적인 문제에 발 디딜 곳을 마련해 준다.

비열한 녹색 밈

헌팅턴의 분석에는 비록 수직적 깊이가 결여되어 있지만, 그는 수평적 문명 단위가 어떻게 국제 정치와 상업, 문화 교류 그리고 전쟁의 주된 요인들에 해당되는지에 대해 훌륭하게 분석했다. 대단히 추천할 만한 이 분석 전체는, 자기중심에서 인종중심, 세계중심에 이르는 커다란 발달의 나선에서 세계 인구의 대부분은 인종중심적 단계에 있으며 지난 천 년 동안 그랬듯이 앞으로도 기약 없이 오랫동안 거기에 머물러 있을 것이라는 사실에 대한 증거다. 이것은 세계중심적 문화가 나타날 수 없거나 나타나지 않을 것이라는 이야기가 아니다. 사실 헌팅턴은 (다음에서 보게 되듯이) 지금 이것이 일어나고 있다는 몇 가지 증거를 발견하기도 했다. 다만, 다양한 문명 단위들의 무게중심이 인종중심 단계에 크게 치우쳐 있고, 발달의 피라미드 때문에 이런 인종중심적 집단들이 개인적 · 문화적 의식에서 언제나 강력하고 종종 지배적인 요인이 될 것이라는 이야기다.

그 다음에 헌팅턴은 정책 측면의 권고 사항을 제시하는데, 이것들이 파란색 밈(일반적인 공화주의 · 보수주의적 세계관)에 크게 치우쳐 있음은 의심의 여지가 없다. 이것은 자유주의자들과 녹색 밈을 몹시 화나게 하는 경우가 많았다. 다양성과 다문화주의, 감수성이라는 그들의 공식적인 목표를 침해하기 때문이다. 그러나 다시 한번 말하지만, 후쿠야마의 분석과 마찬가지로 자유주의 녹색에 대한 분석은 세계 인구의 아주 작은 비율에만 적용된다. 사실 벡과 코완은 세계 인구의 10% 미만만이 녹색에 해당한다는 것을 발견했다 (그리고 그 거의 대부분은 서구 문명에 존재하는데, 이것은 서구 문명을 제외한 모든 것을 옹호하는 녹색 다문화주의자들에게는 엄청나게 당황스러운 일이다).

더구나 나머지 인구가 녹색에 이르기 위해서는 개개인이 자주색에서 빨간색, 파란색, 오렌지색을 거쳐 녹색으로 발달해야 한다. 벡과 코완(그리고 사실상 모든 발달 연구자들)이 끊임없이 강조하듯이 (어떤 명칭으로 부르더라도) 파란색 밈은 (녹색을 포함하여) 보다 상위 단계를 위한 절대적으로 중요하고 피할 수 없으며 필수적인 구성 요소다. 그럼에도 불구하고 녹색은 파란색을 발견할 때마다 그것을 파괴하기 위해 힘닿는 일이라면 뭐든지 하려 한다. 나선역학에서 표현하듯이 '녹색은 파란색을 해체' 하고, 그렇게 하는 과정에서 벡의 표현을 빌면 "녹색은 지난 30년간 그 어떤 다른 밈보다 큰 해를 끼쳤다."

녹색 밈의 이야기가 틀렸다는 것이 아니다. 시기가 아주 좋지 않을 뿐이다. 그저 세계가 일반적으로(그리고 아프리카의 상당 부분이) 녹색의 다원주의를 받아들일 준비가 되어 있지 않은 것이다. 그보다 더한 것은, 헌팅턴의 전적으로 올바른 지적과 같이 역사상 다원적 의제를 받아들인 어느 문명도 살아남지 못했다는 점이다. 이것은 그러나 헌팅턴의 생각처럼 문명이 그렇게 해서는 살아남지 못하기 때문이 아니다. 단지 인구의 10% 이상이 실제로 녹색 파동에 위치하기 전까지는 문화의 무게중심이 녹색 이전의 단계에 크게 치우쳐 있을 것이며, 따라서 모두에게 다원주의와 다문화주의를 강요하는 문명은 '해체' 라는 표현이 의미하는 것보다 더 빠른 속도로 허물어질 것이기 때문이다. 녹색이 이룬 업적보다 그 폐해가 더 큰 경우가 많다는 벡의 이야기가 의미하는 바가 이것이며, 헌팅턴 역시 이를 날카롭게 비판하고 있다.

그러나 커다란 차이점은, 벡은 최우선적 지침에 기반을 둔 녹색 이후의 분석을, 즉 녹색이 파란색을 해체할 때 발달의 나선에 심각한 손상을 입힌다는 것을 제시한다는 점이다. 이는 자주색과 빨간색이 더 발달하는 것을 전혀 불가능하게 만드는 것인데, 왜냐하면 그 발달을 받아들일 파란색의 기반이 없어지기 때문이다. 그래서 녹색은 국내외에서 인간 발달의 나선 전체에 끔찍한 피해를 입히고, 그 결과 스스로가 할 수 있고 또 실제로 해 왔던 명백한 선(善) 가운데 상당 부분을 없애 버리게 된다. 최우선적 지침은 파란색과 녹색을 포함한 모든 밈을 나선 전체의 필수적 일원으로 간주함으로써 각각이 나선 전체의 건강에 자신만의 중대한 기여를 할 수 있도록 하는 것이다.

반면 헌팅턴은 녹색에 대해 녹색 이전에 해당하는 공격을 가한다. 녹색을 좋아하지 않기 때문에 파란색을 옹호하는 것이다(그는 주된 문명 단위들의 중요성과 타당성을 인정하는 '국제적 다원주의'라고 부를 만한 개념을 공격하지는 않는다. 사실 헌팅턴은 국제적 다원주의를 강하게 옹호한다. 대신 미국에서의 다문화주의를 공격하는데, 이것이 어떤 필수적인 기반들을 무너뜨리고 있다고 생각하기 때문이다). 이로 인해 여러 자유주의자들은 헌팅턴의 주장에서 중요한 점들을 완전히 무시하게 되었다. 그러나 비록 헌팅턴의 권고 사항이 파란색에 크게 치우쳐 있다 하더라도, 우리는 그것을 출발점으로 삼아 시작해야 하는 경우가 많다. 우연이든 아니든 녹색은 국내외에서 파란색의 기반구조에 손상을 입혔고 (조지 W. 부시가 '낮춰진 기대에 대한 편견'[1]이라고 부른 것을 뒤집으며) 구조적 재정비가 현명하게 제자리를 잡고 있다.

튼튼한 파란색과 오렌지색의 기반 위에 녹색의 이상이 세워질 수 있다. 파란색과 오렌지색이 없으면 녹색도 없는 것이다. 따라서 파란색과 오렌지색에 대한 녹색의 공격은 완전히 자살행위에 해당한다. 그뿐만이 아니라, 고도로 발달한 탈형식적 녹색은 모든 '다문화주의' 운동을 옹호하면서 다른 밈들이 녹색으로 성장하지 않도록 조장하는 역할을 한다. 녹색이 성공을 거둘수록 스스로를 파괴하게 되는 것이다. 따라서 모두가 감수성을 갖도록 지시하는 질서 좌파

---

1) The soft bigotry of lowered expectation: 엄격한 학업 성취도 달성을 요구하지 않는 미국 공교육의 문제점을 묘사한 표현

의 명령 대신 최우선적 지침을 받아들여 발달의 나선 전체를 촉진하는 방법을 지지하는 것은 녹색에 크게 득이 되는 일이다.

미국 성인 인구의 약 20%를 차지하며 폴 레이가 '통합적 문화'라고 잘못 이름 붙인 것의 핵심인 녹색 밈은 현재 두 번째 층의 순수한 통합 구조로 이동할 수 있는 기회가 있다. 녹색 밈은 지난 30년간 학계와 문화 엘리트, 자유주의 정치의 상당 부분을 맡아 왔지만 지금은 (내부적 자기 모순과 정치적 의제 설정의 실패, 정치적으로 올바른 사상 경찰의 가혹한 편협함, 아무것도 우월하지 않다고 하는 세상에서 스스로가 우월하다는 주장, 극단적 포스트모더니즘의 허무주의와 자아도취, 홀라키를 공격적으로 소외시킨 결과로 인한 통합 비전의 결여 등) 모든 면에서 공격을 받고 있다. 다른 밈들이 주도권을 잃기 시작할 때 일어나는 일과 같이 그 재판관들은 적대적이고 반동적인 방어를 시작했다. 이것은 '비열한 녹색 밈'이라고 불릴 만한 것으로 특히 부머리티스의 안식처가 된다. 그리고 오늘날 정말로 통합적이고 더 포괄적인 접근법을 가로막는 주된 장애물 가운데 부머리티스와 이 비열한 녹색 밈이 있다. 건강한 녹색 밈의 여러 가지 긍정적이고 중요한 필수적 기능들은 남겨 놓고 비열한 녹색 밈의 주도권이 다음 10~20년 내에 무너질지, 그 지지자들이 소멸할 때까지 격렬하게 버틸지(이것이 역사로부터 판단하건대 예상되는 전개다)는 두고 볼 일이다.

그럼에도 불구하고, 더 많은 사람들이 녹색 파동에 있을수록 더 많은 사람들이 두 번째 층 의식의 초공간으로 도약할 준비가 되어 있는 것이다. 거기에서 세계의 문제들에 대한 정말로 통합적인 접근법을 생각하고 실행에 옮길 수 있다.

세계 문명

헌팅턴은 후인습적이고 세계중심적인 세계 문명의 출현을 인정하는 것으로 우울한 논의를 끝마친다. 이것은 바로 지금 천천히 시작되고 있으며, 오렌지색과 녹색의 성질을 띨 뿐만 아니라 통합적인 두 번째 층의 파동을 직감하기 시작하는 것이다. 일종의 통합적, 전지구적인 세계 문명 말이다. 헌팅턴의 권고 사항이 이 수준으로부터 나온 것은 아니지만 그는 분명히 그것을 인정하며, 세계가 그 통합적인 방향으로 천천히 움직이고 있다는 것을 인정한다.

헌팅턴은 보통 '보편주의'라고 부르는 것이 실제로는 제국주의에 지나지 않는다는 것에 주목한다. 즉 서구 문명과 같은 하나의 문명이 그 가치를 다른 모두에게 강요한다는 것이다. 이것은 헌팅턴과 내가 둘 다 절대적으로 거부하는 보편주의다. 그러나 헌팅턴은 '공통성'의 보편주의로 더 나아가는데, 이것은 문화들 사이의 여러 중요한 차이점들을 인정하고 존중하는 것에 더해 우리가 아주 작은 행성에서 살고 있는 인간들로서 공유하는 것들을 소중히 여기려 시도한다는 의미로 내가 강력하게 동의하는 건강한 보편주의다(나는 이것을 다양성 안의 통일성, 보편적 다원주의, 하나와 다수의 결합, 보편적 통합주의 등으로도 부른다). 헌팅턴은 "다양한 문명으로 이루어진 세계에서 건설적인 전개의 방향은 보편주의[제국주의]를 포기하고 다양성[국제적 다원주의]을 받아들이며 공통성[건강한 보편주의]을 추구하는 것이다."라고 말한다. 나도 완전히 동의한다.

건강한 보편주의와 (통합적 문명인) 세계 문명에 대해 헌팅턴은 다음과 같은 결론을 내리며 나는 이 결론이 옳다고 생각한다. "만약 인류가 정말로 **보편적 문명**을 발달시킨다면, 그것은 이런 공통성들을 탐구하고 확장시키는 것을 통해 서서히 출현할 것이다. 따라서 (중략) 모든 문명에 속하는 사람들은 다른 문명의 사람들과 공통으로 가지고 있는 가치와 제도, 관행을 찾고 그것들을 확장하려 노력해야 한다."

그리고서 그는 문제의 핵심, 즉 인종중심(파란색)에서 세계중심(그리고 통합)으로의 변용으로 다가간다. "이 노력은 문명의 충돌을 제한할 뿐만 아니라 하나의 문명[제국주의가 아닌 건강한 보편주의]을 강화시키는 것에도 기여할 것이다. 이 단일 문명은 짐작하건대 더 높은 수준의 도덕성, 종교, 학습, 예술, 철학, 기술, 물질적 풍요, 그리고 아마 다른 것들의 복합적인 혼합물을 의미할 것이다."(고딕체는 내가 추가한 것이다) 달리 말하면, 나의 표현처럼 (도덕성, 종교, 학습, 예술 등의) 다양한 발달 계통 또는 지류가 (자주색, 빨간색, 파란색, 오렌지색, 녹색 등의, 아니면 간단히 자기중심에서 인종중심, 세계중심에 이르는) 발달의 수준 또는 파동을 거쳐 가며, 지질구조판이 실제로 자기중심에서 인종중심, 세계중심으로 이동한다는 바로 그 이유 때문에 여러 가지 계통의 발달 수준이 높을수록 세계 문명이 출현할 가능성이 더 커지는 것이다. 헌팅턴의 분석은 세계 인구의 대부분이 여전히 인종중심적 단계에 있으며 현실정치가 정말로 세계중심적인 뭔가에 이르고 싶다면 이것을 감안해야 한다는 점을 일깨워 준다.

그와 동시에 세계중심적 문명은 획일화된 제국주의의 균질한 곤죽 같은 것이 아니라 다양성 안의 통일성이 이루는 풍부한 형형색색의 직물로, 통일성이 강조되는 것만큼이나 다양성도 강조된다. 인종중심적 다양성만을 옹호하는 일(이것은 분열과 소외, 전쟁 같은 모든 참상으로 이어지며 헌팅턴은 그 연대기를 매우 통렬하게 기록하고 있다)은 없다.

그리고서 헌팅턴은 책 전체를 통해 초점을 맞추고 있는 결정적인 질문을 제시한다. "인류 문명 발달의 흥망성쇠를 어떻게 기록할 수 있을 것인가?" 그의 책은 이 질문으로 끝을 맺는다.

물론 내가 제안하는 것은 '온상한, 온수준, 온계통' 접근법이 이용 가능한 최고의 방법 가운데 하나라는 것이다. 자기중심에서 인종중심, 세계중심으로의 놀라운 전개를 그 모든 위험천만한 흥망성쇠에 대해 기록하고, 그리하여 세계중심적 문명, 하나와 다수의 결합이라는 약속의 땅으로 흐르는 물을 더욱 친숙하게 만드는 방법 말이다. 그리고 그것은 마지막 종점이 아니라 새로운 시작일 뿐이다.

토머스 L. 프리드먼: 『렉서스와 올리브나무』

어떤 사람들은 토머스 L.프리드먼을 그저 대중주의자로 간주하지만, 그는 다른 분석가들은 놓치거나 강조하지 못한 몇 가지 사항들에 대해 분명히 지적하고 있다. 불행히도 그의 설명 역시 여섯 가지 주요 영역이나 지류들로 구성된 표면 또는 수평적 문제에만 초점을 맞추고 다른 수준이나 파동에 대한 언급은 전무하다(결정적으로 중요한 발달의 파동을 무시하는 이 이차원적 접근법은 프리드먼만의 방식이 아니라 오늘날의 정치적·사회문화적 분석에서 표준화된 접근법으로, 여기에는 헌팅턴, 즈비그뉴 브레진스키, 폴 케네디, 로버트 카플란 등이 포함된다. 그 점을 제외하면 이들의 연구는 정말로 감탄할 만하고, 그 부분적인 진실들은 그 어떤 통합적 분석에서도 완전히 포함해야 한다).

프리드먼의 여섯 가지 영역 또는 지류에는 정치, 문화, 국가안보, 금융시장, 기술, 환경이 포함되며, 한 가지를 이해하려면 나머지 모두를 이해해야 한다는 것이 그의 주장이다. 그리고서 그는 폴 케네디와 존 루이스 개디스가 마찬가지로 더 '통합적'이고 '전지구적'인 시도를 하는 것을 기뻐하는데, 이 움직임에 대해서는 완전한 박수를 보내기 어렵다. 왜냐하면 그들이 추천하는 '전지구적'이라는 것은 전지구적인 이차원, 이차원적 생명의 직물로 하나의 수준과는 서로 연결되어 있지만 수직적 깊이는 완전히 결여되어 있기 때문이다. 프리드먼이 말하길, "함께 쓴 논문에서 개디스와 케네디는 너무도 많은 나라에서 개별주의자들이 외교정책을 수립하고 분석하는 주체라는 점을 개탄했다. 이 두 예일대학 역사학자들은 다음과 같이 썼다. '이들은 그림의 일부를 이해하는 데는 완벽한 능력을 갖추고 있지만 그림 전부를 보는 것에는 어려움을 겪는다. 그들은 일의 우선순위를 정하고 동시에 따로따로 추진한다. 각각의 일들이 서로를 어떻게 무력화할 수도 있는지에 대해서는 거의 생각하지 않는다. 그들은 나무 하나하나를 보며 자신 있게 나아가지만 숲속에서 길을 잃었을 때는 깜짝 놀라는 것 같다. 지난날 위대한 전략가들은 각각의 나무뿐만 아니라 숲을 보았다. 그들은 제너럴리스트였으며 생태적 관점에서 작업을 했다. 그들은 세계가 모두 서로 연결된 그물망이라는 것을 이해했다. 이런 세계에서는 어느 한 곳에서 이루어지는 조정이 다른 곳에도 영향을 미친다. 그런데 오늘날 어디에서 제너럴리스트를 찾을 수 있는가? (중략) 대학과 싱크탱크가 어느 때보다 좁은 전문 영역으로 가는 것이 지배적 추세다. 몇 가지 분야에 걸쳐 넓게 보는 것보다는 단 하나의 분야를 깊숙이 보는 데 많은 프리미엄을 주고 있다. 그러나 전체에 대한 이해 없이는 전략이 있을 수 없다. 전략이 없으면 표류할 수밖에 없다.'"

그리고 깊이가 없다면 더 많이 표류하게 된다. 케네디와 개디스, 프리드먼을 포함한 그런 이론가들 모두는 거의 전적으로 (시스템 이론, 혼돈과 복잡성 이론, 생명의 직물, 이차원적 전일주의, 기술경제적 세계화 등의) 우하상한에 초점을 맞춘다. 그들은 좌측 상한을 무시하거나, 아니면 지나가는 말로 인정한다 해도 이 중요한 상한들에서 발달상의 깊이가 갖는 수직적 수준을 알아보지 못한다. 따라서 그들은 좌측 상한의 모든 사건을 우측 상한의 기능적 적합성으로 환원하는 미묘한 환원주의를 저지르며, (좌측 상한과 우측 상한의 실재들을 모두 다루는) 통합적 전일주의가 아닌 (우측 상한만의) 이차원적 전일주의를 제시한다.[12]

이차원적 전일주의와 생태학적 생명의 직물에 더해져야 하는 것은 수직적 깊이의 차원과 생명의 피라미드로, 두 차원 모두가 정말로 중요하다. 의식 전개의 파동이라는 수직적 차원이 결여된 분석은 (마침 현실 세계에서 벌어지고 있는 게임인) 3차원 체스가 아닌 2차원 체스를 두는 것과 같다. 결정적으로 중요한 높이와 깊이의 차원이 분석에서 빠져 버리고, 그래서 분석은 자연스럽게 그것을 수행하는 사람의 주관적 발달 수준에서 비롯된다. 보통 이것이 의미하는 것은 파란색, 오렌지색 또는 녹색 밈이 그 자신의 수준에 해당하는 렌즈를 통해 발달의 나선 전체를 이해하려 한다는 것이며, 그 결과는 결코 만족스럽지 못하다.

따라서 나는 이런 분석가들이 끌어들이는 '생명의 직물' 상호연결(두 상한, 수준은 없음)에 갈채를 보내기는 하지만, 더 적합한 개념(온상한, 온수준)을 받아들이는 편이 훨씬 적게 표류하는 전략이라

고 제안하는 것이다.[13]

프리드먼으로 돌아가자. 그가 최근에 출간한 책의 제목인 『렉서스와 올리브나무(The Lexus and the Olive Tree)』는 오늘날 세계에 존재하는 근본적인 갈등 가운데 하나라고 자신이 생각하는 것을 나타낸다. 즉 헌팅턴의 '문명'과 유사한 특정 문화들 사이의 국지적 긴장과 날로 증가하는 세계화 말이다. 렉서스로 대표되는 기술경제적 세계화는 올리브나무로 대표되는 지역의 전통과 문화를 혼란시키고 심지어는 파괴하는 경향이 있고, 이 충돌은 오늘날 세계에서 중요한 의미를 갖는다. 프리드먼은 여섯 가지 영역에 대한 개괄적인 설명과 함께 이 주된 갈등에서 그것들이 어떤 역할을 하는지를 제시한다. 그런데 이 이야기의 주연이자 프리드먼이 주된 동인이라고 생각하는 것은 렉서스에서 사이버 공간에 이르는 전지구적 기술로, 이것은 그 자체의 끈질긴 논리인 것으로 보이는 세계의 균질화를 계속 심화시키고 있기 때문이다. 그러나 좋든 싫든 세계화는 우리 생활의 일부다. "나는 냉전 이후의 세계를 이해하려면 냉전에 이어 세계화라는 새로운 국제적 체제가 나타났음을 이해하는 것에서 시작해야 한다고 생각한다. 이것이 우리가 초점을 맞추어야 할 '하나의 큰 개념'이다. 세계화는 오늘날 세계에서 벌어지는 일들에 영향을 미칠 뿐만 아니라, 하늘에 북극성이 있듯이 세계를 형성하는 힘이 있다면 이 체제가 바로 그것일 정도다. 새로운 것은 이 체제이고, 낡은 것은 힘의 정치와 혼돈, 문명 충돌, 그리고 자유주의라는 시각으로만 세계를 보는 것이다. 냉전 이후 세계의 드라마는 새로운 체제와 이런 낡은 열정 사이의 상호작용이다."

세계화에 대한 프리드먼의 분석은 여러 지류들을 인정하면서도 거의 전적으로 우하상한에 집중한다. 기술경제적 세계화라는 사회 구조가 다른 것들을 이끌고 있다는 것이다. 나는 우하상한의 분석에만 국한한다면 그의 분석이 일반적으로 옳다고 생각한다(그러나 다음에서 보듯이 내적 상한의 수직적 깊이에 대한 인식의 결여가 분석에 제약을 가한다). (최소한 우하상한에서) 그가 내리는 결론 역시 당시에는 논란이 있었지만 지금은 더 인정을 받는 피터 슈바르츠와 피터 레이든의 분석[「긴 호경기(*The Long Boom*)」, 『와이어드』(1997년 7월호)]과 긴밀하게 연관되는데, 이들은 현재 이미 작동하고 있는 다섯 가지 기술의 흐름(퍼스널 컴퓨터, 통신, 생명공학, 나노기술, 대체에너지)이 전지구적 통합을 가져오는 강력하고 어쩌면 피할 수 없는 힘이 될 것이라고 지적하였다.

나는 이 분석에 대해서도 어느 정도까지는 동의하지만, 온상한·온수준 관점에서 보면 그 가혹한 현실은 다른 상한들의 똑같이 강력한 힘들에 의해 완화된다. 어떤 경우에도 세계적 기술망 안에 자리잡고 있을 내적 영역의 고고학적 단층(이것은 비록 완전히 통합적인 문화에서도 모두가 출발점에서 태어나, 수십억의 사람들이 의식의 스펙트럼 전체에 퍼져 있는 가운데 나선을 통해 계속 움직여 갈 것이기 때문이다)을 이해함으로써 재조명을 받게 되는 것은 물론이고 말이다.

세계적 기술망이 정말로 중요한 특성을 놓치고 있다는 것에만 초점을 맞추어 보자. 의식의 어떤 수준이 그 망을 지나가고 있는가? 지구 전체가 윤리적 1단계에 있다면 그것이 무슨 소용인가? 그러면 세계대전이 초래될 뿐이다. 단순히 '세계적'이 된다는 것은 세계적 악몽을 의미할 수 있다. 세계적 선(善)이 있고 세계적 악(惡)이 있으며, 그에 상응하는 의식 발달이 없다면 전자보다는 후자가 많아질 것이다. 우측 상한의 발달과 좌측 상한이 나란히 발달하지 않는다면, 즉 물질적 기술의 발달만큼이나 의식의 발달에 주의를 기울이지 않는다면 우리는 집단적 광기를 연장시키게 될 뿐이다.[14] 이것은 앞장에서 보았듯이 유니세프의 결론이기도 하다. 내적 발달이 없다면 외적 발달의 건전성은 유지될 수 없는 것이다.

그렇지만 우하상한에 집중된 프리드먼의 분석은, 카플란과 헌팅턴처럼 이 상한의 (특히 시스템 네트워크의 출현이나 사이버 공간의 영향력, 글로벌 시장의 성장, 기술의 확산처럼 활용과 환경, 상업 영역의 구조를 바꾸는) 힘을 매우 과소평가하는 분석가들이 제시하는 역시나 일방적인 그림의 균형을 잡는 데 도움이 된다. 온우주에는 에로스가 있다. 즉 미묘하고 느리지만 끈질긴 진화의 물줄기, 전개되는 사건들을 향해 움직이는 흐름이 있는 것이다. 이것은 정말 장기적으로 보면 자기중심에서 인종중심, 세계중심으로의 더 높고 더 깊은 연결을 펼쳐 낸다. 세계중심적이고 세계화되는 기술에도 에로스가 있지만, 이것은 그런 세계화가 서구의 표면적 가치를 함께 가져가야 한다거나 가져갈 것이라는 의미는 아니다(그리고 그러지 말아야 할 이유가 많은데, 이것은 그 자체로 또 다른 분석의 대상이 된다). 그러나 프리드먼의 말은 정말로 옳다. 기술이 세계적인 통합의 파동을 만들어 내고 있는 것이다.

사실 이 세계적인 기술의 파동은 기본적으로 헌팅턴의 세계 문명(좌하상한)에 대한 우하상한의 등가물이다. 헌팅턴과 프리드먼 둘다 세계 문명이 천천히 출현하는 것에 대해 퍼즐의 조각들을 제시하고 있는 것이다. 일반적인 경우와 마찬가지로 기술경제적 기반(우하상한)이 개개인이 발달할 수 있는 사회를 만들며 앞장선다. 기술은 보통 아주 빠르게 확산되며, 그 기술은 여러 세대에 걸쳐 그 내부에서 생겨나는 문화를 다시 만들어 낸다. 이것은 수렵채집사회에서 일어났던 일이며 원예농업사회, 농경사회, 산업사회를 거처 이제 정보사회에서도 일어나고 있다.

그러나 우측 상한의 (농경사회, 산업사회, 정보사회 등의) 그런 기술경제적 구조 내부에는 여전히 좌측 상한의 수평적 지질구조판과 발달의 수직적 밈이 있다. 여기에서 많은 행동이 일어나며 앞으로도 언제나 그럴 것이다.[15] 왜냐하면, 거듭 강조하지만 세계 문명에서도 모두가 출발점에서 태어나 거기서부터 발달의 큰 나선을 시작해야 하고, 따라서 하위 문화집단은 언제까지나 인류 문명의 일부가 될 것이기 때문이다. 이것은 서구 문명을 포함해 어떤 문명의 내부에도 자주색 길거리 갱단과 빨간색 육상부 집단, 파란색 봉건 질서, 녹색 공동체가 있으며, 인간이 출발점에서 태어나는 한 언제까지나 그럴 것이라는 점과 마찬가지다.

반면 온상한, 온수준 관점은 각각의 분석에서 최고의 것들만을 가져다 더 큰 맥락 안에 두어 각각의 중요한 기여와 한계를 더 잘 평가할 수 있도록 해 준다. 이제 세계 정세의 분석이 온상한과 온수준, 온계통의 통합적 파동으로 이동할 때가 무르익었다.

영적 체험의 파동

의식 발달의 상층부와 영적 체험의 몇 가지 사례를 통해 이용 가능한 세계관들의 통합(또는 온우주의 지도)에 관한 개요를 자세히 설명해 보자. 나는 여러 권의 책에서 적어도 네 가지 유형의 영적 체험이 있다는 상당한 규모의 비교문화적 증거를 제시했다. 즉 자연신비주의(심령)와 신성신비주의(정묘), 무형신비주의(시원) 그리고 비이원신비주의(비이원)가 여기에 해당하며 이것들은 갈수록 깊이가 커지는 파동이다.[16] 또한 이것들은 자주색(마법)과 빨간색(신화)의 전합리적 파동과 대비되는 초개인적이고 초합리적인 파동이다.[17]

이런 상위의 파동들에 대한 비교문화적 증거는 너무 확실해서 이제 심각한 논쟁은 벌어지지 않는다. 하나만 예를 들자면, 서구의 영적 전승에 대한 최고의 개설서로 정확하게 평가받는 『신비주의 (*Mysticism*)』의 저자 이블린 언더힐(Evelyn Underhill)은 (전반적인 서구의 전승에서 입증되는) 영적 체험이 (일종의 생명의 직물과 결합하는) 자연신비주의에서 (정묘한 깨달음과 무형의 몰입을 포함하는) 형이상학 신비주의를 거쳐 신성신비주의(와 비이원적 결합의 상태)에 이르는 발달의 연속체를 따라 존재한다는 결론을 내렸다. 이것은 내가 제시한 구조와 아주 유사하다.

물질에서 신체, 마음, 혼(심령과 정묘) 그리고 영(시원과 비이원)에 이르는 이 전반적인 스펙트럼은 물론 존재의 대둥지 그 자체다. 이 대둥지가 변형된 형태를 [그림 4-1], [그림 4-2], [그림 4-3]에서 볼 수 있다. 그리고 휴스턴 스미스를 비롯한 수많은 이들이 입증했듯이 대둥지에 대한 비교문화적 증거는 그야말로 넘쳐난다.[18] 물론 내가 추천하는 것은, ([그림 3-2], [그림 4-5], [그림 5-1]처럼) 상한과 계통들을 추가함으로써 대사슬의 중요한 통찰을 현대에 가져오는 것이다. 그리하여 고대 지혜의 정수를 현대의 가장 우수한 지식과 결합하고 진정한 모든 것의 이론을 위한 길을 열도록 말이다.

이처럼 ([그림 3-2]에 나타난 것과 같은) 의식의 스펙트럼 전체를 인정함으로써 우리는 정말로 중요한 비교수준적 분석을 할 수 있게 된다. 이에 대한 자세한 기술적인 내용은 주석에서 다루겠지만[19] 그 요점은 아주 단순하다. 즉 (가령 자주색, 빨간색, 파란색, 오렌지색, 녹색, 노란색 등) 거의 대부분의 전형적 발달 단계에 있는 사람도 의식의 변성 상태를 갖게 되거나 모든 상위 영역(심령, 정묘, 시원, 비이원)의 절정체험을 할 수 있다. 그러면 그 사람은 자신이 현재 놓여 있는 수준의 용어로 이런 상위의 체험들을 해석하며, 여기에서 비교 수준적 결합 분석이 필요하다. 예를 들어 파란색 수준에 있는 사람은 심령과 정묘, 시원, 비이원의 절정체험을 할 수 있다. 오렌지색, 녹색 등도 마찬가지다. 이를 통해 20가지가 넘는 아주 현실적이고 매우 다른 유형의 영적 체험을 얻을 수 있다.[20]

이런 영적 체험은 후쿠야마와 프리드먼, 헌팅턴, 카플란, 케네디 등의 보다 전통적인 분석과는 완전히 동떨어진 것처럼 들릴 수 있다. 그러나 사실, 주류와는 거리가 먼 경우가 많지만 이런 종교적 체험이 때로는 결정적인 것이 될 수 있다. 예를 들면, 어떤 유명한 지도자들은 성격이 형성되는 과정에서 본질적으로 종교적인 경우가 많은 강력한 절정체험 또는 변성된 상태를 경험했고, 이것은 그들의 세계관과 주요 관심사의 형성에 심오한 영향을 미쳤다. 반드시 더 나은 쪽으로는 아니지만 말이다(히틀러는 신통하지 않은 신비가였고 라스푸틴 역시 마찬가지였다). 우리는 어떤 경우에는 이 종교적 영향의 결과를 깊이 존경했고(예를 들어 잔다르크, 간디, 마틴 루터 킹 주니어 등) 어떤 경우에는 배격했다(히틀러,[2] 찰스 맨슨[3]). 비교수준적 분석이 결정적으로 중요하게 되는 것이 이 지점이다. 그런 영적 체험은 어떤 수준에서 비롯되며, 해석을 하고 있는 것은

---

2) Heinrich Himmler (1900~1945): 제2차 세계대전 당시 나치 독일의 친위대와 게슈타포를 이끌며 유대인 대학살을 주도한 인물

3) Charles Manson (1934~): 미국의 사교집단인 '맨슨 패밀리'를 이끌었던 회대의 살인마로, 1971년 영화감독 로만 폴란스키의 자택을 습격하여 임산부를 포함한 5명을 잔인하게 살해했음

어떤 수준인가?

자기중심적 수준이 초개인적 영역으로부터 정신이 번쩍 드는 영향을 받게 되면, 그 결과는 보통 더 큰 권능을 부여받은 자기중심성이며 정신이상인 경우가 많다. 인종중심적 수준에 초개인적 충격이 가해지면 그 결과는 다시 태어난 분노다. 세계중심적 수준이 그런 영향을 받게 되면 에이브러햄 링컨이나 랄프 왈도 에머슨이 빛나게 된다. 통합적 접근법에서는 이런 요인들을 온상한, 온수준 접근의 중요한 부분으로 삼을 것이다. 그리고 이것은 유명한 지도자들에게만 국한되지 않는다. 자료에 신빙성이 떨어지기는 하지만, 많은 사람들이 적어도 한 번 중대한 영적 체험이나 절정체험을 했다고 알려 왔다. 이런 사건은 테레사 수녀의 얼굴을 비추건 이슬람 성전의 강렬한 광신주의를 부추기건 인간의 심리에서 가장 강력한 원동력 가운데 하나다. 세계적 사건들을 분석할 때 이것을 무시해서는 성공을 기대할 수 없다.

왜 종교는 그냥 없어지지 않는가?

세계 정세에 대한 통합적 분석은 지난 20년간 사회분석가들이 직면했던 가장 다루기 힘든 문제들 가운데 하나를 즉각적으로 해결해 준다. 분명히 지구상에서 지배적인 정치적, 기술적, 경제적 힘은 근대성(오렌지색)인데, 왜 자주색에서 빨간색, 파란색에 이르는 전근대적 문화운동이 여전히 압도적인 숫자로 존재하는가? 사회학자들은 근대성이 모든 종교적 파벌을 그야말로 쓸어 버릴 것이라고 오래전부터 예측해 왔다. 이것은 후자가 전근대적이고 원시적인 미신에 기반을 두고 있을 것이기 때문이었다. 그렇지만 현대 세계는 그냥 사라지기를 거부하는 각양각색의 종교운동으로 여전히 가득 차 있다. 그 이유는 무엇일까?

여기에 대한 해답은, 현대 세계에서도 모두가 첫 번째 파동(베이지색)에서 태어나며 거기에서 발달을 시작하여 오렌지색(과 녹색, 그리고 더 상위 수준)에 이르기 위해서는 자주색, 빨간색, 파란색을 거쳐야 한다는 것이다. (높은 수준일수록 거기에 이르는 사람이 적은) 발달의 피라미드를 감안하면 마법적 파동과 신화적 파동에는 언제나 매우 많은 사람이 있을 것이고, 이들은 보통 전통적 종교와 관계가 있다. 따라서 모두가 출발점에서 태어나기 때문에 전통적인 종교적 믿음은 결코 완전히 없어지지는 않을 것이다.

최소한, 더 통합적인 관점을 갖지 못한 정책 분석가들은 실제 인구의 주된 심리적 역학관계를 파악하지 못할 것이다. 따라서 이런 이차원의 분석가들은 가령 오렌지색 기술이나 녹색 인권을 자주색, 빨간색, 파란색 집단에 강요하기만 하면 문제가 그럭저럭 해결될 것이라고 생각한다. 그러나 이는 광적인 파란색의 성전이나 성난 빨간색의 저항을 가져올 뿐이다. 전통적인 '종교적' 지향성(자주색과 빨간색, 파란색)은 전세계 인구의 약 70%에 깊게 뿌리내리고 있으며, 따라서 오렌지와 녹색의 정책 분석가들은 이런 까다로운 사실을 분명히 고려하는 더 통합적인 전스펙트럼 분석을 받아들여야 한다. 그렇지 않으면 항상 진부한 연구 결과를 얻게 될 가능성이 크다.

그리고 이것은 좁은 종교에 해당하는 이야기다. 심층 종교(또는 청록색 다음의 초개인적인 상위 파동에 해당하는 영성)의 경우 인류의 무게중심이 천천히 상위로 이동함에 따라 그런 체험은 더 일반적인 일이 될 것이다. 근대 이전의 과거에는 전합리적 종교가 지배적이었으나 이제는 초합리적 종교가 등장하고 있다. 그 중심부에 전지구적 의식을 담고 인류에게 불시에 몰려올 운명을 안고서 말이다.

앞에서 보았듯이 두 번째 층에 있는 사람들의 연구 결과에서 이미 나타나고 있는 것은, 이런 수준에서 '지구는 집단적 정신을 갖는 하나의 유기체'라는 특유의 믿음이 있다는 것이다. 그 청록색의 통찰은 산호색/심령에서 정말로 증가하여 진정한 자연신비주의가 되며 다시 신성, 무형, 비이원의 심층 영성으로 발달한다는 것 또한 연구를 통해 입증된다. 각각의 파동은 앞의 것을 초월하고 포함하기 때문에, 이런 상위의 파동들은 하위의 파동을 뒤에 남겨 두지 않는다. 정묘 상태에 있는 사람은 여전히 오렌지색 합리성과 녹색의 감수성, 두 번째 층의 전일주의에 접근할 수 있는 것이다.

어쨌든 이것이 의미하는 바는, 모두가 출발점에서 시작하기 때문에 전 합리적 종교는 언제나 우리와 함께 할 것이며 인류가 계속하여 진화함에 따라 초합리적 종교가 더욱 흔하게 될 것이라는 점이다. 모든 어리석은 종교 따위에서 벗어날 수 있을 것으로 기대했던 사람들은 곤란한 상황에 빠질 것이다.

통합 수행

이 장의 첫머리에서 했던 이야기를 다시 반복하자면, 여기에서 소개되는 모든 이론은 세계에 대한 이론 또는 지도에 해당하며 그 자체가 우리가 더 통합적인 비전을 얻는 데 도움이 된다. 그와 동시에, 통합적인 두 번째 층의 사고를 위한 기본 역량은 이런 서로 다른 체계들 모두를 외울 것을 요구하지 않는다. 여러 가지 수준을 암기하거나 문명 단위 전부를 알아야 할 필요는 없으며, 여러분 자신의 종합적인 지도를 만드는 작업을 할 필요도 없다. 그러나 그런 두 번째 층의 역량은 이런 통합적 지도를 접함으로써 단련하고 고무할 수 있다. 그런 지도가 온우주와 그 안의 모든 존재에 대한 더 광범위하고 포괄적이며 연민 어린 통합적 포용에 우리의 정신과 마음을 개방하기 때문이다. 큰 그림과 큰 지도가 통합적 변용을 향한 정신을 개방하고 그리하여 마음을 개방하는 것이다.

그러나 여기까지 읽은 독자라면 이미 두 번째 층의 통합적 의식을 위한 역량을 가지고 있는 것이다(아니라면 진작 읽기를 그만뒀을 것이다). 내가 생각하는 특정한 지도를 배우는 것보다 더 필요한 것은 여러분 자신의 통합적 역량을 실행에 옮기는 것이다. 이제 이 통합 수행으로 넘어가도록 하자.

일미(一味)

인간은 우리가 우주라고 부르는 전체에서 시간과 공간의 제약을 받는 일부다. 인간은 자기 자신과 생각, 감정을 우주와 별개인 무언가라고 느끼지만 이것은 의식에서 일종의 착시현상에 불과하다. 이런 착각은 개인적인 욕망을 추구하고 주변의 몇몇 사람에게만 애정을 갖도록 우리를 제한하는 일종의 감옥과 같다. 우리의 과제는 연민의 영역을 넓혀 모든 생명과 자연의 아름다움을 포용함으로써 이 감옥에서 빠져나오는 것이 되어야 한다.

– 알베르트 아인슈타인

『감각과 영혼의 만남』의 집필을 마친 직후 나는 1년 동안 일기를 쓰기로 했다. 그 주된 이유는 대부분의 학술적 저술에서는 '편견'이나 '객관적이지 않은 기록'이라고 하여 일체의 개인적 노출이나 주관적 진술을 기피하기 때문이다. 이런 요구 사항을 따르는 것이 이로울 때도 있지만, 특히 연구의 대상이 되는 분야가 주관적 영역인 경우에는 언제나 그렇지는 않다. 그래서 나는 1년 동안 영적 수행을 포함한 내 일상의 활동을 시간 순으로 기록하는 일기를 쓰기로 했다.

내가 『켄 윌버의 일기』[1]에서 가장 전하고 싶었던 것은 통합적인 삶에 대한 어떤 개념이었다. 신체와 마음, 혼, 영 모두가 자아와 문화, 자연 속에서 전개되는 공간을 발견하는 삶, 달리 말하면 모든 주어진 단계에서 가능한 한 '온상한, 온수준'을 추구하는 삶 말이다. 내가 통합적인 삶을 이루었기 때문이 아니라(나는 결코 그런 이야기를 한 적이 없다) 그것이 염원할 가치가 있는 이상이기 때문이다. 『켄 윌버의 일기』에서는 또한 나 자신의 통합적 변용 수행(이에 대해서는 잠시 후에 요약하겠다)의 구체적인 세부 사항들을 제시하고 있다.

우리가 접하는 영성 서적은 대부분 실제 생활과 동떨어진 영적인 삶에 대한 논문이다. 『신을 아는 방법(How to Know God)』이나 『성스러운 참나를 찾아(Finding Your Sacred Self)』와 같은 책을 읽을 때, 돈을 벌거나 섹스를 하거나 와인을 마시거나 하와이에서 휴가를 보내는 것에 대한 이야기를 기대하지는 않는다. 그래서 사우스비치 여행의 한가운데에서 진정한 영적인 이야기를 만나게 되면 큰 부조화를 느끼는데, 이것이 바로 내가 한 일이다. 권위적 도덕을 믿는 보수적 근본주의자들은 이것이 수상쩍은 죄악처럼 보여 불안해했다. 반면 내적 인과관계, 아니 내면 자체를 믿지 않는 자유주의자들은 내가 외부의 경제적 재분배를 위해 끊임없이 노력하는 대신

---

1) 『켄 윌버의 일기』의 원제는 『*One Taste*』(一味)

명상적인 것이든 뭐든 주관적 실재에 주의를 쏟는 것에 불안해 했다. 보수주의자와 자유주의자 모두를 불안하게 했다는 것이 이 책의 통합적 진실을 보장하지는 않지만 그 전제조건인 것은 맞다.

다시 말하지만 나는 이 통합적인 삶에 통달한 것이 아니라 단지 구분을 하지 않는 일기를 원했다. 영성이 생활에 등을 돌리게 하는 대신 매일매일의 일과 휴식, 파티, 질병, 휴가, 섹스, 돈, 가족의 한가운데에 영성을 놓는, 그래서 독자들이 스스로의 삶에서 통합적 접근에 더 친근하게 다가가도록 하는 일기 말이다.

물론 특정한 형태의 발달에 집중하기 위해 일시적으로 구분을 짓는 것이 정말로 필요할 때가 있다. 요리를 배우든 야외 하이킹을 가든, 아니면 은거 수행에서 명상을 하든 말이다. 영적 발달에 대해서라면 나는 명상을 그 다양한 형태 가운데 어떤 것이라도 항상 강력하게 지지해 왔다. 따라서 내가 『켄 윌버의 일기』에서 전달하고자 했던 두 번째 요점은 통합적 수행의 일부로서 명상 또는 관조가 갖는 중요성이었다.

다행히도 여태껏 『켄 윌버의 일기』의 독자로부터 얻은 가장 일반적인 반응은 "명상을 시작했다."거나 "책을 읽고 나서 집중적인 은거 수행을 했다." 아니면 "명상 수행을 더 강화하기로 다짐했다."는 것이다. 이것이 내가 이 책이 미쳤으면 했던 단 하나의 영향이었다. 정말이지, 새로운 전일적 철학을 받아들이거나 가이아를 믿거나 아니면 심지어 통합적 방식으로 생각하는 것은 아무리 중요하다 해도 영적 변용에 관한 한에서는 가장 중요하지 않은 것들이다. 그런 것들을 누가 믿는지 알아내는 것, 거기에 신에 이르는 길이 있다.

통합적 변용 수행

통합적 변용 수행(Integral Transformative Practice: ITP)의 기본 개념은 단순하다. 즉 존재의 더 많은 측면을 동시에 연습할수록 변용이 일어날 가능성이 더 크다는 것이다. 다시 말해 ITP에서는 가능한 한 '온수준, 온상한'을 추구한다. 그럴수록 다음 단계의 파동으로 이동할 가능성이 크다. 파란색 파동에 있다면 이것은 오렌지색이 되도록 도울 것이다. 녹색에 있다면 두 번째 층으로 이동하도록 도울 것이다. 이미 두 번째 층에 있다면, 단지 변성된 상태로서가 아니라 영속적인 특성으로서 초개인적 · 영적 파동으로 이동하도록 도울 것이다.

'온수준'은 물질에서 신체, 마음, 혼, 영에 이르는 존재의 파동을 의미하며 '온상한'은 나, 우리, 그것(또는 자아 · 문화 · 자연이나 예술 · 도덕 · 과학, 1인칭 · 2인칭 · 3인칭)의 차원을 의미한다. 따라서 '온수준, 온상한' 수행은 자아와 문화, 자연 속에서 육체적, 감정적, 정신적, 영적 파동을 수련하는 것을 의미한다.

자아부터 시작해 보자. 한 사람에게서 나타나는 (신체적에서 감정적, 정신적, 영적까지의) 존재의 파동은 폭넓은 수행을 통해 단련할 수 있다. 신체적 수행(근육운동, 다이어트, 조깅, 요가)과 감정적 수행(기공, 상담, 심리치료), 정신적 수행(확언, 시각화) 그리고 영적 수행(명상, 관조기도)이 여기에 해당된다.

그러나 이런 존재의 파동들은 자아 안에서만이 아니라(부머리티스!) 문화와 자연 속에서도 수련할 필요가 있다. 문화 속에서 파동을 수련한다는 것은 사회 봉사나 호스피스 운동, 지방행정, 도심

지역 재건, 노숙자 돌보기 등에 참여하는 것을 의미할 수 있다. 결혼, 교우, 육아와 같은 일반적인 관계를 통해 여러분 스스로의 성장과 타인의 성장을 촉진하는 것을 의미할 수도 있다. 서로를 존중하는 대화는 통합적 포용에 정말로 유익한 이해 속에서 자신과 타인을 연결하는 유서 깊은 방법이다.

자연 속에서 존재의 파동을 수련한다는 것은, 자연을 우리의 행위에 대한 움직이지 않는 도구적 배경으로가 아니라 우리들 스스로의 진화에 참여하는 주체로 바라본다는 것을 의미한다. 자연을 존중하는 것에 재활용, 환경보호, 자연 행사 등 여러 방식으로 적극적인 참여를 하는 것은 자연을 공경하는 방법일 뿐 아니라 배려에 대한 우리 자신의 능력을 향상시키는 방법이다.

요컨대 ITP에서는 자아와 문화, 자연 속에서 인간의 기본적 파동(신체적, 감정적, 정신적, 영적)을 모두 연습하고자 한다. 따라서 발달의 실제 파동에 관계없이 가능한 한 '온수준, 온상한'을 추구하게 되며, 이것은 현재의 파동이 무엇이든 거기에서 최대한 건강하게 되는 것은 말할 것도 없고(이것도 커다란 성취에 해당한다) 다음 파동으로의 변화를 촉발시키는 가장 강력한 방법이 된다.

물론 한 개인이 가령 파란색 파동에 있다면 초개인적 파동을 포함한 상위 파동에는 영영 접근할 수 없다. 그 이유는 단 하나, 인종중심적이고 인습적 파동인 파란색은 아직 후인습적 또는 세계중심적 입장에 이르지 못해 모든 지각 있는 존재에서 똑같이 빛나는 절대 영을 보지 못하며, 따라서 전세계적인 연민을 완전히 익히지 못하고 이것이 진정한 영적 깨달음에 이르는 길을 막기 때문이다. 그러나 이런 개인들도 앞에서 보았듯이 그런 초개인적 영역의 변성된 상태가 되거나 일시적인 절정체험은 할 수 있다.

그런 절정체험의 역금, 그리고 명상의 역금은 사람들이 어떤 단계에 있던 그것과 걷동일시를 하여 다음 단계로 나아갈 수 있도록 돕는 것이다. 그리고 실제로 명상이 정확히 그런 역금을 한다는 증거가 상당히 많다. 가령 명상이 두 번째 층에 있는 사람의 비율을 2%에서 놀랍게도 38%로 증가시킨다는 것이 입증되기도 했다(『영의 눈』 제10장 참조). 따라서 명상은 진정한 공궁 수행에서 중요한 부분에 해당한다.

　　마이클 머피와 조지 레너드는 『우리에게 주어진 삶(*The Life We Are Given*)』에서 최초의 실천적 ITP를 개척했다. 나는 그들과 가까이 그런 수련의 이론적 기반을 설명하는 작업을 계속해 왔다. 현재 전국에 걸쳐 약 40개의 ITP 그룹이 있다(새로운 그룹을 만들거나 기존의 그룹에 참여하는 데 흥미가 있다면 www.itp-life.com[2]에서 머피와 레너드에게 연락을 취할 수 있다). (스탠퍼드 의과대글의) 스걸퍼드 질병예방 연구센겠는 이 수련에 참여하는 몇몇 집단을 추적·관찰하고 있는데, 이미 상당히 놀라운 효과가 몇 가지 나거나 ITP가 촉진금 수 있는 것에 대한 증거가 되고 있다. 전국에서 다른 비슷한 온상한, 온수준 방식의 접근법이 많이 개발되고 있다. 나는 이런 유형의 보다 종궁적인 프로그램에 대한 관심이 크게 증가하기를 기대한다. 이런 프로그램들은 변용이 일어나도록 하는 데 더 효과적이기 때문이다.

---

2) 변경된 사이트는 2016년 1월 현재 www.itp-international.org

추천 사항

따라서 ITP를 시작하기를 원하는 사람들에게 내가 추천하는 것은 『켄 윌버의 일기』와 『우리에게 주어진 삶』을 읽는 것이다. 여기에는 여러분 자신의 ITP를 시작하는 데 필요한 자세한 내용들이 전부 포함되어 있다. 그리고 로버트 키건(Robert Kegan)의 『우리의 능력을 넘어(*In Over Our Head*)』(심리적 변용을 논한 최고의 글)와 토니 슈바르츠(Tony Schwartz)의 『무엇이 정말 문제인가: 미국의 지혜를 찾아서(*What Really Matters—Searching for Wisdom in America*)』(통합 수행에 포함될 수 있는 여러 성장 기술에 대한 개설서), 로저 월시(Roger Walsh)의 『7가지 행복 명상법(*Essential Spirituality*)』(내가 생각하기에 위대한 전승지혜들에 대한 최고의 저서로, 그런 지혜들의 본질은 좁은 과학이 아니라 좋은 과학인 영적·명상적 과학임을 강조함)도 읽을 것을 추천한다. 통합적 접근법에 대한 개설서를 원하는 사람에게는 『통합심리학』과 『모든 것의 역사』를 추천한다.

진실되지만 부분적인

몇 권의 책을 통해 다양한 분야에 대한 보다 통합적인 접근법을 제안하면서 나는 크게 두 가지 반응을 얻었다. 다행히도 다수에 해당하는 첫 번째는 열광적인 것이었고, 두 번째는 부정적이고 성난 것이었다. 이 가운데 일부는 그저 어떤 사람들이 보다 통합적인 접근법에 분개한 결과였다. 그들은 내가 이런 생각들을 강요하려 하며 내가 제안하는 전일적 개관이 왠지 그들의 자유를 빼앗는다고 느꼈고, 이런 생각들은 맞서 싸워야 할 개념적 구속이라고 느꼈다.

그러나 내가 쓴 글들의 의도는 여러분이 이러이러한 방식으로 생각해야 한다는 것이 아니다. 진짜 의도는 여러분의 생각을 풍요롭게 하는 것이다. 즉 이 놀라운 온우주의 여러 가지 중요한 측면들에 이런 것들이 있는데, 여러분 자신의 세계관에 그런 것들을 포함시키는 것을 생각해 본 적이 있는지를 일깨우는 것 말이다. 내 연구는 온우주에 모든 차원과 수준, 영역, 파동, 밈, 방식, 개인, 문화 등 끝없는 것들을 위한 공간을 마련하려는 시도다.

이 모든 것의 이론에는 한 가지 중요한 규칙이 있다. 즉 모두가 옳다는 것이다. 더 구체적으로 말하면 나를 포함한 모두가 진실에 대한 중요한 조각들을 가지고 있고, 그런 조각들 모두를 존중하고 소중히 여겨 더 우아하고 널찍한 연민의 포용, 진정한 모든 것의 이론 안에 포함해야 한다는 것이다.

그리고 모든 것이 계속된다

나는 우리가 결국 존재 그 자체의 타고난 기쁨, 이 모든 순간의 위대한 완성에서 생겨나는 기쁨을 발견하게 될 것이라고 생각한다. 그 자체가 경이로운 전체인 동시에 그 다음의 전체 안의 일부, 무한히 되풀이되며 움직이는 일련의 전체와 일부로 바로 지금의 광채 속에 언제나 충만하여 결코 결핍되거나 부족하지 않은 기쁨을 말이다. 통합 비전은 그 역할을 마치고 나면 결국에는 너무도 분명하여 볼 수 없고 너무도 가까워 닿을 수 없는 절대 영의 광채에 의해 무색해질 것이다. 그리고 통합적 탐색은 그 자체를 놓아 버림으로써 마침내 성공할 것이며, 거기서 언제나 항상 사실인 근원적 자유와 완전한 충만함 속에 녹아들 것이다. 그리하여 그야말로 모든 것, 온 우주를 다정하게 손 안에 쥐는 이 끝없는 의식 속에서 전부와 하나가 되기 위해 모든 것의 이론을 포기하게 될 것이다. 그 다음에는 참된 신비가 그 정체를 드러내 영의 얼굴이 남몰래 웃음 지으며, 태양은 여러분 자신의 심장에서 떠오르고 지구는 여러분 자신의 몸이 될 것이다. 별들이 밤의 뉴런을 밝힐 때 은하수는 혈관을 따라 달려 갈 것이다. 그러면 정말로 여러분 자신의 근원적 면면인 그것에 대한 한낱 이론 같은 것을 다시는 찾지 않게 될 것이다.

주 석

제1장 경이로운 나선

1 온우주에 대한 이보다 포괄적인 관점, 즉 모든 것의 이론은 끈과 면을 포함할 수 있지만 그것들로 환원될 수는 없다. 『성, 생태, 영성』(SES)을 읽어 본 독자는 끈 이론(또는 M-이론)이 20가지 교의적 법칙(또는 모든 영역에 존재하는 모든 홀론이 나타내는 기본 경향)과 완벽하게 호환된다는 것을 알 수 있을 것이다. SES에 따르면 실재는 기본적으로 입자나 쿼크, 무차원의 점, 끈이나 면이 아닌 **홀론**(Holon)으로 구성된다. 홀론은 다른 전체의 일부기도 한 전체다. 가령 쿼크는 양자의 일부고, 양자는 원자의 일부, 원자는 분자의 일부, 분자는 세포의 일부, 세포는 유기체의 일부, 유기체는 온우주의 일부, 온우주는 다음 순간의 온우주의 일부, 그렇게 무한히 이어지는 것이다. (SES에서는 이렇게 표현한다. '제일 위에도 거북이, 제일 아래에도 거북이') 그런 존재는 모두 다른 무엇이기 전에 홀론, 즉 모두가 전체이자 부분이다. 온우주는 그 구조의 여러 수준에서 홀론(물질적 홀론, 감정적 홀론, 정신적 홀론, 영적 홀론)으로 구성된다. 이러한 통찰은 우리가 가령 온우주는 오로지 쿼크만으로 구성되어 있다는 몹시도 환원주의적인 주장을 하지 않도록 해 준다. 더 정확히 말하자면, 각 상위 홀론은 하위 홀론으로부터 파생될 수 없고 하위 홀론으로 완전히 환원될 수도 없는 창발적 특성을 가지고 있으며 따라서 우리에게는 그냥 우주가 아닌 온우주가 있는 것이다.

어떤 홀론이 구조에서 낮은 수준에 있을수록 그 홀론은 더 근본적이고, 수준이 높을수록 그 홀론은 더 중요하다. 따라서 쿼크는 다른 수많은 전체의 일부기 때문에(쿼크는 원자와 분자, 세포 등등의 하위 홀론이다) 아주 근본적인 홀론이다. 반면 세포는 더 중요한 홀론인데, 구조의 단계에서 더 상위에 위치하며 그 자체의 구조 안에 다른 여러 홀론을 포함하고 있기 때문이다(세포는 분자와 원자 그리고 쿼크를 포함한다). 따라서 하위 홀론일수록 더 근본적이고 상위 홀론일수록 더 중요하다. 하위 홀론은 상위 홀론의 구성에 필요한 요소지만 그것만으로 충분한 요소는 아니며, 상위 홀론은 다시 하위 홀론에 의미를 부여한다. 상위 홀론은 그 자체의 구조 안에 다른 여러 홀론을 포함하기 때문에 더 많은 존재를 포함하고 있다.

SES에서 설명하고 있듯이 홀론에는 상한선이 없다는('제일 위에도 거북이') 증거가 많이 있다. 문제는 하한선이 있는지, 다시 말해 정말 근본적인(다른 전체의 일부지만 그 자체로는 어떤 일부도 포함하지 않는) 홀론이 있는가 하는 점이다. 제일 아래에도 거북이가 있을까, 아니면 더 이상은 나누어질 수 없는 근본적인 홀론이 있는 것일까?

SES에서 내가 취하는 입장은 지금도 그렇고 앞으로도 항상 제일 위에도 거북이, 제일 아래에도 거북이라는 것이다. 다시 말해, 가장 근본적인 단위 또는 홀론이라고 생각되는 것을 발견할 때마다 결국 그것이 더 근본적인 홀론을 포함하고 있음을 발견하게 된다는 것이다. 사실 나는, 인간의 의식이 보다 상위의 강한 수준으로 진화해 갈 때마다 더 심층의 보다 근본적인 홀론을 발견할 것이고 이것은 기본적으로 끝이 없는 일이라고 주장했다.

끈이론은 그 무한한 이야기의 또 다른 형태일 뿐이다. 오랜 시간 동안 사람들은 양성자와 중성자 그리고 전자가 가장 근본적인 것이라고 생각했다. 그때 표준 모형이 등장했고, 이런 홀론들은 더 작은 홀론, 즉 여러 가지 쿼크로 구성되어 있고 이와 함께 뮤 입자, 글루온 입자, 보스 입자, 중성미자와 다른 여러 홀론들의 화려한 진용이 존재한다는 것이 밝혀졌다. 표준 모형의 주장에 따르면 이것들이 바로 (무차원점 수학에 바탕을 둔) 가장 밑바닥의 근본적 단위라고 한다.

끈이론이 이 전부를 뒤집었다. 1980년대부터 쿼크가, 사실은 모든 물리적 힘, 입자 그리고 반입자가 끈이라고 하는 근본적 실재의 진동방식에 의해 만들어진다는 주장을 하기 시작했다. 존재의 근본 단위로 무차원의 점을 가정하는 물리학의 표준 모형과 달리, 끈은 아주 작은 일차원의 선으로 대개는 고무줄처럼 고리 모양을 하고 있다. 이 진동하는 끈이 만들어 내는 다양한 '음표'들이 물질 세계에 존재하는 여러 입자와 힘을 실제로 생겨나게 한다. 더 근본적인 수준의 홀론이 발견된 것이다.

끈이론에는 몇 가지 즉각적인 이점이 있다. 그중 하나가 끈에 실제 크기를 부여함으로써 양자거품의 이론적 필요성을 줄이고 사상 처음으로 양자역학과 상대성이론이 통합될 수 있는 매끄러운 해결책을 제시했다[1]는 점이다. 더 나아가, 끈이론의 진동방식 중 하나가 중력 양자를 만들어 내고 따라서 역시 사상 처음으로 중력이 새 모형에 포함될 수 있었다(예전의 모형이나 표준 모형은 전자기력, 강한 핵력과 약한 핵력은 설명할 수 있었지만 중력은 설명하지 못했다). 따라서 끈이론은 '모든 것'('물질 세계에 존재하는 모든 것'이라는 의미에서)의 이론이었다.

따라서 끈은 그 밑에 더 이상 아무것도 없는 가장 근본적인 홀론이라고 선언되었다. 1990년대 중반 에드워드 위튼이 (M-이론이라고 칭한) 끈이론의 '두 번째 혁명'이 도래했음을 알리기 전까지는 말이다. 이에 따르면 끈은 실제로는 삼차원, 사차원, ……9차원(시간까지 더하면 모두 10차원이 된다)에 이르는 면(모두 합쳐 'p-브레인')[2]을 포함하는 빙산의 일각일 뿐이다. 한층 더 근본적인 이 홀론들은 쌍연결 상수와 같은 요인에 따라 바뀌는 수평적 계층에 존재하며, 근본적 홀론들로 이루어진 이 수평계층에서 더 상위 홀론들(온우주의 홀라키가 진화함에 따라 끈, 그 다음에는 쿼크, 그 다음에는 원자 등)의 계층구조가 나타난다. 자, 이 모두는 SES의 20가지 교의적 법칙을 통해 충분히 익숙한 것들이다. 그리고 끈이론과 M-이론은 다른 수많은 영역에서 이미 나타난 이런 아주 익숙한 방식의 변형된 형태일 뿐이다.

그렇다면 p-브레인이 가장 근본적인 홀론일까? 그런 것처럼 보인다. 정확히 말하면 당분간은, 그러니까 의식이 한층 더 강하게 성장하여 더 근본적인 홀론이 우리를 맞이하는 아양자 영역을 한층 더 깊이 파고들기 전까지는 말이다. 제일 아래에도 거북이가 있는 것이다.

(정말로 근본적인 홀론, 그러니까 더 작은 홀론으로 분해할 수 없는 홀론을 발견하는 것은 원칙적으로는 전혀 틀린 것이 아니다. 새로 나타나는 발달 계통 다수는 원래의 홀론이 막힐 때 시작된다. 문장에는 단어가 있고 단어는 글자로 이루어지지만 글자는 다른 상징으로 구성되지 않는다. 그리고 여기에서 언어적 상징의 계통이 시작된다. 그러나 전체로서의 온우주에는 바닥도 꼭대기도 없는 것 같다.)

이 책은 (『모든 것의 역사』, 『통합심리학』 그리고 『켄 윌버의 일기』로 더 보완할 수 있기는 하지만) 아마도 내 연구 전체에 대한 가장 좋은 입문서일 것이

---

1) 양자거품(quantum foam)은 초미세 영역에서 일어나는 양자적 요동 현상으로, 곡면 기하학(중력에 의한 공간왜곡의 수학적 표현)을 핵심원리로 하는 상대성이론으로는 서술할 수 없다는 점에서 양자역학과 상대성이론의 충돌이 발생했음

2) p-branes: p는 정수이며 'brane'은 'membrane(면)'에서 따옴

다. 페이퍼백으로 출간되었고 『켄 윌버 전집(Collected Works of Ken Wilber)』의 6권이기도 한 『성, 생태, 영성』 개정2판이 이 모든 것의 이론을 설명하는 본문에 해당한다.

2 이런 분야들에는 실재의 사회적 구성에 대한 지나친 강조(전능한 문화적 자아는 모든 실재를 창조한다)에서부터 지식의 상대성(모든 지식은 문화적으로 상대적이다. 이것이 참이라는 나 자신의 절대적인 지식을 제외하고는), 극단적 해체(나는 모든 텍스트를 해체할 수 있는 힘이 있다), 독자 반응 이론(예술작품을 볼 때 그것을 창조하는 것은 작가가 아니라 사실은 나 자신이다), 가이아와 여신 그리고 영을 부활시키고 지키려는 이론들(보통은 영이 우리를 지킨다고 생각하지 그 반대는 아닌데도), 자신이 스스로의 실재를 창조한다는 뉴에이지 관념(실제로 정신병자들은 스스로의 실재를 창조한다), UFO 납치(놀랍도록 지성이 발달한 존재가 단지 나를 쳐다보기만을 원한다), 수많은 새로운 패러다임(나는 세상을 바꿀 새로운 패러다임을 가지고 있다) 등이 포함된다. 엄청나게 많은 여러 분야에서 유한한 개인에게 대단한 힘이 주어져 있는 것이라고 생각되지 않는가? 여기서 상당한 '자기팽창'이 있음을 알아차린 사회비평가들은 뭔가 중요한 것을 알고 있는 것 같다.

3 알렉산더 등이 쓴 『인간 발달의 상위 단계(Higher Stages of Human Development)』에서 F. 리처드와 M. 커먼즈의 글(160페이지). 강조는 원문대로임

4 그레이브스, 「요약문: 성인의 생체심리사회 체계에 대한 창발적 · 순환적 이중나선 모형(Summary statement: The emergent, cyclical, double-helix model of the adult human biopsychosocial systems)」, 1981년 5월 20일 보스턴

5 이들 모형의 타당성을 뒷받침하는 범문화적 연구에 대한 광범위한 참고문헌은 『통합심리학』을 참조하라.

6 돈 벡과 나눈 개인적 서신. 이 자료들 가운데 다수는 텍사스 주 덴튼에 있는 국립가치센터의 컴퓨터 파일에 있고 자격이 있는 연구자들에게 개방되어 있다.

나 자신의 이론 체계에는 사실 기본적 수준 또는 파동을 거치며 다소 독립적으로 진행되는 다수의 서로 다른 모듈(module), 지류(stream) 또는 계통(line)이 포함된다. 개개인은 어떤 모듈에서는 발달의 상위 수준에, 다른 모듈에서는 중간 수준에, 또 다른 모듈에서는 여전히 하위 수준에 위치할 수 있다. 즉 전반적인 발달에 단선적인 측면은 없다. 그레이브스의 모형은 내가 '윌버2기' 유형의 모형이라고 부르는 것으로, 발달의 중심축이 하나 있어 개개인은 상황에 따라 그 축의 위아래로 오르내린다. 반면 '윌버3기' 모형에 따르면 같은 상황에서 개개인은 어떤 계통에서는 발달의 상위 수준에, 다른 계통에서는 중간 수준에, 또 다른 계통에서는 여전히 하위 수준에 위치할 수 있다. ['윌버4기' 모형은 이 모형을 4상한의 맥락에 맞게 배치한다. 이들 4가지 모형에 대한 설명은 『영의 눈』(『켄 윌버

전집』7권)을 참조하라.] 더 나아가, 발달의 어느 단계에서든 변성된 상태가 되거나 절정체험을 할 수 있으므로 영적인 체험이 상위 단계에서만 가능하다는 생각은 옳지 않다. (이 주제에 대한 충분한 논의는 『통합심리학』을 참조하라.) 나선역학은 의식의 상태를 포함하지 않고 상위의 초개인적인 의식의 파동을 다루지도 않는다(주석 10도 참고하라). 그러나 다루고 있는 범위 내에서는 자아와 그 여정에 대해 그레이브스가 '존재의 파동'이라고 부르는 것을 통해 아주 유용하고 훌륭한 모형을 제공해 준다.

돈 벡은 그레이브스의 모형을 '윌버4기' 유형의 모형으로 만들기 위한 작업을 해 왔다. 그는 4상한을 사용하고 지금은 자신의 모형을 '4Q/8L' (4상한 안에 8개의 수준)이라고 부르며, 초개인적 상태와 구조가 존재한다는 것에 매우 공감한다. 나선역학에서 설명하고 있는 단계들은 연구와 자료에 기반하며, 언제나 그렇듯 문제는 변성 상태는 아주 흔하지만 상위의 영속적 상태는 상대적으로 드물다는 것이다(깊을수록 폭은 좁아진다). 만약 전 인구의 약 0.1%가 청록색 상태에 있다면(본문에서 설명할 것이다), 보다 상위의 의식 파동에 지나쳐 가는 상태로서가 아니라 지속되는 특성 또는 영속적 성취로서 안정되어 있는 경우는 얼마나 드물지 짐작할 수 있을 것이다. 이 때문에 어떤 종류의 진짜 상위 단계에 대해서도 많은 자료를 얻기가 아주 힘들다. 이것이 초개인적 파동에 대한 의견 일치가 어려운 이유 가운데 하나다. 벡과 코완은 어떤 출판물에서 청록색 다음의 단계를 '산호색'이라고 명명하고 "산호색 단계는 이 연구자들에게는 여전히 명확하지가 않다."고 했다. 내 생각에 산호색은 심령적 파동이지만, 이에 대해서는 제대로 된 자료를 구하는 것이 얼마나 어려운 일인지 알 수 있을 것이다. 더 자세한 내용은 『통합심리학』을 참조하라.

7 이 장에서는 구조(structure)와 단계(stage)에 대해서만 간단히 살펴볼 것이다. 제3장에서는 상태(state), 지류, 유형(type)에 대해서도 살펴볼 것이다.

8 나선역학에 대한 해석과 그 쓰임새에 관해 이 책에서 소개하는 내용은 모두 돈 벡과 함께 자세히 점검한 것이다. 내 친구 크리스 코완이 생각하는 쓰임새와 해석에 대해서는 cowan@spiraldynamics.com을 참조하기 바란다. 현재 벡과 코완은 최근의 연구 결과를 반영하기 위해 『나선역학(Spiral Dynamics)』의 개정증보판 작업을 하고 있다. 제니 웨이드의 『마음의 변화(Changes of Mind)』에서는 그레이브스의 연구로부터 아이디어를 얻은 또 하나의 흥미로운 발달 모형을 확인할 수 있다.

9 개인적으로 나는 '밈'에 관한 수많은 이론들(밈은 정신적·문화적 영역에서 작용하는 자연선택 과정의 한 유형을 구성하는 단위로, 기능적 적합성에 의해 자연선택에서 살아남아 마음의 바이러스와 비슷하게 전염된다는 것이 그 모든 이론들의 기본적인 주장이다)이 여러 가지 이유에서 아주 혼란스럽다고 생각한다. 일

반적인 용어의 쓰임새에 따르면 ① 밈은 3인칭 그것-언어로 설명되는 단위로, 나와 우리의 좌측 상한 또는 내면적 상한을 포착하지 못한다. ② 따라서 밈은 미묘한 환원주의의 대표적인 사례고, 일단 의식을 그것-단위로 환원시킨 후에는 과학적 유물론과 거친 환원주의를 막을 것이 거의 없기 때문에 밈이라는 용어를 사용하는 것은 통합적 목표에 도움이 되기보다는 방해가 된다. ③ 보통 개개인의 정신적·문화적 구성요소라는 관점에서 밈을 묘사하기 때문에, 밈에 대한 이론은 (무더기나 단순한 집합체가 아닌) 존재의 모든 구성요소가 홀론이라는 사실을 놓치게 된다. 홀론은 그 내부에서 특정한 발달이 전개되는 복합적인 개체이며 따라서 실제로 각각의 밈은 단순한 수평적 역사가 아닌 수직적 발달의 고고학에 의해 연결되는 하위 홀론으로 구성된다. ④ 따라서 밈은 단지 2차원적 관점에서 인식하는 마음과 문화의 구성요소일 뿐이다. 다시 말해 밈은 4차원의 홀론을 2차원에 왜곡시켜 부정확하게 그려 놓은 그림인 것이다. 밈은 시간이라는 두 번째 차원에서 앞으로 움직이는 일차원의 바이러스로, 기능적 적합성이라는 유일한 기준을 통과할 때 살아남는 것으로 묘사된다. 그러나 실제로 밈은 최소한 3차원, 즉 나/우리/그것 또는 내면(나)/외면(그것)/공유된 내면(우리)이라는 차원을 가지고 네 번째 차원인 시간을 따라 움직이며 세 차원 모두의 타당성 기준[삼대 가치의 타당성 요구, 또는 더 정확하게는 4상한 전부의 타당성 요구('차원'에 대한 보다 완전한 논의는 이 주석의 뒷부분을 보라)]을 통과해야 살아남는다. ⑤ 2차원 내에서조차 과학자들 대다수는 운영상의 명확성이 결여되어 있기 때문에 밈이라는 개념을 받아들이지 않는다.

그럼에도 불구하고 몇몇 사람들은 '밈'을 더 적절한 4상한의 방식으로 사용한다. 돈 벡이 그중 하나로, 여기서는 나선역학을 소개하고 있기 때문에 밈이라는 용어를 사용해야 한다. 어떤 의미에서 이것은 유감스러운 일이다. 밈 이론에 대한 지금과 같은 지적 유행이 지나가면 관련된 모든 이론들도 아마 같이 무너질 것이기 때문이다. 연구 결과가 의식 발달의 단계 또는 파동이라는 개념을 뒷받침하며 '밈'은 이 연구에 틀을 씌우는 하나의 방법, 그렇게 만족스럽지는 않은 방법일 뿐이라고 내가 계속하여 강조하는 이유가 바로 이것이다. 벡은 이 점에 대해서는 매우 조심스러운 입장이고, 그의 정확한 표현들에 대해 나는 만족한다. 하지만 벡과 같은 경우는 매우 드물다. 내가 '밈'이라는 용어를 사용할 때는 항상 앞에서 설명한 것과 같은 정신적·문화적인 이차 홀론을 의미하는 것이다.

'차원'에 관해서 말하자면, 이 단어에는 많은 의미가 있어서 (다음과 같이) 길게 설명하지 않고서는 일관성을 유지하기가 매우 어렵다. 일반적으로 물리학에서는 거시세계에 4개의 차원이 있다고 생각한다. 다시 말해 3개의 공간적 차원(길이, 높이, 너비)에 시간의 차원을 더해, 물리적 시공간의 4가지 차원이 있는 것이다. 그러나 끈이론과 M-이론에서는 물리적 영역이 9~10가지의 미시공간 차원에 시간의 차원을 더해 총 10~11가지 차원으로 구성되어 있다고 한다.

그러나 그런 차원들은 전부 물리적 영역만을 다룰 뿐이다. 과학적 유물론의 세계관에 따르면 물리적 영역만이 존재한다. 그러나 존재에 감정적, 정신적, 영적 차원이 있다는 것을 인정한다면 용어의 문제가 발생하기 시작한다. 짚어 볼 용어가 너무나도 많기 때문이다.

『감각과 영혼의 만남』(『켄 윌버 전집』 8권)에서 설명했듯이 내가 수준과 차원이라는 단어를 가장 흔하게 사용하는 방식에 따르면, 수준은 수직적 구조 또는 파동을 의미하고 차원은 그 수준에서 발견되는 수평적 측면을 의미한다. 각 수준에서 발견되는 가장 중요한 차원들은 다름 아닌 4상한(나/우리/그것 그리고 그것들, 또는 주관적/상호주관적/객관적 그리고 상호객관적인 '공간들')이다. '그것'과 '그것들' 둘 다 객관적 차원이기 때문에 나는 종종 이 4개의 차원을 (나/우리/그것 또는 예술/도덕/과학, 미/선/진 등의) 3대 가치로 압축하기도 한다.

따라서 이 용어 체계에 따르면 존재의 각 수준은 적어도 이들 4개의 차원을 갖는다. 가령 존재의 주요 수준이 다섯 가지(물질, 신체, 마음, 혼 그리고 영)라고 하면, 각각 4개의 차원 또는 상한을 합쳐 전부 20가지 존재의 수준-차원이 있는 것이다(예를 들어 물리적 나/감정적 나/정신적 나/혼으로서의 나/영으로서의 나, 이에 더해 물리적 우리/감정적 우리/정신적 우리 등등).

각 수준에는 서로 다른 시간의 유형 또는 체험이 있다. 예를 들어 (시계로 측정하는) 물리적 시간, (이 흘러가는 순간이 당사자에게 어떻게 느껴지는지를 의미하는) 감정적 시간, (역사가 전개되는 시간인) 정신적 시간(자신의 삶에 대해 생각할 때 그것은 서술적 시간, 즉 이야기, 신화, 드라마, 연극의 시간 속에서 전개된다. 다시 말해, 정말로 실제의 시간, 상징적인 이야기의 시간 말이다), 그리고 (무한한 순간 속에서 영원을 볼 수 있는) 영적 시간 같은 것들 말이다. 이 전부가 시간의 실제 수준, 또는 온우주가 존재의 다른 수준에서 전개되는 방식이다(시간의 여러 다른 수준에 대한 논의는 『아트만 프로젝트(Atman Project)』와 『에덴을 넘어』를 보라. 둘 다 『켄 윌버 전집』 2권에 수록되어 있다).

시간을 (분리할 수는 없더라도) 또 다른 차원으로 생각하는 것이 일반적이라면, 각 수준에는 적어도 다섯 가지 차원(즉 그 수준의 시간 속에서 각각 전개되는 4상한)이 있다는 의미가 된다. 각각이 4개의 '공간적' 차원(나/우리/그것/그것들)과 시간의 차원을 갖는 다섯 가지 주요 수준이 있다면, 존재의 수준-차원은 25가지가 된다.

9~10가지 미시물리적 차원을 포함한다고들 하는 물리적인 그것-차원을 나는 단지 하나의 차원으로 친다(9~10가지 하위 차원을 부정하는 것은 아니다). 물리적 평면 역시 기본적인 나/우리/그것 차원을 가지고 있다. 이제 차원에 대한 이 모든 이야기가 얼마나 어지러운 일인지를 알 수 있을 것이다.

앞서 언급했듯이 '차원'과 같은 용어는 그 정의에 대해 이런 식으로 길게 설명하지 않고서는 일관성을 유지하기가 어렵고, 따라서 나는 때때로 편의상 이 용어를 기술적으로 '상한'(또는 어느 수준의 수평적인 모든 측면)과 동일한 의미로 사용한다. 그리고 때로는 막연히 수직적 수준이나 수평적 차원 중 하나의 의미로 사용하기도 한다. 어느 의미인지는 문맥에서 명확히 알 수 있을 것이다.

10 개인적인 서신. 벡은 자신이 '가치 밈' 또는 '브이(v) 밈'이라고 부르는 특정한 의미로 '밈'을 사용하는데, 이것은 '심리구조, 의사결정 체계, 그리고 문화의 다양한 표현양식에 스며들어 있는 핵심적인 가치 체계, 세계관, 구성원리'로 정의된다.

그레이브스와 벡의 이론 체계에서는 일시적/영속적 구조나 기본적/자아 관련 구조를 명확히 구분하지 않는다. 나 자신의 이론 체계에서는, 기본 구조는 영속적이고 이후의 모든 단계에서 완전히 활용할 수 있는 능력으로 남게 되지만 (도덕, 가치, 자기정체성 등의) 대부분의 자아 관련 지류는 이후의 단계로 대체되기 쉬운 일시적 단계로 구성되어 있다. (그러나 잠재인격은 서로 다른 수준 또는 밈에서 존재할 수 있고, 따라서 개개인은 자주색 잠재인격이나 파란색 잠재인격 등을 가질 수 있다. 이것은 흔히 상황에 따라 결정되는 것이어서, 서로 다른 상황에서는 아주 상이한 도덕적 반응이나 감정, 욕구 등을 갖게 된다. 그러나 일반적으로 중심자아 또는 근접자아의 경우, 가령 그 무게중심이 녹색에 이르게 되면 퇴행을 하지 않는 한 자주색 밈을 활성화시키지는 않을 것이다. 하지만 자주색 밈에 해당하는 기본 구조(즉 감정적·환영적 수준)는 활성화시킬 수 있다(그리고 빈번하게 활성화시킨다). 녹색의 성인이 자주색 밈을 '활성화시킬' 때 그것은 두 살배기가 가지고 있는 것과는 다르다. 두 살배기의 경우 자주색 밈은 그 주된 정체성, 근접 자아(주체로서의 '나')의 기반이지만 녹색 성인의 경우에는 원격자아(대상으로서의 '나')의 일부다. 녹색의 성인이 '자주색 밈을 활성화시킨다'는 것은 실제로는 '자주색 시기'(즉 감정적·환영적)에 처음으로 구축된 기본 능력(기본 구조)을 활성화시키는 것이다. 그러나 자아의 배타적 정체성이 더 이상 자주색 수준에 있지 않기 때문에, 퇴행을 하지 않는 한(또는 자주색 잠재인격을 활성화시키지 않는 한) 자주색에 해당하는 일시적 구조(도덕, 가치, 세계관)가 완전히 활성화되지는 않는다. 따라서 나는 적어도 '자주색 능력'과 '자주색 자아'를 서로 다른 것으로 보는데, 전자는 영속적인 반면 후자는 일시적인 것이다. 이 주제에 대한 보다 깊은 논의는 『통합심리학』을 참조하라. 또한 주석 6도 참조하라.

여전히 기술적인 차이가 있는데, 여기에는 서로 적대적이지 않은 불일치가 발생할 여지가 많다. 그리고 '밈을 활성화시키는 것'에 대해 말하자면, 이런 존재의 파동에 관한 가장 일반적이고 중요한 국면을 다루는 단순하고 간결한 방식(정말로 의식의 일반적인 파동이 존재한다는 사실과, 그것들이 일단 나타나면 다양한 상황에서 그 어느 것이라도 활성화시킬 수 있어서, 서로 다른 상황에서 실제로 '다른 사람'이 될 수 있다는 것 등)을 그레이브스와 벡의 체계에서 얻을 수 있다. 나는 또한, 특히 교육적인 목적을 위해서는 더 기술적으로 구분하는 것(영속적/지속적, 근본/자아)이 이해를 돕기보다는 혼동을 가져오고, 밈에 대한 일반적인 논의만으로도 사람들이 발달의 나선 전체와 존재의 전스펙트럼의 관점에서 생각하도록 돕는 데 충분하다는 것을 발견했다. 왜냐하면 간단하고도 중요한 사실은, 우리 모두가 적절한 환경에서 전개될 수 있는 잠재력으로서 이런 의식의 파동 전부를 가지고 있다는 것이기 때문이다.

11 다음에 나오는 설명의 상당 부분은 그레이브스, 벡, 벡과 코완의 여러 저서에서 직접 인용했거나 부연한 것들이다. 참고문헌에 대해서는 『통합심리학』을 참조하라.

12 주석 6을 참조하라.

13 이 '감정과 지식의 결합'은 성숙한 켄타우로스의 일반적 정의 가운데 하나다(『모든 것의 역사』를 참조하라). 나의 모형에서 우선 인지 계통에 대해서만 언급하자면, 녹색은 초기의 비전-논리(그리고 형식적 조작에서 비전-논리로의 이행)다. 따라서 녹색 또는 초기 비전-논리는 형식적 체계를 다중적 맥락으로 분화시킨다. 그러면 중기와 후기의 비전-논리(노란색과 청록색)는 그런 분화된 것들을 다양한 정도로 통합한다(그리고 동시에 스스로의 새로운 분화를 일으키며, 이는 그 다음의 파동에 의해 통합된다). 산호색은 심령 수준으로 진정한 초개인적 파동의 시작이다. 이런 주제들에 대한 정교한 논의는 『통합심리학』에서 많이 다루고 있다.

14 이 단락에서 언급되는 긍정적인 항목들은 사실 전부 오렌지색 밈에서(그리고 역사적으로는 계몽운동에서) 시작하는데, 이것은 앞으로 보게 되듯 오렌지색이 최초의 진정한 세계중심적이고 후인습적인 발달의 파동이기 때문이다. 녹색은 단지 여기에서 세계중심적 공정함이 심화되고 확장된 것이다. 오렌지색에 대한 녹색의 공격은 주로 잘못된 것으로, 부머리티스의 어떤 강렬한 변형 때문인 경우가 많다(제2장을 보라. 또한 『부머리티스』를 참조하라).

15 이에 대한 참고문헌과 더 확장된 논의는 『켄 윌버의 일기』 11월 23일자를 참조하라.

제2장 부머리티스

1 유아기와 유년기에 다양한 종류의 영성이 존재함을 부정하려는 것이 아니라, 이것들이 표현되는 수단이 보통 전인습적이고 자기중심적이라는 것이다. 『통합심리학』 제1장 '어린 시절에도 영성이 존재하는가?'를 참조하라.

2 『마음에 대한 질문(*The Quest for Mind*)』 63페이지

3 앞의 주석 1을 참조하라.

4 H. 한 등이 쓴 「젊은 성인의 도덕적 사고(Moral Reasoning of Young Adults)」, 『성격과 사회 심리학 저널(*Journal of Personality and Social Psychology*)』 10권(1968), 183~201페이지

5 제1장의 주석 14에서 언급된 것처럼 세계중심적이고 평등주의적인 공정성은 오렌지색 밈(과 계몽운동)에서 시작하고, 오렌지색 밈은 힘든 업적에 대한 인정을 대부분 받을 자격이 있다. 그러나 일종의 정점에 이르는 것은 녹색 밈에서인데, 역사적으로 법적, 정치적, 시민적 권리가 이전에는 (오렌지색이 아니라 파란색과 빨간색 밈에 의해) 소외되었던 한층 더 많은 사람들에게 확대되었던 것이다. (오렌지색 밈이 이들을 소외시키지 않았다는 것은 계몽운동에 대한 녹색 밈의 잘못된 전체주의적 공격에서 항상 간과되는 사실이다. 이 주제에 대한 폭넓은 논의는 『부머리티스』를 참조하라.)

6 실현 위계를 나는 홀라키(holarchy)라고도 부르는데, 이에 대해서는 제3장에서 설명할 것이다. 나의 연구에 관심이 많은 사람이라면, (원자에서 분자, ⋯⋯우주까지의) 이 연쇄관계에서 내가 개인적(위쪽) 상한과 집합적(아래쪽) 상한을 구별하지 않고 있음을 알 수 있을 것이다. 사실 개인적 · 집합적 측면은 발달의 모든 수준에서 전체 홀론이 서로 관계되는 측면들이다(『성, 생태, 영성』을 참조하라). 그러나 본문에서 예로 든 단순한 사례의 경우에도 결론은 동일하다.

7 그레이브스를 세심하게 연구한 제니 웨이드는 오렌지색(성취)와 녹색(친화)이 별개의 수준이 아니라 파란색(순응주의자)에 주어진 두 가지 선택이며, 따라서 오렌지색과 녹색 둘 다 (진정한) 두 번째 층으로 곧바로 발전할 수 있다고 생각한다. 웨이드의 저서 『마음의 변화』는 의식의 스펙트럼에 대한 아주 훌륭한 개관이다. 이 책에 대해서는 『영의 눈』(『켄 윌버 전집』 7권)에서 자세히 논의했다.

8 『켄 윌버의 일기』 9월 23일자에서는 새롭게 출현하고 있는 인간중심적 시민종교에 대한 예로 레이의 통합적 문화에 대해 논의하고 있다.

9 돈 벡과의 개인적 서신. 제1장의 녹색 밈에 대한 설명에서 벡과 코완은 전세계 인구의 약 10%가 녹색 밈에 해당하며 그 대부분은 미국과 유럽에 있다고 추정하였다. 벡의 연구 결과에 따르면 미국 성인의 약 20%가 녹색 밈에 해당하며 이것은 레이가 제시한 수치와 비슷하다.

10 이들 자료에 대한 출처와 논의는 『영의 눈』(『켄 윌버 전집』 7권)을 참조하라. 또한 그 개관에 대해서는 『통합심리학』을 참조하라.

제3장 통합 비전

1 여기에 이어지는 것이 개인적 변용에 필요한 변화 요인에 대한 4상한 분석이다.

아직 상한들에 대해 소개하거나 정의를 내리지 않았기 때문에 그 명칭을 사용하지 않지만, 내 연구에 관심이 많은 독자라면 바로 알아볼 수 있을 것이다.

2 물론 그레이브스의 '해체'라는 표현은 녹색 밈에 대한 고착을 초월해야 한다는 의미다. 녹색 밈 자체는 전체 나선에서 결정적인 요소로 남아 있다.

3 이것은 에설런 연구소의 공동창립자이자『신체의 미래(*The Future of the Body*)』, 『천국에서의 골프(*Golf in the Kingdom*)』를 쓴 마이클 머피(Michael Murphy)의 글을 인용한 것이다. 『영의 눈』(『켄 윌버 전집』7권) 서문을 참조하라.

4 그 이후의 책들은 모⑤『성, 생태, 영성』이 담고 있는 다양한 생각들을 구체화시킨 것들로『모든 것의 역사』, 『영의 눈』, 『감각과 영혼의 만남』, 『켄 윌버의 일기』, 그리고『공궁심리글』등이 있다. 대중적인 입문서로는『모든 것의 역사』를 추천한다.

5 돈 벡 역시 이것과 비슷한 그림을 사용하기 시작했는데, 그는 이것을 4상한 전부에서의 여덟 가지 수준을 의미하는 '4Q/8L'이라고 부른다. 물론 나는 수준을 확장하여 더 상위의 초개인적 파동과 상태를 광함시키며, 주요 파동을 거쳐 진행되는 서로 다른 여러 가지 변성된 상태와 발달상의 지류를 광함시킨다. 그러나 이 단순화된 그림은 여기서 일반적인 요점을 밝히는 데 아주 충분하다. 그건 그렇고, 이 '그레이브스/윌버' 모형과 일반적인 나선역글을 적용하는 작업을 돈 벡과 함께 하고 싶다면 spiwiz@iglobal.net[3]으로 그에게 연락을 취금 수 있다. 특히 피겟 맥냅, 와이어트 우즈몰, 브라이언 반 데르 호스트, 그리고 모린 사일로스의 연구도 참조하라.

6 서로 독립적인 이런 모듈들에 대한 증거는『영의 눈』(『켄 윌버 전집』7권)과『공궁심리글』에 제시되어 있다.

7 기술적으로 그레이브스의 가치 기준은 발달의 한 가지 계공이다. 그러나 그 계공 안의 수준들—이것들은 내 체계 안에서는 사실 의식의 수준들이다—을 사용하여 일반적인 수준을 나거낼 수 있다. 『공궁심리글』을 참조하라.

8 '공궁된' 또는 '공궁적'이라는 단어가 인간의 발달 단계에 사용될 때는 여러 가지 다른 의미가 있다.

먼저 수평적 그리고 수직적인 일반적 의미가 최소한 ⑤ 가지 있다. 수평적 공궁은 자주색, 파란색, 노란색 등 어떤 주어진 수준의 요소들이 그 수준에서 상당히 잘 공궁되어 있다는 것이다. 잘 공궁된 수준은 건강한 수준이며 고유의 구조와 한계를 감안금 때 그 수준에서 이를 수 있는 최선의 상태다. 기본적으로 수평적 공궁에는 주어진 수준에서의 4상한의 통합이 균요하다. 반대로 (예를 들어 나, 우리 또는 그것 영역의 지나친 강조와 같은) 어느 수준에서의 4상한의 불균형(또는 공

---

3) 2016년 1월 현재 유효한 메일 주소는 drbeck@attglobal.net

합의 결여)은 그 수준에서 병리적 불균형을 가져온다. 그 수준에서 건강을 되찾는다는 것은 그 수준의 요소들과 상한들의 균형 또는 통합을 되찾는 것(예를 들어 건강하지 못한 파란색 밈에서 건강한 파란색 밈으로의 이동)을 의미한다. 이것이 수평적 통합이다.

반면 수직적 통합은 전체적으로 상위의 통합 수준으로 이동하는 것이다. 이 시점에서 '통합적'이라는 말의 정의는 특정한 이론가가 인식하는 가장 높은 발달 수준에 따라 매우 달라지기 시작한다. 사실 각각의 발달 수준은 앞의 것들보다 상대적으로 더 통합하는 능력을 가지고 있는데, 이는 단지 각각의 건강한 수준은 '초월하고 포함하며' 따라서 각각의 상위 수준이 그 자신의 존재 안에 더 많은 홀론을 품을 수 있고 그래서 상대적으로 더 통합적이기 때문이다.

그리하여, 여러 이론가들은 자신이 아는 최상위 수준을 '통합적'이라고 부르는 경향이 있다. 예를 들면 겝서는 태곳적, 마술적, 신화적, 합리적 그리고 통합적 수준을 이야기한다. 제인 뢰빙거의 수준으로는 자폐적, 공생적, 충동적, 안전, 순응주의자, 양심적, 개인주의적, 자율적, 그리고 통합된 수준이 있다. 나선역학에서는 최상위 수준들(두 번째 층)을 통합적, 전일적 등의 용어로 지칭한다.

[그림 2-1]에서 이런 용어들 대부분을 볼 수 있는데, 여기에서는 내가 '켄타우로스'라고 부르는 수준에 이르는 의식의 수준을 다루고 있다. 그러나 나는 그보다 상위의 수준 또는 파동의 존재를 믿는다는 것을 주목해야 하는데, 이것들을 나는 '초개인적'(또는 '세 번째 층')이라고 표시했다. 많은 책에서 나는 대규모의 비교문화적 연구를 이용하여 이런 상위의 의식 수준에 대해 추적해 왔다(『통합심리학』을 보라). 그런 파동들 가운데 가장 높은 것을 '통합적'이라고 부를 수 있는데, 그것들은 켄타우로스나 겝서의 통합적-비조망적, 뢰빙거의 통합된 수준 등보다 한층 더 통합적이기 때문이다. 다시 말하자면 요점은, 각각의 발달적 파동은 그 앞의 것들보다 상대적으로 더 통합적이며 따라서 우리가 최상위의 통합적 수준이라고 부르는 것은 우리가 알고 있는 가장 높은 수준이 무엇인지에 달려있다는 점이다.

대부분의 연구자들이 알고 있는 가장 높은 수준이 켄타우로스(통합적-비조망적, 두 번째 층 등)이기 때문에, 이 책 전반에 걸쳐 '통합적'이라는 용어는 일반적으로 이 수준을 의미한다. 하지만 이것이 실제로는 아주 상대적인 용어이며, 궁극의 통합적 수준은 비이원의 온우주 그 자체라는 것을 이해해야 한다. 이것은 동시에 여러분 자신의 의식에서 가장 높은 수준이자 예외 없이 모든 수준의 근본이기도 하다.

9 이것은 어떤 계통에서도 일어날 수 있다. 예를 들어, 도덕 계통에서 어떤 사람은 직장이라는 배경 속에서는 주로 녹색 파동에 있는 에니어그램 7번 유형일 수 있다. 스트레스를 받으면 이 사람은 오렌지색 파동(또는 심지어 파란색 파동)의 1번

유형으로 바뀔 수 있고, 한편 인지적으로는 청록색의 4번 유형일 수 있다. 그러나 주목해야 할 것은, 에니어그램만으로는 알 수 없는 것이 수직적 수준에서의 이동이라는 점이다. 오렌지색 7번 유형은 스트레스를 받으면 에니어그램 이론에서 주장하는 것처럼 오렌지색 1번 유형이 될 수도 있다. 그러나 정말로 스트레스를 받으면 오렌지색 7번은 파란색, 그리고는 빨간색이나 자주색으로 퇴행할 것이다. 이것들은 그냥 다른 유형이 아니라 유형의 다른 수준이다. 재차 강조하자면, 수평적 유형론을 수직적 유형론과 결합함으로써 우리는 보다 통합적인 관점을 위해 두 번째 층의 구조를 이용할 수 있다.

　　나는 『모든 것의 역사』에서 에니어그램과 같은 수평적 유형론을 수직적 발달 수준과 함께 사용할 것을 처음으로 제안했다. 다른 연구자들도 각자 독립적으로 유사한 제안을 하게 되었다. 여담이지만, 에니어그램의 어떤 버전은 모든 수준에서 가능한 유형이 아닌 발달의 수준(장에서 가슴, 머리로)이며 수직적 방식으로 이용된다. 이것 역시 좋다. 내가 사용해 온 것은 두 번째 버전인데, 이것이 현재 가장 일반적이기 때문이다.

10 남성과 여성의 발달에 대한 길리건의 계층적 관점을 잘 요약한 책으로는 알렉산더와 랑거의 『인간 발달의 상위 단계』, 그중에서도 편집자의 서문과 길리건의 제9장을 참조하라.

11 『영의 눈』의 결론은, 남성은 작인에 여성은 공존에 중점을 두고 변환하는 경향이 있으며 남성은 에로스에 여성은 아가페에 중점을 두고 변용하는 경향이 있다는 것이다. 그러나 보편적인 발달의 파동은 남성과 여성 모두의 경우에 여전히 본질적으로 동일하며 그 자체로 성에 대해 중립적이다. 『영의 눈』(『켄 윌버 전집』 7권) 제8장 '통합적 페미니즘' 을 참조하라.

12 따라서 앞에서 본 나선역학의 예를 들면, 여성은 남성과 동일한 존재의 파동(또는 발달 계층)을 거치며 발달하지만 보다 관계적이고 투과적, 공존적 지향성을 나타낸다. 그리고 통합적 페미니즘은 이 '서로 다른 목소리' 에서 나타나는 모든 파동과 상태, 지류들의 역학과 패턴을 탐구하는 데 전념한다. 『영의 눈』(『켄 윌버 전집』 7권) 제8장 '통합적 페미니즘' 을 참조하라.

13 구조와 상태에 대한 전반적인 논의는 『통합심리학』을 참조하라.

14 좌상상한을 우상상한으로 환원시키는 것이 본질적으로 부당하다는 점에 대해서는 『통합심리학』과 『모든 것의 역사』를 참조하라. 마음과 뇌의 정확한 관계는 『통합심리학』에서 자세하게 분석하고 있다.

15 이것은 시스템 과학이 우하상한에만 적용된다는 의미는 아니다. 우상상한, 특히 뇌의 기전 역시 시스템적 방식으로 접근하는 경우가 많아지고 있다. 간단히 말하면 우상상한은 개인적 홀론이고 우하상한은 사회적 홀론이다. 그러나 둘 다 시스템적 측면이 있는데, 모든 개인은 실제로는 복합적 개인이기 때문이다. 이 주제

에 대한 논의는 『성, 생태, 영성』을 참조하라.

그러나 주의해야 할 것은, 시스템 이론에서는 (위든 아래든) 오른쪽 상한만을 다룬다는 점이다. 이것이 시스템 이론(과 혼돈 및 복잡성 이론)이 의식(또는 내적 상한)을 적절히 모형화할 수 없는 이유다. 화이트헤드와 하트숀, 데이비드 레이 그리핀이 지적했듯이 개개인의 홀론만이 의식을 소유한다. 즉 복합적 개인만이 의식을 가지고 있다는 것이다. 집단이나 사회는 (비록 복합적 개인이 여기에 포함되고 이들은 당연히 의식을 가지고 있지만) 그 자체로는 의식을 소유하지 않는다. 간단히 말하면, 모든 종류의 시스템 이론은 '그것' 언어로 조직되어 있지만 의식은 '나' 언어로 조직되어 있다. 따라서 시스템 이론의 방식(혼돈, 복잡성, 자동발생)으로 의식을 모형화하려는 여러 접근법은 아주 부정확한 것이다.

그러나 시스템 이론이 중요하지 않다는 이야기는 아니다. 모든 홀론에는 네 가지 상한이 들어 있기 때문에 내 모형에서 우하상한은 의식의 전체적인 줄거리에서 중요한 부분을 차지한다. 시스템적 접근법은 집합적 체계에 의식의 외면적 형태를 포함시킨다는 측면에서 중요성을 갖는다. 그러나 시스템적 접근법은 '나'와 '우리'에 대한 모형과 방법론으로 보충할 필요가 있다. 「의식의 통합 이론(An Integral Theory of Consciousness)」(『켄 윌버 전집』 7권)을 참조하라.

16 기술적으로 말해 '우리'는 1인칭의 복수형이고 '당신'은 2인칭이다. 하지만 나는 1인칭 복수형('우리')과 2인칭('당신/당신들') 둘 다를 내가 보통 '우리'라고 지칭하는 좌하상한에 포함시킨다. 그 이유는 영어에는 2인칭 복수형이 없기 때문이다(그래서 남부에서는 'you all', 북부에서는 'you guys'라고 말한다). 다시 말해, '우리'라고 할 때는 암묵적으로 '나-당신' 관계가 포함된다는 것이다(우리가 공통의 인식을 공유하지 않는다면 나는 당신을 진정으로 이해할 수 없다).

그래서 내 생각에, 나-당신 이론가들은 모두 좌하상한 또는 넓은 의미에서 '우리'의 부분집합을 다루고 있다. 그리고 이것은 분명 하버마스와 같은 '우리' 이론가들 대부분이 상호주관적 영역을 바라보는 방식이기도 하다(즉 진정한 '나-당신'은 '우리'의 부분집합이다). 그렇지 않다면 2인칭의 '당신'은 대상이나 '그것'으로 전락할 수 있다. 따라서 진정한 2인칭 연구는 ('당신'이 '우리'와 구별되더라도 최소한 부분적으로는) 모두 암묵적으로 1인칭의 복수형 또는 상호주관적 우리가 된다. 그러므로 '나-당신' 또는 2인칭 연구를 단순히 강조하는 것은 그 자체로 객체화하며 비하하는 일이 될 수 있다. 어쨌든 나는 해석학을 다룬 위대한 철학자들 대부분이 그랬듯이 우리/당신 또는 상호주관적 연구를 강하게 옹호해 왔다. 그리고 이 상호주관적 영역(우리와 당신 두 측면에서 모두)을 그것-과학과 나-주관주의가 지독하게 무시해 왔다는 것에 정말이지 동의한다. '온 상한, 온수준' 접근법, 즉 1-2-3 접근법에는 나, 우리, 그것에 대한 연구가 들어갈 공간이 충분히 있다.

17 의식 상태와 의식 구조의 관계에 대해서는 『통합심리학』을 참조하라.

18 자아와 병리의 수준, 일반적인 치료법에 대한 논의는 『통합심리학』을 참조하라.

제4장 과학과 종교

1 특히 『아이 투 아이(Eye to Eye)』(『켄 윌버 전집』 2권), 『감각과 영혼의 만남』(『켄 윌버 전집』 8권) 그리고 『통합심리학』을 참조하라.

2 이안 바버, 『과학과 종교: 과거와 현재의 문제들(Religion and Science: Historical and Contemporary Issues)』

3 유진 스콧, 「'과학과 종교 운동'(The 'Science and Religion Movement')」, 『스 켑티컬 인콰이어러(Skeptical Inquirer)』 1999년 7, 8월호

4 건설적 포스트모더니즘의 중요성에 대해서는 『감각과 영혼의 만남』(『켄 윌버 전 집』 8권), 『통합심리학』 그리고 『부머리티스』를 참조하라.

5 이 주제에 대한 자신의 가장 중요한 저서인 『과학과 종교: 과거와 현재의 문제 들』에서, 바버는 종교에 관한 자료에 영적 체험이 포함되어 있다는 것을 지적한 다. "종교적 공동체의 자료는 개개인의 독특한 체험과 종교적 전승의 일대기 및 의례로 구성된다." '자료'라는 단어에 의지하는 것이 일종의 실증주의를 의미한 다고 생각하는 비평가들과는 달리, 바버는 '자료'가 모든 영역에서 얻어진 모든 가공되지 않은 소재를 의미하며 여기에는 신비적 체험도 포함된다는 점을 인식 한다. 그러나 바버는 이 자료에 대한 실제 논의, 즉 그것이 무엇이고, 어떻게 얻 어졌으며, 어떻게 검증되거나 기각되는지에 대해 (거의 400장 분량의 책에서) 채 두 장이 안 되는 분량을 할애하고 있다. 이 커다란 공백은 내가 본문에서 요약한 접근법들에서 일반적으로 나타나며, 『감각과 영혼의 만남』에서 이를 메꾸려고 시도하고 있다. 다음에서 이런 자료들이 왜 그리고 어떻게 좋은 과학에 들어맞는 지를(좋은 과학에 의한 조사를 받을 수 있는 일부 영적 체험을 포함하여) 간략히 보일 것이다.

　　나는 바버의 이야기 중 많은 부분이 통찰력 있고 유용하다고 생각하며, 그중 상당 부분에 어느 정도는 동의한다. 그러나 그는 종교에 관한 자료의 실제 본질 을 무시하여 문제의 핵심에는 미치지 못했다는 것이 내 생각이다.

6 S. 굴드, 「겹치지 않는 교도권(Non-Overlapping Magisteria)」, 『스켑티컬 인콰 이어러』 1999년 7, 8월호. 고딕체 강조는 원문의 것이다.

7 S. 굴드, 「겹치지 않는 교도권」, 『스켑티컬 인콰이어러』 1999년 7, 8월호. 고딕체 부분은 내가 강조한 것이다.

8 영원의 철학과 전통적 대사슬에 대한 나의 강한 비판은 주석 16을 참조하라.

9 윌버, 『영의 눈』 그리고 알렉산더와 랑거, 『인간 발달의 상위 단계』를 참조하라.

10 좌상상한에서 '규칙'은 구체적인 조작적 사고(대략 파란색에 해당)를 나타내며 '형식'은 형식적인 조작적 사고(대략 오렌지색에 해당)를, '비전-논리'는 시스템적 사고(녹색, 노란색 그리고 청록색에 해당)를 나타낸다. 우상상한에서 SF1, SF2, SF3은 규칙과 형식적, 비전-논리와 연관된 뇌의 '구조-기능'을 나타낸다. 좌하상한에서 '우로보로스'는 파충류뇌간의 세계관을, '타이폰'은 번연계의 세계관을 나타낸다. 자세한 것은 『성, 생태, 영성』을 참조하라.

11 『성, 생태, 영성』(『켄 윌버 전집』 6권), 『모든 것의 역사』(『켄 윌버 전집』 7권), 그리고 『통합심리학』 등

12 '종교'(권위주의적이고 제도적인 형태)와 '영성'(개인적 신념과 체험)을 구분하는 것은 일반적인 일이다. 이러한 구별은 어떤 면에서는 유용하지만 어떤 면에서는 이해하기 힘들다. 제도적 종교에는 대부분 매우 심오한 개인적/신비적 분파가 있다. 사실 여러 면에서 종교는 단지 제도화된 영성일 뿐이다(예를 들어, 만약 뉴에이지의 영성이 영향력을 갖고 인정받게 된다면 그것은 결국 종교가 될 것이다). 대신에 나는 넓고 깊은(또는 비유에 따라 표층과 심층) 종교/영성에 대해 이야기하는 것을 선호한다. 본문에서 설명이 이어진다. 내가 주장하는 것은 '종교'와 '영성' 모두에 적용된다.

13 『사교적인 신』(『켄 윌버 전집』 3권)에서 나는 이것을 정당성 있는 종교와 진정성 있는 종교의 차이라고 이름 지었는데, 전자는 효과적인 변환(또는 표층 구조의 변화)을 제공하며 후자는 효과적인 변용(또는 심층 구조의 변화)을 제공한다. 전자가 가구를 같은 층에서 옮기는 것이라면, 후자는 층을 바꾸는 것이다.

14 『아이 투 아이』(『켄 윌버 전집』 3권) 제2장을 참조하라. '즉각적인' 경험이 존재하는지 아니면 영향을 받은 경험만이 존재하는지에 대해 말하자면, (감각적, 정신적 또는 영적) 경험은 문화적 요인에 의해 영향을 받는다 해도(그리고 모든 홀론이 4상한을 갖는다는 것을 고려하면 실제로 영향을 받는다) 이해의 순간에는 즉각적이다. 이것이 즉각적 경험 또는 자료라는 표현에서 내가 의미하는 것이다(이 주제에 대한 폭넓은 논의는 『성, 생태, 영성』을 참조하라).

이들 세 가지 요인(교시, 이해, 확인)의 개요를 설명할 때 나는 항상 패러다임 또는 교시가 자료를 단지 드러내는 것이 아니라 자료를 제시한다는 것을 강조한다. 이것은 '소여의 신화(myth of the given)'를 부정하는 다양한 탈칸트적 그리고 탈근대적 입장과 맥락을 같이하며, 바렐라의 작동적 패러다임과도 연관된다. 동시에, 『감각과 영혼의 만남』에서 논의되고 있는 것처럼, 어떤 영역에서도 소여의 신화를 부정하는 것이 그 영역이 갖는 객관적인 실제의 또는 고유한 어떤 특징들을 부정하는 것은 아니다. 인식의 영향을 받지 않는 순수한 대상이 있다는 생각과 모든 실재는 사회적으로 구성된다는 생각은 둘 다 한쪽으로 치우친 미흡한 개

넘들이다. 4상한적 인식론에서는 부분적 진실들에 내재된 균형의 여지를 발견함으로써 단순한 객관주의와 단순한 주관주의 사이에서 중용의 길을 택한다. 동시에, 극단적인 구성주의 인식론이 만연해 있기 때문에 나는 인식의 여러 형태를 구성하는 객관적인 실제적 요소들을 종종 강조하는데, 이것이 불행히도 가장 흔하게 부정되는 부분적이지만 중요한 진실이기 때문이다. 존 설의 『사회적 실재의 구성(*The Construction of Social Reality*)』(실재의 사회적 구성과 대비된다), 『영의 눈』(『켄 윌버 전집』 7권) 서문, 그리고 『부머리티스』를 참조하라.

15 그러나 내가 말했듯이 넓든 좁든 과학이 심층 영성의 전부는 아니다. 내면적 영역의 넓은 과학은 그런 내면적 영역에 관한 즉각적인 자료 또는 경험만을 제공해 줄 뿐이다. 그런 경험들은 더 나아가 미학적/표현적 그리고 도덕적/규범적 판단을 공들여 하기 위한 요소다. 따라서 넓은 과학의 경우에조차 우리는 내면을 단지 (좁든 넓든) 과학으로 환원시키는 것이 아니다. 넓은 종류든 좁은 종류든 과학은 언제나 3대 가치의 하나일 뿐이며, 우리가 미학적 · 규범적 경험의 원재료인 즉각적 자료 또는 경험을 연구하는 것을 도와줄 뿐이다. 나의 접근법이 실증주의적이라는 비난은 이 점을 놓친 것이다.

그래서 『감각과 영혼의 만남』에서 나는 육체 영역(조대)과 정묘 영역(정묘) 그리고 시원 영역(영)의 과학이 있다는 것을 보이려고 정말로 애를 썼다. 그러나 나는 육체 영역과 정묘 영역 그리고 시원 영역의 예술도 있고 각 영역의 도덕도 있다는 것을 지적했다. 따라서 대둥지의 드러난 수준들은 모두 나, 우리, 그것의 차원을 갖는다. 다시 말해 모든 수준에 실제로 예술, 도덕, 과학이 있는 것이다. 따라서 내가 말하는 것처럼 비록 과학을 더 상위의 영역으로 확장한다고 해도 과학과 그 방법론은 여전히 전체의 1/3일 뿐인데, 왜냐하면 상위 수준 역시 예술과 도덕을 가지고 있고 이들은 (다른 타당성 주장, 즉 각각의 진실성과 정당성을 따라) 자신들의 아주 다른 방법론을 따르기 때문이다.

그러므로 두 가지를 염두에 두어야 한다. 나는 신체나 감각운동 영역(좁은 의미의 실증주의) 측면만이 아닌 마음과 영의 영역(정신과학) 역시 연구하도록 과학을 정당하게 확장할 수 있다고 확실히 주장해 왔다. 그러나 그 경우에도 상위 영역의 과학만 있는 것이 아니라 상위 영역의 예술과 도덕 또한 존재한다(아니면 보다 정확히 말해, 상위 파동의 4상한이 모두 있고 이들 각각은 다른 방법론과 타당성 주장 즉 사실성, 진실성, 정당성, 기능적 적합성을 가지고 있다).

따라서 과학의 정의를 확장하는 경우에도, 상위 영역의 예술과 도덕 그리고 과학이 존재하기 때문에 나는 결코 상위 영역을 과학만으로 환원시키지 않는다. 그리고 내가 명확히 설명하듯이 예술과 도덕은 과학과는 다른 특유의 방법론을 가지고 있다. 몇몇 비평가들은 내가 과학이 상위 영역을 포함하도록 확장시킬 때 왜 그런지 모르겠지만 상위 영역을 과학으로 환원시킨다고 설명했다.

본문에서 나는 개인에만 초점을 맞추고 있다는 것에도 주목해야 한다. 넓은 과학은 좌하상한과 그 실재에 대한 연구의 일부가 될 수도 있다. 그러나 모든 내면적 영역에서 넓은 과학은 단지 **독백적인** 것이 아니라 대화적(이고 **초논리적)인**데, 여기서 우리에게는 현상학과 수량적 연구 방법론, 해석적 과학 등의 넓은 과학이 있다. 반면 좁은 과학은 (가령 물리학, 화학, 생물학 등과 같이) 개인적이든 (시스템 이론, 혼돈과 복잡성 이론과 같이) 집합적이든 본질적으로 독백적이다. '나'와 '우리'를 각각의 비환원적인 용어로 연구하는 것이 아니라 '그것들'을 연구하는 것이다. 『아이 투 아이』(『켄 윌버 전집』 3권) 제1장과 제2장, 『영의 눈』(『켄 윌버 전집』 7권) 그리고 『성, 생태, 영성』(『켄 윌버 전집』 6권)의 여러 각주를 참조하라.

16 372페이지.

일부 비평가들은 『감각과 영혼의 만남』을 자신들이 상당히 혐오하는 '영원의 철학'과 동일시했기 때문에 공격했다. 다원적 상대론자와 녹색 밈에 강하게 기반을 두는 영적 접근법에서는 지난 30년 동안 영원의 철학이라는 바로 그 개념을 맹렬하게 공격해 왔다. 이들은 보편적 진실이라는 것은 없다고 주장하는 경향이 있고(그들 자신의 다원적 사상은 예외인데, 이것은 모든 문화에서 보편적인 진실이다), 설령 영원의 철학이라는 것이 존재한다고 해도 그것은 경직되고 권위주의적이라고 주장한다(그래서 그들은 이를 종종 자신들의 권위주의적이고 정치적으로 올바른 이데올로기로 대체한다). 그럼에도 불구하고 나는 영원의 철학에 대한 여러 비평에 공감한다. 영원의 철학에 대한 나의 광범위한 비판은 『영의 눈』(『켄 윌버 전집』 7권), 『감각과 영혼의 만남』(『켄 윌버 전집』 8권), 『통합심리학』(『켄 윌버 전집』 4권), 『켄 윌버의 일기』(『켄 윌버 전집』 8권), 『성, 생태, 영성』(『켄 윌버 전집』 6권) 그리고 『켄 윌버 전집』 제2권, 제3권, 제4권의 서문에서 확인할 수 있다.

비평가들은 나를 영원의 철학과 동일시할 때, 내가 영원의 철학에서 실제로 옹호해 왔던 것은 존재와 지식의 영역에 관한 개념뿐이며 내가 그중 물질과 마음, 그리고 영(또는 조대, 정묘, 시원)의 세 가지만을 확고히 옹호했다는 것을 알아차리지 못한다. 이 영역들을 다섯 가지(물질, 신체, 마음, 혼, 영)로 확장하는 경우도 있지만, 기꺼이 강력하게 옹호하고 싶은 것은 세 가지만이다. 다시 말해 나의 주장은, 최소한 호모사피엔스의 시대에 와서는 (깨어 있는, 꿈꾸는, 잠자는 상태에서도 입증되듯이) 인류의 주요 문화에서 이런 존재의 세 가지 주된 영역을 인식했다는 것이다. 이것이 '영원의 철학'에서 내가 옹호해 온 거의 유일한 요소다. (예를 들어 프리초프 숀, 아난다 쿠마라스와미, 헨리 코빈, 세이예드 나스르, 휴스턴 스미스, 마르코 팔리스, 르네 궤농 등이 주장한) 전통적 형태의 영원의 철학이 갖는 다른 면들 대부분, 예를 들어 변하지 않는 원형, 고정되고 예정된 퇴행과 진화, (홀론적/이차적의 반대로서) 엄격히 계층적인 실재의 본질 등을 나는 보편적이라고도 진실이라고도 생각하지 않으며, 이 점에 있어서는 앞의 이론가들과 뚜렷하게 거리를 두어 왔다.

　　나는 비록 영원의 철학을 가차 없이 비판해 왔지만, 특히 가장 세련된 형태의 영원의 철학은 먼지를 좀 털어내야 하더라도 타의 추종을 불허하는 지식의 원천이라고 여전히 믿는다. 나는 진정한 모든 것의 이론을 위해서는 전근대와 근대 그리고 탈근대에서 최고의 것들을 신중히 결합할 필요가 있다고 생각하며, 이것은 『성, 생태, 영성』과 그 이후의 모든 책이 갖는 분명한 임무다.

17 어떤 의미에서 좁은 종교는 그저 모든 발달 단계의 세계관이다. 자주색 종교, 빨간색 종교, 파란색 종교, 오렌지색 종교, 녹색 종교 등이 있는 것이다. 좁은 종교에서는 어떤 주어진 수준에서 자아에게 의미와 위안을 주려고 시도한다(반면 심층 종교는 일시적으로 또는 영구적으로 자아를 움직이며 심령, 정묘, 시원 또는 비이원 영역으로 수준 전체를 바꾸려고 시도한다. 다시 말하지만, 『사교적인 신』(『켄 윌버 전집』 3권)에서 설명하듯 이것이 정당성 있는 종교와 진정성 있는 종교의 차이다).

　　좁은 종교는 누군가 종교를 '가졌다'거나 뭔가를 '종교적으로' 믿는다고 할 때 의미하는 것으로, 그 믿음은 내용 면에서 실제로 종교적일 필요는 없고 단지 강하게 받아들여지기만 하면 된다. 예를 들어 『스타트렉(*Star Trek*)』의 팬들은 논리가 스팍의 종교라고 한다.[4] 자아가 발달의 특정 수준 또는 파동과 스스로를 동일시할 때, 자아는 그 수준의 세계관을 종교적으로 믿으며 그것에 필사적으로 매달린다. 모든 수준에서 이 강렬한 동일시는 그 수준의 좁은 '종교', 즉 그 수준의 세계관에 대한 감정적 애착과 동일시를 만들어 내며, 이는 자아가 각각의 파동이 전개될 때 필연적으로 느끼는 것이다(자아가 그 수준과의 동일시에서 벗어나 그 다음으로 이동할 때까지 말이다. 그렇게 되면 그 다음 수준을 종교적으로 받아들이게 된다. 이 과정은 발달 정지가 일어나거나 혼과 영의 영역으로 발달하여 심층 영성과 신성(神性)을 발견할 때까지 계속된다. 이때 좁은 종교는 심층 종교가 된다).

　　존재의 각 파동에서 좁은 종교의 예를 간단히 들어 보자. 자주색 종교에는 부두교의 일부 형태와 언령마법에 대한 믿음이 포함된다. 빨간색 종교는 (모세는 홍해를 갈랐고, 그리스도는 처녀로부터 태어났고, 노자는 태어났을 때 900살이었다는 식으로) 원형적 인물들의 마법적 권능을 강조하는 원형신화적 믿음의 종

---

4) 스타트렉의 주인공 중 하나인 스팍은 매우 이성적인 인물로 자신의 감정을 겉으로 드러내지 않고 규칙을 중시하는 반면, 다른 주인공인 커크는 매우 감정적인 인물로 모든 일에 자신만만하며 도발적인 임기응변을 즐김

교다. 파란색 종교는 법과 질서의 종교, 커다란 질서 또는 위대한 타자에 대한 복종을 통해 사람들을 결속시키는 신화적-멤버십 구조로 권위적이고 경직된 계층을 가지며 죄책감을 이용하여 사회를 통제한다(십계명, 논어, 코란의 상당 부분 등). 그러나 이 신화적 믿음을 받아들이는 모두에게 보살핌을 베풀어 준다(반면 그렇지 않은 자들은 영원히 저주한다). 오렌지색 종교는 실증주의와 과학적 유물론의 종교다. 이 종교를 옹호하는 사람들은 이 세계관을 마치 근본주의자들처럼 종교적으로 믿고, 자신들만의 의심 많은 심문자가 있어 다른 모든 수준의 세계관을 공격하고 비웃는다(근대 과학적 실증주의의 아버지인 오귀스트 콩트는 실제로 (자신이 만들어 낸 말인) '실증주의의 교황'을 만들 것을 제안했는데, 이것은 에고적-합리적 수준에서 가능한 좁은 종교의 좋은 예다. 앞에서 언급했듯이 이것이 『스타트렉』에서 스팍의 '종교'일 것이다). 그러나 오렌지색 종교는 모든 개인이 인종과 피부색, 신념 또는 성별에 관계없이 평등한 권리를 갖는다는 믿음의 출발점이기도 하다. 녹색 종교는 이것을 모든 영혼에 대한 친절과 주관적 배려 그리고 지구상의 모든 존재에 대한 민감성으로 확장한다(정치적으로 올바른 관점에 대한 스스로의 종교를 공유하지 않는 사람들에게는 아주 비열해지지만— '비열한 녹색 밈'—말이다). 두 번째 층의 종교는 전일주의와 우주적 합일, 우주적 패턴의 종교다(벡과 코완의 표현처럼, 두 번째 층에서는 '지구는 집단적 정신을 가진 하나의 유기체'라고 믿는다). 우주적 합일에 대한 이 통합적 믿음조차 넘어서는 심령적 종교는 이 우주적 합일을 실제로 체험하는 것(자연신비주의의 한 유형)이다. 정묘적 종교는 이 우주적 질서의 신성한 기저를 직접 체험하는 것이며(신성신비주의), 시원적 종교는 근본적으로 무한하고 한정할 수 없는 이 기저의 본질을 직접 체험하는 것이다(무형신비주의).

그렇게 보면, 좁은 종교는 단지 어느 주어진 파동의 세계관을 해석하고 받아들일 수 있도록 도와주는 신념, 관행, 관습, 체험, 전통일 뿐이다. 반면 심층 종교는 보다 상위의 초합리적이고 초개인적인 파동(심령, 정묘, 시원, 비이원, 달리 표현하면 혼과 영)으로 변용하도록 도와주는 수행과 기법 그리고 전통과 관련된다. 그리고 이런 심층 영성의 수행들은 참된 실재를 드러낸다. 순수한 진리에 다가서는 것이다. 이런 심층 영성의 수행들은 따라서 (부분적으로는) 명상적 과학(또는 그저 좋은 과학)으로도 알려져 있는데, 단순한 믿음이 아니라 교시와 경험적 증거 그리고 동료의 검증에 기반한 실제 수행이기 때문이다. 그런 수행들은 단순한 문화적 의미나 국지적인 가치 구조 등이 아닌 실재, 다시 말해 참된 진실을 드러내 주는 반복 가능하며 공유 가능한 공개된 수행이다. 이런 상위 파동들은 파란색, 오렌지색 또는 녹색 밈만큼이나 사실이다. 그런 파동들에 대해 제대로 된 증거들이 있다고 생각한다면, 신성을 직접 체험한다고 주장하는 초개인적 파동의 경우에도 마찬가지다.

18 이것이 단계를 건너뛰어도 된다는 의미일까? 전혀 아니다. 가령 계몽시대 이전의 세계가 파란색 파동의 상태였다는 것은 의식의 평균 수준이 파란색이었다는 의미일 뿐이다. 개개인들은 각자의 상황에 따라 훨씬 높거나 낮은 파동의 상태였을 수 있고, 두 번째 층 또는 보편적 의식을 바탕으로 많은 신비가들이 심령, 정묘, 시원의 파동으로 진화했다. 그러나 사회 전체적으로는 상위 파동들을 뒷받침하지 않았다. 따라서 그들의 성취는 보호받는 영역이나 공동체를 벗어나서는 이루어지기 어려웠고, 그 결과 위대한 샤먼, 성자, 현자들에게만 대부분 국한되며 훨씬 더 드문 것이 되었다. 이 주제에 대한 충분한 논의와 발달의 상위 파동들에 대한 방대한 비교문화적 증거를 요약한 것은 『통합심리학』을 참조하라.

19 주석 17의 용어를 사용하면, 계몽주의와 함께 과학적 유물론의 오렌지색 좁은 종교는 교회의 파란색 좁은 종교에 대해 잔인하게 적대적인 입장을 갖게 되었다고 할 수 있다.

20 탈자유주의적 영성에 대한 논의는 『영의 눈』(『켄 윌버 전집』 7권), 『감각과 영혼의 만남』(『켄 윌버 전집』 8권) 그리고 『부머리티스』를 참조하라.

제5장 현실 세계

1 이차원에 대해서는 『감각과 영혼의 만남』에서 설명했고, 『성, 생태, 영성』과 『모든 것의 역사』에 더 자세한 설명이 나와 있다. 나는 이 용어를 두 가지 의미로 사용했다. ① 기술적으로는 우측 상한의 실재만이 더 이상 단순화할 수 없는 진실이라는 믿음이자, 모든 좌측 상한의 사건들을 우측 상한의 상관물로 환원시키는 것이다. ② 나는 또한 '이차원'이라는 단어를, 의식의 어느 특정 수준에서만 비롯되거나 특정 수준만을 믿는 좌측 상한의 신념 일체라는 의미로 사용한다. 따라서 행동주의자들은 첫 번째 의미에서 이차원적이며(그들은 객관적으로 관찰할 수 있는 행동만을 믿는다), 다원적 상대론자들은 두 번째 의미에서 이차원적이다 (그들은 녹색 밈의 가치만을 인정한다).

이차원 환원주의(첫 번째 의미) 안에는 두 가지 수준, 즉 모든 것을 우하상한으로 환원시키는 미묘한(subtle) 환원주의(가령 역동적 과정 체계, 혼돈과 복잡성 이론, 전통적인 시스템 이론, 사회적 자동발생론, 생명의 직물 등)와 한층 더 나아가 그런 객관적 체계를 실증적 원자로(모든 현상을 우상상한의 원자적 개체로) 환원시키는 거친(gross) 환원주의가 있다. 미묘한 환원주의는 (내면적 전일주의와 외면적 전일주의 양자를 결합하는 통합적 전일주의와 대조되는) 외면적 전일주의 또는 이차원적 전일주의라고도 알려져 있다. 거친 환원주의와 미묘한 환원주의 둘 다 온 세상을 3인칭의 그것-언어로 설명할 수 있다고 믿는다(즉 둘 다 대화적이거나 초논리적이 아니라 녹백적이다). 그런데, '계몽주의의 죄악'은 기친 환원주의가 아닌 미묘한 환원주의였다. 계몽주의 철학자들은 보통 위대한 시스템 사상가들이었는데, 이들은 자연의 체계(System de la Nature)와 '大연동 체계(great interlocking order)'를 지지한 최초의 영향력 있는 인물들이었다(찰스 테일러, 『자아의 원천(*Sources of the Self*)』과 『성, 생태, 영성』 제2장 및 제3장 참조).

2 인간의 마음에 대한 이 '백지 상태' 관점─그리고 행동주의 및 연상주의 심리학과 실증주의 인식론에서의 그 상관물─이 자유주의에 도입된 이유는 여러 가지가 있지만, 그 가운데 가장 중요한 것은 자유주의가 다양한 형태의 실증적 사회공학 기법을 통해 인간의 '무한한 완전성'을 약속했기 때문이다. 타고난 차이점과 능력, 구조는 모두 즉시 무시되었고, 작은 점토와 비슷한 상태로 태어난 인간은 따라서 외부의 제도와 힘에 의해(행동주의, 연상주의) 어떤 바람직한 상태로도 빚어낼 수 있다.

데이비드 하틀리는 『인간의 관찰(*Observations on Man*)』(1749)에서 마음을 감각의 집합체로 보는 심리학 이론(연상주의)을 연구했다. 이것은 (로크, 버클리, 흄 등이 주장한) 인식론의 실증적 이론과 잘 부합하는 것이었고, 일반적 이론 체계 전체는 신진 자유주의 정치이론의 질서를 위해 만들어졌다. 제임스 밀과 그의 아들 존 스튜어트 밀이 이런 아이디어들을 받아들인 이유는 간단했다. 존이 아버지에 대해 쓴 글에서 인용한다. "심리학에 있어서 아버지의 근본적인 신조는 연상의 보편적 원리를 통해 모든 인간의 모든 기질이 환경에 의해 형성된다는 것[객관적 인과관계], 그리고 그에 따라 인류의 윤리적·지적 상황을 개선할 수 있다는 무한한 가능성이었다……." 이러한 개선은 외부의 적절한 것을 내부에 각인시키는 행동주의적 교육을 통해 일어날 수 있고, 특히 후기 형태에서는 보다 적극적인 사회공학 기법을 통해 일어날 수도 있다(행동주의가 대부분의 측면에서 아무리 조잡하고 부정확하더라도 소비에트 연방의 국가적 심리학으로 남았던 이유가 이것이다. 행동주의는 여러 형태의 전통적 자유주의에 내포된 심리학으로 남아 있다).

존 패스모어는 『철학 백년사(*A Hundred Years of Philosophy*)』에서 다음과 같이 지적했다. "가장 초기의 연설문에서 [존 스튜어트] 밀은 자신이 완전성에 대한 아버지의 신념을 공유한다고 단언했고, 동일한 신념이 최후의 저술에서도 역시 강하게 표현되어 있다. 그는 언제나 타고난 차이점을 즉시 거부했는데 이는 『여성의 종속(*The Subjection of Women*)』(1869)에서 가장 열렬하게 나타났다. 이 책에서 그는, '남녀 사이에서 다툼의 소지가 가장 적은 차이점들조차 분명 자연적 역량의 차이[주관적 인과관계]와 전혀 무관하게 환경에 의해서 만들어진 것[객관적 인과관계]임이 틀림없다.'고 주장했다." 언제나 백지 상태가 있어서 외부로부터 보다 완벽한 세상이 그 안으로 부어지며, 내부에도 마찬가지로 고민이 필요한 실재들이 존재할 수도 있다는 생각은 전혀 없다. '백지 상태'는 급진적 사회 정책을 의미했다. "밀의 생각에 연상주의는 단지 진솔한 검토가 필요한 심리학적 가정이 아니었다. 그것은 급진적 사회 정책의 본질적인 추정이었다."

실증주의에 대해서도 동일한 진실이 성립한다. 실증주의는 단지 인식론일 뿐인 것이 아니라 거의 전적으로 객관적 인과관계에 기반을 둔(그리고 암묵적으로 주관적 인과관계를 부정하는) 사회 행위를 위한 청사진이었으며, 이것이 실증주의를 채택한 주된 이유 가운데 하나였다. "비슷하게, 실증주의는 인식론적 분석 이상의 것이다. 실증주의자가 되지 않는다는 것은 '기득권'을 고수한다는 것, '성스러운' 교리와 제도에 헌신한다는 것이다." 밀이 말하기를, 실증주의가 아닌 다른 것을 믿는다는 것은 "그릇된 교리와 나쁜 제도에 대한 커다란 지적 지원이다." 그리하여 실증주의는 무제한적 방식으로 인간을 빚기 위한 출입구에 해당한다(이런 이유로 '완전성'은 사회공학에서 다루는 의제가 된다).

다음에서 보게 되겠지만, 이것은 한편으로 타고난 것이나 차별적인 경우가 많은 '차이점'에 대한 (가령 이교도들은 영혼이 없이 태어난다는 식의) 인종중심적 관념에서 가능한 한 편견과 선입견이 없는 세계중심적, 후인습적 도덕으로의 이동이었다(나도 이러한 동기를 공유한다). 사실 밀의 시대에는 교회의 신화적-멤버십, 인종중심적 교리('성스러운 제도')를 의미했던 '기득권'의 상당 부분이 실제로 비판적인 검토를 필요로 했고, 그 점에 있어서 실증주의가 가장 확실하게 도움을 줄 수 있다(실증주의는 좁은 종교의 경험적 주장에 이의를 제기한다). 그러나 반면, 내부 자체에 실재와 영역, 단계, 상태가 있다는 것을 부인함으로써, 그리고 사실상 내부를 외부의 감각운동 세계가 찍힌 자국으로 환원시킴으로써, 자유주의 철학과 심리학은 스스로의 목표 달성을 방해할 것이다. 단순한 감각적 실증주의와 백지 상태에 충성하며 과학적 유물론의 세계관에 가장 크게 기여할 것이고, 우주에 대한 2차원적 관점으로서 사실상 내적 영역의 순수한 성장과 발달을 잠식하고 때로는 거칠게 탈선시킬 것이다. 인간에게 '무한한 가능성'이 있다면 그것은 외부를 발달시키는 것만이 아닌 내적 발달의 나선을 이해하는 데에도 있다. 이 장에서 내내 보게 되겠지만, 자유주의의 '백지 상태'는 세계중심적 도덕 의식을 고귀한 목표로 삼았지만 그런 다음에는 그것에 이르는 길을 못 쓰게 만들어 버렸다.

3 이것이 한 사회가 더 '진보적'이거나 '관용적'이 될수록 자유주의가 번창하기가 어려워지는 이유다. 모든 입장이 동등한 것으로 간주되고 어느 것도 '소외되지' 말아야 하므로 다양한 입장들에 대해 '아무런 판단도' 내려지지 않을 때, 자기중심적 입장과 인종중심적 입장이 번창하는 것이 용인된다. 그리고 이 지점에서 세계중심적 자유주의의 존재 자체가 크게 위협받게 된다. 전통적 자유주의가 스스로의 기반을 잠식하는 결과가 되는 것이다. 『켄 윌버의 일기』 10월 3일 및 15일

자와 12월 10일자, 그리고 『부머리티스』를 참조하라.

4 신화적-멤버십 파동(파란색 밈)이 인간 발달의 정상적이고 필연적인 파동이기 때문에, 최우선적 지침에 기반을 둔 진정한 통합 정치는 어떤 사회에서라도 파란색 밈이 갖는 (비록 제한적이더라도) 절대적으로 필요한 역할을 알아차리고 단지 그것을 끝내 버리려 하지는 않을 것이다. 이는 자유주의 녹색 밈이 기회가 있을 때마다 하는 일이기도 하다. 녹색이 파란색을 해체시키는 것은 국내외에서 벌어지는 진정한 정치적 악몽 가운데 하나다.

5 따라서 통합 정치는 온상한, 온수준 모형에서 최소한 세 가지 주요 영역, 즉 사회적 인과관계, 개인적/집합적, 발달 수준의 스펙트럼을 아우르는 정치적 지향점들을 통합하려고 시도한다. 간단한 소개에서는 언급할 필요가 없는 영역들 몇 가지로는 변화의 방향(퇴행적, 발전적, 정지적: 예를 들어 되찾은 선 대 선으로의 성장), 변화의 방법(비판적, 변용적, 변용적) 그리고 자유의 유형(부정적, 긍정적) 등이 있다. 다음 세 가지 영역이 가장 중요하다.

(1) 사회적 인과관계. 어떤 사람이 고통을 겪고 사회적으로 혜택을 받지 못하거나 권리를 박탈당했다면, 근본 원인을 어디에서 찾아야 할까? 그 사람 자체일까, 아니면 사회 조직일까? 본성(nature)인가, 양육(nurture)인가? 내면적 원인인가 외부적 원인인가? 자유주의자들은 고통의 원인을 객관적 사회 제도에서 찾으려는 경향이 있다. 사람들은 사회가 불공평하기 때문에 고통을 겪는다는 것이다. 가난한 이유는 억압받고 소외되거나 권리를 박탈당했기 때문이고, 아니면 적어도 공정한 기회를 얻지 못했기 때문이다(예를 들면 J. S. 밀). 반면 보수주의자들은 사람 자체에 주된 원인을 두는 경향이 있다. 가난한 이유는 게으르기 때문이라는 것이다. 보수주의자들은 인간의 고통 가운데 상당 부분을 내적 요인의 탓으로 돌린다. 사회 제도는 사람들을 억압하기보다는 더 큰 잠재력을 발휘하도록 도와준다(예를 들면 에드먼드 버크). 따라서 보수주의자들에게 고통의 근본 원인은 주위의 환경이나 교육 또는 사회 제도가 아닌 개인에게 있는 무언가다.

자유주의와 보수주의에 대한 이 정의는 내가 『에덴을 넘어』에서 최초로 명확하게 제시했고 그 이후에 상당히 보편화되었다. 랜스 모로우가 『타임(*Time*)』지에 데이비드 호로위츠의 책 『백인들은 질색이야(*Hating Whitey*)』를 리뷰한 것을 예로 들어 보자. "이것은 현상론자와 내재론자라고 부를 만한 이들 사이의 경계에 해당한다. 정치적 좌파 성향을 띠는 현상론자들은 미국의 인종 문제를 외부의 개입(과거의 악영향을 바로잡고 인종적 정의를 강제하기 위한 차별 철폐 조치, 강제 버스 통합[5])과 여타 정부 시책)을 통해 다룰 수 있다고 한다. 보수주의

---

5) 미국에서 백인과 흑인의 균형을 맞추기 위해 아동을 거주 지역 밖의 학교로 보내는 것

성향을 띠는 내재론자는 교육, 고된 노력, 동기 부여, 의욕, 중산적 가치, 욕구 충족의 연기, 옛 이민자의 덕목과 같이 내부로부터의 노력을 필요로 하는 해법을 강조한다." 내적 인과관계와 외적 인과관계의 이 구분은 통합 정치의 한 차원에 해당한다.

(2) 개인적/집합적. 공정한 사회를 만들어 갈 때 개인을 더 강조해야 하는가, 집단을 더 강조해야 하는가? 이 문제는 수백 년 묵은 오랜 딜레마지만, 계몽주의와 개인화된 자아의 급부상과 함께 비교적 최근에 두드러지게 나타났다(『에덴을 넘어』를 참조하라). 이것을 로렌스 치커링은 『좌우를 넘어』에서 모든 정당의 '자유'와 '질서' 진영이라고 이름 지었다. 이것을 위에서 주어진 자유주의(좌파)와 보수주의(우파)의 정의와 연결하면 자유 좌파와 질서 좌파, 자유 우파와 질서 우파를 얻게 된다(주석 8의 치커링/스프레처 매트릭스를 참조하라).

예를 들면 경제적 자유주의자들은 자유 우파인 경향이 있다(개인의 자유를 더 강조하기 때문에 자유 진영이며, 내적 인과관계를 믿기 때문에 우파다. 가난한 것은 충분히 열심히 일을 하지 않기 때문이라는 것이다. 따라서 정부는 시장에서 계속 손을 떼고 시장이 개개인의 자주성을 보상하도록 해야 한다). 전통적 보수주의자들은 질서 우파다(집단적 가치와 공민 도덕, 가족의 가치 등을 중시하기 때문에 질서 진영이며 내적 인과관계를 믿기 때문에 우파다. 이 사회에서 잘못된 것은 개개인에게 전통적 가치가 주입되지 않았다는 것이므로, 학교에서 기도를 하고 직업 윤리를 옹호하며 가족의 가치를 지지하는 등의 조치가 필요하다는 것이다).

계몽주의의 대표적 자유주의자들은 자유 좌파였다(집단 의식과 인종중심적 종교 앞에서 개인을 자유가 옹호했다는 점에서 자유 진영이며, 인간이 겪는 고통의 원인을 부패하고 억압적인 사회 제도에서 찾았다는 점에서 좌파다. 모든 인간은 평등하게 태어났지만 사회에서 불공평한 대우를 받는다는 것이다. 따라서 이 자유 좌파 성향은 혁명적인 정치사상과 연결되는 경우가 많았는데, 사회가 부당하다면 제거해 버리라는 것이다. 이것이 프랑스와 미국에서 일어난 일이다). 시민 자유주의자들은 거의 모든 저항에 맞서 개개인의 자유에 대한 권리를 주장하며 이 자유 좌파 성향을 계속 유지한다.

녹색 자유주의자들은 거의 항상 질서 좌파다. 그들은 교육과 정책적 조치를 둘 다 활용하여 사회 전체에 자신들의 가치—다문화주의나 페미니즘, 아니면 다른 것이든—를 도입하기를 원한다. 이것이 질서 우파와 질서 좌파가 서로를 탐탁지 않아 하면서도 힘을 합치는 경우가 흔한 이유다. 예를 들어 일부 보수주의자들과 일부 급진적 페미니스트들 모두 외설물에 대한 금지를 주장해 왔다. 둘의 공통점은 자신의 가치를 다른 사람들이 받아들이게 하는 것인데, 이것은 자유주의와 보수주의의 차이보다 더 중요하다.

자유주의는 (정부는 개개인의 삶에 관여하지 말아야 한다고 주장하는) 자유 좌파에서 시작하여 서서히 (도덕적 이유 때문에 큰 정부가 개개인의 일상에 개입해야 한다고 주장하는) 질서 좌파가 되는 경향이 있다는 것이 일반적으로 알려져 있다. 대표적인 사례로 시민권을 들 수 있다. 정부가 개입하지 않았다면 여전히 차별이 남아 있을 것이다. 이 점은 분명 사실인 면이 있다. 하지만 또한 분명한 것은, 질서 좌파 역시 (전인습적 자아도취에 오염된 후인습적 녹색 다원주의인) 부머리티스의 주된 안식처이며 부머리티스는 단지 권력만을 위해 남들의 삶에 개입하고 싶어 한다는 점이다. 그리하여 좌파는 부머리티스 페미니즘, 부머리티스 다문화주의, (생태파시즘이라고도 알려진) 부머리티스 생태학 등의 안식처가 되었다. 자유와 질서(또는 작인과 공존)를 통합하는 것에 대해서는 주석 7을 참조하라.

(3) 발달의 수준. 마지막 주된 영역은 특정 정치 성향에서 고민하는 경향이 있는 존재의 일반적 파동이다. 보수주의자들은 인습적 파동(파란색에서 오렌지색까지)을 옹호하는 경향이 있고, 자유주의자들은 비인습적 파동(자주색/빨간색, 오렌지색/녹색)을 옹호하는 경향이 있다.

통합 정치에서 근본적으로 주장하는 것은 두 가지다. 첫째, 세 가지 주요 차원(과 처음에 간단히 언급된 다른 차원들)을 이용하여 정치 성향의 스펙트럼 전체에 대한 지도를 만들 수 있다. 둘째, (극단적 형태가 아니라 건전한 형태의) 그런 정치 성향들 모두를 완전히 통합하는 방법이 있다. 이것은 세 가지 주요 차원에 대해 각각 다음을 의미한다. ① 내적 원인과 외적 원인에 둘 다 중점을 두어 내적 발달과 외적 발달 모두를 지원하고, ② 개개인 스스로가 자신의 행동을 규제하는 집단 규범의 입안자라고 느끼는 참여 민주주의를 인정하고, ③ 발달의 나선 전체에 걸쳐 최우선적 지침을 인정하는 것이다.

이런 세 가지 차원 전부를 일관적인 방식으로 통합하려면 각각의 차원들 사이의 정확한 관계를 통합적인 방식으로 보여 줄 수 있는 근본 철학이 필요하다. 나는 일련의 책에서 '온상한, 온수준'이라고 불리는 그런 통합 철학을 소개하려고 시도해 왔고, 이 책은 그에 대한 간단한 입문서다(통합 정치에 대한 더 깊은 설명은 『부머리티스』를 참조하라). 이들 차원은 이 모형을 사용하면 이론적으로 완전히 통합될 수 있다. 이제 남은 것은 이것을 보수주의와 자유주의의 정수를 결합하는 정치적 실천 방안으로 옮기는 일이며, 이 결합은 통합된 미래에서 주목을 받게 될 것이다.

6 최우선적 지침은 또한 되찾은 선 모형이 아닌 선으로의 성장 모형을 단호하게 편든다(『켄 윌버의 일기』 12월 10일자와 『부머리티스』를 참조하라). 전통적 자유주의자들은 '타고난 선'의 상태를 믿는데, 이것을 부패한 사회 제도가 억압하고 탄압한다. (『켄 윌버의 일기』에 설명되어 있듯이) 이 개념에 어느 정도 진실성이

있지만 심리학 연구에서는 선으로의 성장 모형을 단호하게 편드는데, 발달이 일반적으로 전인습에서 인습, 후인습으로 전개된다는 것을 보여 주기 때문이다. '백지 상태'의 인간 개념과 단순한 경험주의적 인식론, 행동주의 심리학과 마찬가지로 '타고난 선'에 관한 자유주의의 설명에 대해서는 광범위한 연구를 통한 증거를 찾지 못했으며, 그 결과 전통적 자유주의에는 그럴듯한 철학, 심리학 또는 윤리학이 사라지게 되었다. 온상한, 온수준 접근법에서는 자유주의의 고결한 목표를 보수주의 전통 가운데 최선의 것과 결합된 보다 튼튼한 토대 위에 두고자 시도한다.

'내면의 단계'에 대해 말하자면, 이것은 실제로는 모든 상한─주관적(의념적), 객관적(행동적), 상호주관적(문화적), 상호객관적(사회적)─에서의 단계를 의미한다. 발달의 파동은 4상한 전부에서 전개되며 이들 네 가지 차원을 모두 고려해야 한다. 더구나 각 상한 사이에서 고르지 않은 발달이 일어날 수 있는데, 예를 들어 고도로 발달된 기술(그것들)이 제대로 발달하지 못한 인종중심적 문화(우리)에 주어져 악몽 같은 결과(예를 들면 코소보 사태[6])가 나타날 수 있는 것이다.

그래서 나는 통합 정치를 위한 두 가지 단계를 엄밀하게 제시하는 것이다. ① 먼저 내면과 외면을 통합하고 ② 양쪽의 단계를 이해하여 최우선적 지침에 이르는 것. 물론 주석 5에서 설명한 차원들 모두가 진정한 통합 정치에 필요하지만, 이 두 가지가 가장 긴급하다.

이 두 단계는 실행의 측면에서는 자유주의자들과 보수주의자들에게 약간 다른 형태로 나타난다. 두 정치 철학 모두 자신들의 의제에서 현재 모자란 것을 보충함으로써 두 가지 단계를 밟을 필요가 있기 때문이다. (신화적-멤버십 또는 파란색/오렌지색까지만 내면적 인과관계와 내면의 단계를 믿는) 대부분의 보수주의자들에게 단계 1은 여러 상황에서 외부적 인과관계의 부분적이지만 진실된 중요성을 더 인식하고 그리하여 불우한 사람들에게 '보다 연민을 가지고' 행동하고자 하는 것('동정적 보수주의')을 의미한다. 아직 도달하지 않은 단계 2에는 신화적-멤버십 가치에서 세계중심적 가치로 이동하되, 전자를 포기하는 것이 아니라 (더 상위의 파란색 이후 단계로부터 부족한 것을 보충함으로써) 풍요롭게 하는 것이 포함된다.

(외면적 인과관계를 믿고 내면의 단계는 전혀 믿지 않는) 대부분의 자유주의자

---

6) 신유고연방으로부터의 분리·독립을 요구하는 알바니아계 코소보 주민과 세르비아 정부군 사이에 벌어진 유혈충돌사태. 이 과정에서 세르비아는 알바니아계 주민들을 대상으로 이른바 인종청소작전을 펼쳤음

들에게 단계 1은 먼저 내적 인과관계를 인정하는 것을 의미한다. (복지 개혁과 다른 문제들에 적용된 것과 같이) 빌 클린턴이 '기회와 책임'을 통합한 것이 바로 여기에 해당한다. 이것은 전통적 자유주의로부터 획기적으로 벗어난 것이었는데, '책임'의 부분이 내적 인과관계(제도가 아닌 사람이 스스로의 불우함에 대해 부분적으로 책임이 있다)를 인정했기 때문이다. (사람에 의한) '책임'과 (정부에 의한) '기회'의 결합은 그래서 내면와 외면를 결합하려는 시도였고, 이것이 (드렉셀 스프레처가 나에게 알려 준 것처럼) 단계 1에 대한 클린턴의 해석이었다. 아직 도달하지 않은 단계 2에는 내면만이 아닌 내면의 단계를 인정하는 것이 포함된다(또다시 강조하자면, 전통적 자유주의 관점 자체가 이미 세계중심적 단계에서 나온 것이라는 점이 아이러니다. 그래서 이것은 보이는 것처럼 벅찬 도전은 아니다. 자유주의자들이 스스로의 입장에 대한 보다 정확한 개념과 그것을 만들어 낸 발달 단계를 인정하기만 하면 되는 것이다).

2000년 현재 두 진영 모두 단계 1을 몇몇 형태로 시도하고 있으며, 둘 다 단계 2를 향해 힘겹게 나아가고는 있으나 단계 2를 시도한 적은 없다. 지금 자유주의와 보수주의 가운데 어느 쪽이 더 기꺼이 스스로의 전통적 결합을 인식하고 고민함으로써 보다 진정한 통합 정치에 이르는지를 지켜보는 것은 말 달리기 시합과 같다. 전통적 보수주의가 신화적-멤버십에서 세계중심적으로 이동하는 것이 더 어려울 것인가, 아니면 자유주의가 내면의 단계를 인정하는 것이 더 어려울 것인가? 스스로의 결합에 대해 더 고민하는 쪽이 통합 정치의 두 번째 단계에 대한 정치적 이해에 이를 것이다. 따라서 (받아들이는 폭이 가장 넓고 깊이가 가장 깊은) 최우선적 지침을 더 완전히 이해하고 실행할 것이며, 그리하여 예측 가능한 미래의 정치 무대에서 유리한 입장을 갖게 될 것이다.

7 자유(자율)와 질서(공유)의 통합에 대해 언급해 보자. '자율'은 거의 모든 면에서 불행한 단어다. 첫째, 완전히 자율적인 유한한 자아라는 것은 없고 (비록 상대적 자율성이 모든 파동에서 증가한다고 해도) 상대적으로 자율적인 자아가 있을 뿐이다. 둘째, 각 단계의 상대적으로 자율적인 자아는 (자연적, 객관적, 문화적, 사회적) 관계와 과정의 광대한 네트워크 안에 자리 잡고 있으며—간단히 말해, 작인(agency)은 언제나 공존(communion) 속의 작인이다—이것은 일반적으로 '자율' 또는 고립된 작인을 우습게 만든다. 셋째, 각 단계의 상대적으로 자율적인 자아 역시 비슷한 발달 단계에 있는 다른 상대적으로 자율적인 자아들과의 교환 체계 안에서 존재한다.

마지막 사실이 특히 중요하다. 자주색 자아는 다른 자주색 자아들과의 상호 교환 체계 안에서 존재하며, 파란색 자아는 다른 파란색 자아, 오렌지색 자아는 다른 오렌지색 자아, 녹색 자아는 다른 녹색 자아들과의 상호 교환 체계 안에서 존재한다(물론 파란색은 자주색, 빨간색, 오렌지색, 녹색, 노란색 등과도 상호작용을 한다. 자아의 각 수준이 유사한 깊이에 있는 다른 자아들과의 교환 속에서 특히 스스로를 인식한다는 것이다) 간단히 말해 모든 수준에서의 자아는 다른 자아들과 관계를 맺고 있는 자아(공존 속의 작인)다.

이것은 자유주의자와 공동체주의자 사이의 격렬한 논쟁에 대한 관심을 갖게 만드는데, 양쪽 모두 중요하지만 부분적인 퍼즐 조각을 가지고 있기 때문이다. 공동체주의는 자아가 언제나 상황에 처해 있거나 흠뻑 젖은(saturated) 자아, 언제나 맥락 속의 자아(또는 공존 속의 작인, 관계 속의 자율성)라는 점에서 옳다. 그러나 자유주의는 오렌지색 자아가 파란색 자아보다 상대적으로 더 많은 자율성을 가지며 이것은 파란색의 집단의식으로부터 보호받아야 한다는 점에서 옳다(자유주의 권리). 그러나 상대적으로 자율적인 자유주의의 자아(오렌지색)는 여전히 관계 속의 자아이며 다른 상대적으로 자율적인 자아들과의 관계 속에서만 스스로를 인식한다. 따라서 한 수준의 자율성은 이전 수준의 자율성보다 상대적으로 크지만, 이 자율성은 언제나 관계 속의 자율성(작인은 언제나 공존 속의 작인)이다. ([그림 2-1]의) 고도로 통합적이거나 '자율적인' 자아조차도 다른 자율적인 자아들과의 관계를 찾아낸다. 다시 말해, 작인은 비슷한 깊이의 작인을 찾아 상호 인식을 위해 그 관계에 의존하며, 이는 모든 수준에 있는 자아가 진실로 필요로 하는 것이다. 발달의 초기 단계에서 이런 관계들은 자아 형성을 위해 필수적이다. 성인의 경우 이런 관계들은 자아의 행복과 안녕, 그리고 상호 인식 속의 실존을 위해 필요하다. 물론 성인들은 가령 무인도에서 오도 가도 못하게 되었다면 그런 관계들 없이도 살 수 있지만, 그런 무미건조함 속에서 자아는 그야말로 시들어 버린다.

자율성에 대한 전형적인 자유주의적 관념에서는 파란색 자아보다 오렌지색 자아에서 자율성이 상대적으로 증가한다는 것을 정확하게 이해하고, 오렌지색 개인성을 파란색의 압제로부터 보호할 권리 체계를 올바르게 요구한다. 그러나 그다음 그런 자율성이 원자론적 자유라고 그릇된 추정을 한다. 자유주의 이론에서는 자율성을 원자론으로 잘못 이해했고 그 결과 언제나 공존 속의 작인인 자아의 본질을 완전히 잘못 이해해 버렸다. 따라서 사회의 본질도 잘못 이해했는데, 사회는 원자적 자아들 사이의 계약이 아니라 공존 속의 작인이 필연적으로 구현된 것이다.

『성, 생태, 영성』과 『모든 것의 역사』에서 설명되어 있듯이 작인은 권리를 의미하고 공존은 책임을 의미하며, 따라서 공존 속의 작인은 (어느 수준에 있든) 각각의 자아가 항상 일련의 책임 속의 권리 또는 의무와 연결된 자유다. 그러나 계몽주의의 자유주의적 자아(오렌지색)는 스스로를 오직 권리 및 자유와 동일시했으며, 파란색을 오직 책임 및 의무와 동일시했다. 그리하여 오렌지색 자아를 파란색 무리로부터 보호하려는 고결한 시도—이 정확한 의미는 오렌지색 공존 속의 작인을 파란색 공존 속의 작인으로부터(또는 오렌지색 책임 속의 권리를 파란색 책임 속의 권리로부터) 보호하는 것이었다—속에서, 오렌지색 자아는 권리를 책임에서 잘라 내어 스스로를 권리와 동일시하고 파란색을 책임과 동일시했다. 이렇게 하여 파란색으로부터 오렌지색을 보호하면서 무심코 책임 없이 권리를, 공존 없이 작인을, 의무 없이 자유를 가질 수 있다고 믿으며 환호성을 질렀던 것이다. 그리고 이 점에 있어서 자율성에 대한 자유주의적 관념은 사회적 교감과 배려, 의무의 퇴행적이고 자아도취적, 자기중심적인 붕괴에 정말로 기여했다.

따라서, 진정한 통합 정치의 우선적 의제 가운데 하나는 한낱 파란색의 권리와 책임으로 퇴보하지 않고 권리와 책임을 후인습적 수준(오렌지색 이상)에서 다시 연결시키는 것이다. 자유주의의 자율적 자아는 다른 자율적 자아와의 상호 교환 네트워크 속에서만 존재하고, 공존 속의 작인이 이루는 그 네트워크는 새로운 자유와 기회를 여는 바로 그 순간에 새로운 의무와 책임을 부과하기 때문에, 둘은 완전히 존중받아야 한다(각 수준에서 자아의 관계적 교환에 대한 논의는 『에덴을 넘어』를 참조하라. 책임 속의 권리로서의 공존 속의 작인에 대한 논의는 『성, 생태, 영성』과 『모든 것의 역사』를 참조하라).

8 현 시점에서 스프레처와 치커링 중 누구도 좌우에 대한 이 개념을 공식적으로 발표한 적은 없다. 스프레처는 나보다 1년 정도 후에 나오는 관계없이 같은 결론에 이르렀다고 주장하며 나는 이것을 인정한다. 자유주의와 보수주의에 대한 이 개념을 질서 및 자유와 결합하면 질서 및 자유 좌파와 질서 및 자유 우파를 얻게 되는데, 이것은 보통 치커링/스프레처 매트릭스라고 알려져 있다(주석 5 참조).

스프레처는 두 가지 특별한 통합 원칙, 즉 (주관적 발달을 강조하는) 발생적 리더십과 (객관적 발달을 중시하는) 분권화되고 통합된 거버넌스의 창설자다. 그는 또한 정치적 리더십의 훈련을 위한 영향력 있는 접근법을 설계해 왔는데, 여기에는 통합적 이해를 지도하기 위한 교시와 체험, 그리고 확증을 통한 연습이 포함되어 있다.

주석 6에서 언급된 것처럼 보다 통합적인 정치를 향한 (내면과 외면을 통합하고, 이 둘의 단계들을 이해하고 그리하여 최우선적 지침에 이르는) 두 가지 단계는 내가 만든 것이기는 하지만, 스프레처는 나와는 별개로 비슷한 구상을 하게 되었다. 스프레처가 자신의 접근법을 '제3의 길'이라고 분명히 언급하기는 하지만 말이다. 그는 제3의 길을 위한 '두 가지 단계'가 주로 경제적·수평적이고 그 다음이 문화적·수직적인 것이라고 이해한다. 전자는 좌우의 수평적 통합이고 후자는 질서와 자유의 수직적 통합이다. 이 중요한 주제들 가운데 여럿에 대해 (치커링과 나의 조언을 받아) 곧 출간될 스프레처의 미국 르네상스 논문(『제3의 길의 미래(The Future of the Third Way)』)에서 다룰 것이다.

9 따라서, 가령 사회주의자와 같이 질서 좌파(질서＝아래쪽 또는 집합적 상한을 강

조, 좌파 = 외적 인과관계 또는 우측 상한을 강조)인 사람들은 우하상한의 요인들(경제적, 객관적 사회 체제)을 가장 강조하며 그 상한에서 정부의 개입을 희망한다(예를 들면 복지국가주의). 전통주의자나 근본주의자 같은 질서 우파(질서 = 아래쪽 또는 집합적 상한, 우파 = 내적 인과관계 또는 좌측 상한)는 좌하상한(문화적 신념과 세계관)을 가장 강조하며, 필요하다면 정부의 개입을 통해서라도 모두가 자신들의 규범과 가치를 따를 것을 주장한다(예를 들면 학교에서의 기도 시간). 경제적 자유주의자와 같은 자유 우파(자유 = 위쪽 또는 개인적 상한, 우파 = 내적 인과관계 또는 좌측 상한에 대한 믿음)는 좌상상한을 가장 강조하여, 개개인이 스스로의 성공에 책임을 져야 하고 따라서 정부는 (그런 권리와 자유를 보호하기 위한 경우를 제외하면) 우측(예를 들어 경제적) 상한 일체에 간섭하지 말아야 한다고 주장한다. 시민적 자유주의자와 같은 자유 좌파는 개개인의 행동의 자유(우상상한)를 가장 강조하며 정부는 그런 자유를 보호하기 위해서만 개입해야 한다고 주장한다. 이 주제에 대해서는 여러 가지 변형된 형태의 논의가 있고 발달의 수준 자체로서 고려해야 하지만, 이런 간단한 사례들은 보다 통합적인 분석의 중요성을 보여 준다.

10 세계적 거버넌스에 대한 통합적 접근법은 부분적으로는 클레어 그레이브스가 의식의 '두 번째 층'(노란색, 청록색) 발달이라고 부른 것에서 생겨날 것으로 예상된다. (여러 다른 이론가들은 첫 번째, 두 번째, 세 번째, 네 번째 등 몇 가지 층에 대해 이야기한다. 여기서 내가 언급하려는 것에 대해서는 그레이브스의 간단한 2개층 개념으로 충분하며, 다음 장에서는 산호색/심령에서 시작하는 초개인적 실재의 '세 번째 층'을 추가할 것이다.) 나선역학의 용어를 사용하자면, 미국의 헌법은 (보통 오렌지와 녹색에서 발생하는) 첫 번째 층 거버넌스의 정점이자 멋진 절정이었고 이것은 기업형 국가(와 어느 정도까지는 가치 공동체)의 거버넌스 체제를 확립했다. 이제 국가주의 이후, 녹색 밈 이후의 세상에서 우리에게는 세계 문명을 위한 거버넌스 체제가 필요하며(제6장 참조) 이것은 세계적, 전일적 그물망이 번창하도록 할 것이다. 물론 나는 그것이 기본적이고 도덕적인 직관에 의해 인도되는 '온상한, 온수준' 접근법이 될 것이라고 믿으며, 여기에는 (어떤 특정한 파동에도 부당한 특혜를 주지 않고 발달의 스펙트럼 전체의 건강을 촉진하는) 최우선적 지침과 (사람들이 성장하도록, 능력이 미치는 한 자신들의 내적 · 외적 잠재력 전부를 개발하도록 초대함으로써) 모든 인류의 변용을 이끄는 온화한 조정자가 둘 다 포함될 것이다. 이러한 통합적 접근, 기본적이고 도덕적인 직관, 최우선적 지침, 변용의 조정자는 어떤 종류의 두 번째 층이나 통합적 자치에 있어서도 핵심적인 요소에 해당한다고 나는 생각한다. 이런 생각들을 (국가별 정부의 차이를 완전히 받아들일 뿐 아니라 그들의 통합과 상호 촉진을 허용할) 일련의 세계적 거버넌스의 그물망으로 변환시키는 것은 새천년의 정치에 커

다란 도전으로 남아 있다.

11 특히 래리 도시, 존 카밧-진, 진 액터버그, 켄 펠레티어, 조안 보리샌코의 연구를 참조하라.

12 존 애스틴, 「켄 윌버의 통합 철학: 보완적 · 대안적 의학과 주류 의학에 대한 기여 (The Integral Philosophy of Ken Wilber: Contributions to the Study of Complementary and Alternative Medicine and Conventional Medicine)」(근간)

13 보스턴 의과대학과 하버드 의과대학이 후원한 심리적 트라우마 컨퍼런스에서 발표한 「감각운동 배열(Sensorimotor Sequencing)」

14 게리 슈바르츠와 린다 루섹, 「단일 의학의 도전: 건강 이론과 8가지 세계관 가설 (The Challenge of One Medicine: Theories of Health and Eight World Hypotheses)」, 『어드밴스: 마음과 신체의 건강 저널(Advances: The Journal of Mind-Body Health)』

15 샴발라 근간, 크리텐든 외 『유사한 비전들(Kindred Visions)』에 수록될 래리 도시, 「치유의 대사슬: 의학의 통합 비전을 향하여(켄 윌버에 대한 경의를 표하며)」를 참조하라.

16 샴발라 근간, 크리텐든 외 『유사한 비전들』에 수록될 대릴 폴슨, 「경영: 다차원적/다수준적 관점(Management: A Multidimensional/Multilevel Perspective)」. 대릴 폴슨의 다음 글들도 참조하라. 『국소 항균성 검사와 평가(Antimicrobial Testing and Evaluation)』(1999, 마슬 데커), 「피부 보습제품 마케팅 기법 (Successfully Marketing Skin Moisturizing Products)」(『비누/화장품/화학물 신제품(Soap/Cosmetics /Chemical Specialties)』 1999년 8월호), 「효과적인 국소 항균제 개발(Developing Effective Topical Antimicrobials)」(『비누/화장품/화학물 신제품』 1997년 12월호). 대릴은 다양한 분야에서 '온상한, 온수준' 접근법 적용에 대한 글들을 아주 많이 발표하고 있으며, 여기에는 임사체험에 대한 널리 인정받은 설명도 포함된다(「임사체험: 문화적, 영적, 물리적 관점의 통합(The Near-Death Experience: An Integration of Cultural, Spiritual, and Physical Perspectives)」, 『임사 연구 저널(Journal of Near Death Studies)』 18(1), 1999년 가을호). 대릴은 식품 안전성에 대한 식품의약국의 전문가 패널이기도 하다. "우리는 O157-H7 유형의 대장균 발생과 같은 감염을 줄이기 위해 4상한 모형을 사용합니다."

인간에 대한 '온수준' 부분에 관해서는 매슬로에서 그레이브스, 뢰빙거까지 평판이 좋은 발달 모형 가운데 아무것이나 사용해도 좋다. 이와 관련해서는 나선 역학이 큰 성공을 거두어 왔고, 지금은 자체적인 개량을 위해 ([그림 3-1]에 묘사된 것과 아주 비슷한) '온상한, 온수준'을 사용하고 있다.

17 제프리 지오자, 「리더의 창조(Creating Leaders): 변화를 넘어-통합 선언문

(Beyond Transformation: An Integral Manifesto)」; 온퍼포스 협회(클리블랜드 외), 「현실적 철학자: 켄 윌버는 어떻게 우리의 관행을 바꾸었는가(The Practical Philosopher: How Ken Wilber Changed Our Practice)」; 리오 버크, 「돈이 아니라 의미도 중요하다(Not Just Money, Meaning)」. 이상은 모두 샴발라 근간, 크리텐든 외 『유사한 비전들』에 수록되어 있다. 리더십 서클(밥 앤더슨, 짐 스튜어트, 에릭 클라인)로부터의 인용문은 「리더십 서클: 영적 지성을 직장에 도입하기(The Leadership Circle: Bringing Spiritual Intelligence to the Work)」에서 따온 것이다. 이들에게는 클라인의 출판사(Awakening Corporate Soul)를 통해 연락할 수 있다.

18 보다 통합적인 접근법을 사용하기 시작한 여러 생태이론가들 중에서 매튜 칼만, 마이클 짐머만(『근본적 생태학(*Radical Ecology*)』) 그리고 구스 디제레가의 연구에 대해 특별히 언급할 수 있을 것이다. 디제레가와 나의 이론에는 차이가 있었지만 이제는 여러 생태학적 문제들에 대해 의견이 일치한다고 생각하며, 실제로 같이 책을 쓰기로 계획도 하고 있다. 구스가 이전에 내 연구에 대해 주로 항의했던 것은, 내가 자연신비주의와 관련된 많은 사람들이 전합리적이고 심지어는 퇴행적인 의식에 관여하는 경우가 많다고 시사함으로써 모든 자연신비주의가 그렇다고 했다는 점이었다. 물론 이것은 결코 내 생각이 아니었고, 이제는 구스도 이 점을 인정한다. 내가 주장하는 것들에 구스가 모두 동의할 것이라는 의미는 아니고, 자연신비주의와 신성신비주의, 무형신비주의, 비이원적신비주의(심령, 정묘, 시원, 비이원)를 포함하는 온상한, 온수준 접근법이 구스의 마음에 든다고 하는 정도가 안전하다고 생각한다. 또한 우리는 둘 다 근대성과 계몽주의의 부정적인 면들을 이해할 뿐만 아니라 여러 긍정적인 이점들 가운데 일부에 대해 공감한다. 대부분의 생태이론은 부정적인 면들에 부당하게 초점을 맞춘다.

19 이것은 다분히 자유주의에서 말하는 포괄성(inclusiveness)처럼 들린다. 내적 발달의 단계를 무시하거나 부정하는 전통적 자유주의에서는 보통의 인간들이 모두 거쳐 가는 내적 발달의 자연스럽고도 필수적인 여러 단계들(특히 순응주의자, 법과 질서, 근본주의자 단계)을 쉽게 받아들이지 못한다는 것을 제외하면 말이다. 따라서 자유주의자들은 이런 결정적으로 중요한 구조들이 눈에 뜨일 때마다 없애려고 하며, 이것은 매우 퇴행적인 효과를 나타낸다. 나선역학에서 표현하는 것처럼 녹색은 파란색을 사라지게 하고, 따라서 녹색은 가정에서만이 아니라 외교정책에서도 최우선적 지침에 믿을 수 없을 만큼 해로운 영향을 미치는 경우가 많다(예를 들어 파란색 상태에 있는 국가에 녹색의 '인권'을 강요하려는 것은 잘해야 시간낭비고, 역설적으로 최악의 경우에는 반동적인 시도다. 예를 들면 경직된 파란색을 녹색의 감성이 아닌 오렌지색 기술로 다루게 되는 것이다).

소수집단에 대한 보다 통합적인 접근법에 공감하는 이론가들로는 벡과 코니 힐리어드, 모린 사일로스가 있다. 이들의 기고문은 샴발라 근간, 크리텐든 외 『유사한 비전들』에서 찾아볼 수 있다.

20 더 통합적인 정치의 두 단계, 즉 내면을 인정하고 그 다음에 내면의 파동을 인정하는 것을 강조하고 있음에 주목하자.

21 인공지능과 로봇공학의 문제점은, 그것을 옹호하는 사람들 대부분은 의식이 무엇이고 어떻게 발달하는지에 대해 너무도 결핍된 관점을 가진 순진한 심리학자들이라는 것이다. [그림 4-4]의 좌상상한을 보면 인간 의식의 역사(와 그 구성요소인 홀론)가 지나온 자취를 알 수 있다. 원자와 분자의 포착이 시작되어 세포의 흥분성에 포함되며, 세포의 흥분성이 시작되어 신경 유기체의 감각에 포함된다. 전자가 시작되어 후자에 포함되는 관계는 신경 유기체의 감각에서 신경색(neural cord)을 갖는 동물의 지각, 파충류 뇌간을 갖는 동물의 충동, 대뇌 번연계를 갖는 동물의 감정과 느낌, 신피질을 갖는 동물의 상징과 개념으로 이어진다. 어느 시점에 어떤 인간의 두뇌에서는 복잡한 신피질이 형식적·조작적 사고 또는 논리를 만들어 낼 수 있다. 그러나 각각이 뒤이은 것들에 포함되는 그런 홀론들은 모두 최종 결론인 인간의 의식에 있어서 아주 중요한 부분이다.

그러나 컴퓨터 프로그래머들은 자기들이 제일 잘 아는, 즉 논리적·수학적 유형의 의식에 초점을 맞추는 경향이 있다. 그들은 의식의 이 얇은 바깥쪽 막을 걷어 내어 그 규칙과 알고리즘의 일부를 컴퓨터에 프로그램하고는, 피상적이고 육체에서 떨어져 추상적으로 분리된 이 인공적 지능이 정말로 인간의 의식과 같은 것이라고 생각한다. 그리고는 자연히, 10~20년이 지나면 '인간의 의식'을 실리콘칩에 내려 받을 수 있고 그리하여 영원한 삶을 성취할 수 있을 것이라고 생각한다. 그러나 내려 받아지는 것은 전부 육체에서 떨어진 그들 자신만의 얇고 추상적인 의식일 뿐이다.

정말로 인간과 같은 인공지능을 만들려면 엔지니어들은 인간의 의식이라는 초홀론을 구성하는 각각의 모든 홀론들의 의식을 재현할 수 있어야 할 것이다. 즉 세포의 흥분성에서 파충류의 본능, 대뇌 번연계의 감정, 신피질의 합리성과 연결성(우주에 있는 알려진 별의 수보다 더 많은 뉴런의 연결을 갖는 신피질)에 이르는 모든 것을 창조하여 생명을 불어넣을 수 있어야 할 것이다. 그러나 인공지능의 수준은 유기체 세포의 흥분성을 재현하는 것과도 거리가 멀기 때문에, 예측 가능한 미래에는 그 이상의 거창한 주장은 무시할 수 있다. 21세기의 로봇공학은 아직 의식의 가장 표면적인 형태만을 복제할 수 있는 특정한 알고리즘과 논리적·디지털 규칙, 몇 가지 유형의 퍼지 논리, 신경학습 네트워크에 따라 프로그램할 수 있는 행동에 한정될 것이다.

또 하나의 큰 어려움은 의식은 4상한에서 일어난다는 점이다. 인공지능은 우상상한의 행동 규칙과 학습 메커니즘만을 프로그램하려 하고, 이것은 우리가 진짜 의식이라고 부르는 4상한을 절대로 만들어 낼 수 없을 것이다. 이 주장의 부분 집합에 해당하는 것이, 실제로 우상상한의 행동은 결코 좌상상한의 의도성과 같지 않다는 의미인 존 설의 주장이다. 이것은 아주 옳은 이야기다. 우상상한의 행동은 상호주관적인 문화적 가치(좌하상한) 역시 절대로 만들어 내지 못할 것이다.

끝으로, 의식은 인간의 두뇌든 로봇이든 그 무엇의 산물도 아니라는 심층 영성 그 자체의 주장이 있다. 순수 의식은 대신 모든 현현(顯現)의 원천이자 근본이며, 그것을 컴퓨터에 담을 수 있다고 생각한다면…… 컴퓨터는 의식의 현현이지 그 반대가 아니고, 컴퓨터에 담을 수 있는(또는 컴퓨터에서 얻을 수 있는) 것은 경이로운 온우주의 단지 얇고 부분적인 피상적 조각이 전부다. 그밖에, 의식을 마이크로칩에 내려받을 수 있다는 이 모든 개념은 대부분, 이성과 잠자리를 갖지 못하고는 분리되고 동떨어져 육체를 떠난 사고에 녹아 버린 채 밤새 컴퓨터 화면을 쳐다보는 괴짜 청소년들로부터 비롯된다. 나 자신도 괴짜이므로 내 말을 오해하지 않기 바란다. 하지만 부탁인데…… 인간의 의식에는 인공지능에 대해 상상하는 것보다 많은 홀론들이 있는 것이다.

22 에드윈 퍼미지, 『집단을 떠나며(*Leaving the Fold*)』(J. Ure 편집) 229페이지

23 본문에서 나는 외적/법적 제약과 내적/도덕적 지혜를 조합하는 것, 더 일반적으로 표현하면 통합적 접근법이 이런 시련에 대처하기 위해 필요할 것이라고 제안했다. (정말로 통합적인 해법은 두 번째 층에서만 사용 가능한 것이 되기 때문에) 이것은 기본적으로 두 번째 층의 거버넌스 체계가 개입되어야 한다는 말과 같다. 예측 가능한 미래에 일어날 법한 일은 인류의 대부분이 세계중심적 단계 이전(자기중심적, 인종중심적)의 파동에 있게 되는 것이고, 따라서 이런 어려움에 대처하기 위해서는 두 번째 층의 세계적 거버넌스 그물망이 도입되어야 할 것이다. 이는 앞에서 보았듯이 인구의 10% 미만이 5단계의 도덕 수준에 있는 상황에서 국민을 통치하는 미국 헌법이 5단계 도덕 수준에 해당한다는 것과 유사하다. 마찬가지로 두 번째 층의 세계적 거버넌스 그물망은 전세계 인구의 10% 미만이 두 번째 층에 있는 상황에서 세계의 통합을 촉진해야 할 것이다. 이것이 정확히 어떤 방식으로 가능할 것인지 현 시점에서는 알 수 없는데, 왜냐하면 통합 정치가 이제 막 출현하기 시작했고 그 최종 형태가 어떻게 될지는 예측할 수 없기 때문이다. (우리가 충분히 오래 살아남는다면) 그것이 가능할 것이라는 점은 거의 확실하지만, 어떻게 언제 그리고 어디서에 있어서는 어느 정도 우리를 놀라게 할 것이다(놀랍지 않다면 그것은 진짜가 아니다). 그렇지만 그 일반적인 특징들 다수에 대한 윤곽이 드러나 있고, 이제는 그것을 촉진하는 요인들 다수를 발견할 수 있다. 이것은 통합정치연구소의 가장 중요한 정책 이슈들 가운데 하나다.

[US웹/CKS과 인텐드 체인지(Intend Change), 보이저 프로젝트의 공동 창업자이자 통합연구소를 강력하게 지지하는 회원인] 조 퍼미지는 이 거버넌스 문제

에는 두 가지 일반적인 측면('강제적'과 '비강제적', 즉 앞에서와 마찬가지로 힘에 의한 외부의 법적 통제와 자체 지침을 제공하는 내부의 도덕적 지혜)이 있고, 내적 발달의 결여가 초래한 앞으로의 악몽에 대처하기 위해 이런 두 가지 통제가 어떻게 올바르고 적절하게 균형을 이루도록 할 것인지가 중요하다는 점을 지적한다. 한편으로는 '분권화되고 통합된' 형태의 거버넌스 체계가 있으며 통합연구소의 회원들 몇몇이 이를 탐구하고 있다. 퍼미지의 표현에 따르면 "이데오테크노믹스[7]의 새로운 실현 가능성이 개인의 우선 사항에 대한 새로운 전일적 접근을 가능하게 한다. 그리고 이는 다시 거버넌스가 더 작고 덜 통제적인 역할을 하면서도 더 일관성 있고 서비스에 중심을 둔 역할을 하는 방향으로 진화하도록 할 수 있다." 다른 한편으로는 전스펙트럼 교육, 대중의 참여적 의식, 통합 정치 리더십, 심층영성을 포함하는 내적 발달이 새롭게 주목받고 있는 점도 생각해야 한다. 퍼미지의 생각에 따르면, "내가 보기에는 다름 아닌 통합적인 영적 진화만이 충분한 역할을 할 수 있다. 어떤 형태의 외부적 통제 장치도 완벽할 수는 없고, 그에 버금가는 것은 뭐든지 인간을 살 수 없게 할 것이기 때문이다."

외적 발달과 내적 발달의 이 균형잡힌 통합은 물론 통합 정치의 또다른 형태일 뿐이고, 이제는 이런 문제들을 똑똑한 방식으로 표현이라도 하는 것도 통합 정치 접근법을 통해서만 가능하다는 것이 확실해 보인다(주석 5, 6, 7, 8, 10을 참조하라). 그러나 침범할 수 없는 한 가지 결론은, 세계적 거버넌스가 필요로 하는 강제적 측면은 내적 발달이 부족한 정도에 비례하여 증가할 것이라는 점이다.

제6장 온우주의 지도

1 어떤 논평가는 내가 스스로 만들어 낸 '홀론적(holonic)' 대신 '전일적(holistic)'이라는 표현을 쓴다고 꾸짖었다. 그 논평가는 '전체'를 강조하는 대부분의 전일주의에는 몇 가지 중요한 결함이 있고 이런 결함은 전체와 부분 또는 전체/부분, 즉 홀론을 강조하는 홀론적 접근법을 통해 극복할 수 있다는 점에 대해 나와 동의했다. 이것은 사실이다. 그럼에도 불구하고, 전일적 모형과 홀론적 모형 사이에 중요한 차이점이 있기는 하지만 '홀론적'이 잘 알려진 용어가 아니기 때문에 나는 두 용어를 같은 의미로 쓰는 경우가 많다.

2 관념론의 장단점에 대한 설명은 『성, 생태, 영성』, 『모든 것의 역사』 그리고 『감각과 영혼의 만남』을 참조하라.

---

7) Ideotechnomics: 조 퍼미지 본인이 만들어 낸 말로, '사상적인 지식을 갖추고 기술적 권한을 부여받은 경제 조직'을 의미

3 슈바르츠 등의 주장에 따르면 홀론적 모형은 여덟 가지 전부를 받아들일 수 있다. 샴발라 근간, 크리텐든 외『유사한 비전들』에 수록된 G. 슈바르츠, C. 산테레, L. 루섹의「전체에 질서를 부여하기: 켄 윌버의 의식에 대한 통합적 접근법에 적용된 8가지 세계관 가설(Bringing Order to the Whole: Eight World Hypotheses Applied to Ken Wilber's Integral Approach to Consciousness)」을 참조하라.

4 이것은 분명히 유용한 체계이며, 내가 비교수준적 분석이라고 부르는 것을 통해 한층 더 밀접한 관련을 갖게 된다. 이것은 아주 중요한 추가 사항으로 제6장의 주석 19에서 자세하게 논의한다.

5 다양한 세계관들을 통합할 수 있게 되는 데 있어서 발달의 개념이 왜 중요한지에 대한 더 깊은 논의는『켄 윌버의 일기』10월 3일과 15일자를 참조하라. 차크라의 수준에 대해서는 제6장의 주석 18을 참조하라.

물론 하위 수준의 세계관이 상위 수준에 대해 어떤 주장을 하려면 그 상위 수준의 기준을 사용하여 검증을 받아야 한다. 예를 들어 점성술에서 합리적 · 실증적 주장을 하려면(즉 3번 차크라에서 4번 차크라의 주장을 하려면) 그런 주장들은 합리적 · 실증적 방법을 통해 검증을 받을 필요가 있는데, 보통은 극적으로 실패한다(가령 점성술은 점성술사 자신들이 고안한 실증적 검증에 계속하여 실패해 왔다.『켄 윌버의 일기』7월 29일자와 12월 21일자를 참조하라). 그러나 점성술은 신화적 의식 수준에서 이용할 수 있는 수많은 타당한 세계관들 중 하나고 그 수준에서 성취하도록 되어 있는 것들, 즉 의미를 부여하고 우주와 연결된 느낌을 부여하며 그 우주의 광대함 속에서 자아의 역할을 부여하는 것을 이루어 낸다. 그러나 그것은 예지력을 가진 합리적인 4번 차크라의 과학은 아니다(실증적 검증에 계속 실패했던 이유가 이것이다). 같은 이유로 우리는 합리적 과학에서 5번이나 6번, 또는 7번 차크라에 대해 이야기하는 것을 그다지 믿을 필요가 없다.

'모든 관점은 정확하다'는 나의 주장이 갖는 의미는, 각각의 수준은 그 수준을 드러낼 뿐만 아니라 (분화되고 통합될 때, 또는 초월되고 포함될 때) 더 높은 수준의 중요하고 필수적인 요인으로서의 역할을 하는 그 자체의 중요한 진실을 가지고 있다는 일반적인 의미다. 신화적 수준에서 우리는 공동체 안에서의 친밀한 관계의 체험과 멤버십의 역량을 보존하기를 원한다. 그러나 실재의 어느 수준 내에서도 그 수준의 기준에 의해 결정되는 더 타당한 관점과 덜 타당한 관점이 있다. 예를 들면 점성술은 신화적 수준의 일부이며 좋은 점성술사와 나쁜 점성술사가 있다. 그들 중 누구도 여태껏 일체의 합리적 · 실증적 검증을 성공적으로 통과하지 못했지만, 그것은 신화적 수준의 실제 기준이 아니다. 다른 수준들과 마찬가지로 신화적 수준은 일관성과 의미, 우주에 대한 연결, 타인에 대한 배려 그리고 실용적인 지침을 제공하려고 시도한다. (점성술이 그 부분집합인) 이것의 신화적 버전은 그 수준의 분리된 자아를 위한 의미와 정신, 신화 체계, 승인을 제공해 주는 변용적 구조다. 신화와 점성술은 우리 모두 안에 있는 이 수준에 말을 걸고, 그 수준과 접촉했을 때 우리 생명의 근원에 대한 경이로운 연결을 제공해 준다. 좋은 점성술사는 타당하고 훌륭한 방식으로 이렇게 하며, 나쁜 점성술사는 (그 수준 안에서 판단할 때) 그렇지 않다. 물론 그 하위 수준에 다가가는 것과 거기에 남는 것(또는 그 하위 수준이 실재의 궁극적 수준인 것처럼 옹호하는 것)은 아주 별개의 문제다. 점성술에 대해 보다 상위의 주장을 하는 사람들은 그런 주장들이 입증되지 못하면 어떤 경우든 의심을 갖게 되는 것이다.

　다른 한편으로, 여러 가지 신화를 더 낮은 수준이라는 (그리고 합리적·경험적 검증을 통과하지 못한다는) 이유로 경멸하는 합리적 과학자는 그야말로 자신의 근원과 연결되지 못한 사람이다. 통합적 인간은 자신 안에서 그리고 자신을 거치며 나타난 실재의 수준들 전부를 편안하게 느끼며, 다양한 상황에 정당한 모든 차크라(와 밈)의 언어로 말할 수 있다. 늘 그렇듯이 어느 특정한 차크라에 집착하는 것만이 대부분의 문제를 일으키는 원인이다.

6 벨라의 중요한 연구에 대한 폭넓은 논의는 『성, 생태, 영성』(『켄 윌버 전집』 6권)과 「사회문화적 진화(Sociocultural Evolution)」(『켄 윌버 전집』 4권)를 참조하라.

7 게이어존이 오늘날 미국에서 발견한 여섯 가지 '국민 유형' 또는 '상태'는 다음과 같다. 종교적 상태인 패트리아(신화-멤버십[파란색]에 기반을 두고 질서 우파인 경우가 많다), 자본주의 상태인 코퍼레티아(자아-도구적 합리성[오렌지색]에 기반을 두고 경제적 자유주의자와 자유 우파인 경우가 많다), 반정부적인 디지아[일반적으로 전인습(자주색/빨간색) 또는 후인습(녹색) 파동에 있으면서 인습적 파란색과 오렌지색에 맞서 싸우며, 질서 좌파인 경우가 많다], 정보 상태인 미디아(일반적으로 오렌지색이며 자유 좌파), 뉴에이지의 가이아(전인습과 후인습의 조합으로, 질서 좌파인 경우가 많은 심한 녹색이 자주색·빨간색과 결합하여 퇴행적 효과가 나타나는 경우가 많다), 그리고 정치적 계급 또는 오피시아(다양한 수준을 나타내지만 일반적으로는 정치적 대중에 따라 파란색, 오렌지색, 녹색이다).

8 정치적 성향은 몇 가지 수준에서 이용할 수 있는 유형이다(빨간색 좌파 또는 우파가 가능하며 파란색 좌파나 우파, 오렌지색 좌파나 우파 등이 가능하다). 비록 전통적으로 좌파는 가령 자주색과 녹색, 우파는 파란색과 같이 특정 수준에서 더 많은 사람들을 끌어들이는 경우가 많았지만 말이다. 이런 집단들은 온상한, 온수준 색인 체계를 이용하여 쉽게 추적할 수 있다.

9 수직적 깊이의 결여는 대부분의 전통적 저술가들뿐 아니라 여러 대안적, 초개인적, 영적 저술가들에게도 해당된다. 주된 이유 가운데 하나는 그들 중 다수가 녹색 밈을 존중하려고 하거나 녹색 밈에 무의식적으로 몰입되어 홀라키라는 개념을 사용하는 것조차 주저하기 때문이다. 이 '이차원'의 영성은 불행하게도 아주 일반적이며, 사람들을 현재의 파동에 고정시켜 버리는 역할을 하는 경우가 많다.

10 헌팅턴은 진화적 역사 모형 대 순환적 역사 모형의 문제를 제기한다. 내 생각에는 두 관점 모두 맞다. 발달의 진화적 파동이 있고 그 안에 발달의 순환과 시즌, 단계가 있다. 전자는 변용적 발달을, 후자는 변용적 발달을 의미한다. 많은 경우에 한 순환의 완성은 (개인적 또는 집합적인) 변용의 체계를 개방시키고, 이것은 초월적·진보적이거나 해체적·퇴행적일 수 있다. 이 주제에 대한 논의는 『통합심리학』을 참조하라.

11 어느 대목에서 헌팅턴은 문명과 문화에 대한 독일식 구별을 경시한다. "독일의 사상가들은 기구와 기술, 물질적 요인을 포함하는 문명과 가치, 이상 그리고 고도로 지성적이고 예술적, 도덕적인 사회의 자질을 포함하는 문화를 뚜렷하게 구별한다." 그러나 이것은 아주 실제적인 구별이며—사실 이것은 우하상한(사회적)과 좌하상한(문화적)이다—헌팅턴 자신도 양쪽을 다 사용한다(철학에 관해서는 독일 사람들에게 반대하는 것은 보통 이익이 되지 않는다). 헌팅턴은 문화와 사회의 뚜렷한 분리에 반대하고 있지만 이것은 실수라는 것에 나는 동의한다. 상한들은 구별되지만 분리할 수 있는 것이 아니며 이 두 측면 모두 포함되어야 한다.

　헌팅턴의 정의와 같이 문명은 폭넓은 문화적 패턴으로('문화적'이라는 헌팅턴의 표현은 '사회문화적'을 의미한다), '포괄적'이고('즉 그 구성요소 가운데 어느 것도 포괄적인 문명과 관련짓지 않고서는 완전히 이해할 수 없다") 발달 또는 진화를 보여 주며("역동적이고 진화하며 적응한다" 여기에는 쇠락과 소멸도 포함될 수 있고 실제로도 그렇다), 정치적이지 않고 그보다 더 깊이가 있다("하나의 문명에는 하나 또는 그 이상의 정치적 단위가 포함될 수 있다"). 이것들 모두 근본적으로는 옳다고 생각하지만, 몇 가지를 덧붙이면 어떨까 싶다. 내가 볼 때 문명은 (가치, 인지 유형, 언어, 윤리, 도덕, 관습, 전통과 같은) 여러 가지 계통 또는 지류들이 각각의 상한(개인적, 행동적, 문화적, 사회적)에서 나타난 (가령 자주색, 빨간색, 파란색, 오렌지색, 녹색 등의) 다양한 수준 또는 파동을 거치며 지나가는 혼합물이다. 홀론적 색인 체계를 사용하면 이런 것들 각각을 추적하는 것이 보다 실현 가능한 일이 된다.

12 미묘한 환원주의에 대한 논의는 제5장의 주석 1을 참조하라.

13 프리드먼과 개디스, 케네디와 같은 분석가들이 생명의 직물 또는 '수준이 없는 두 상한'의 설명을 제시하고 있다는 나의 말은, 그들이 (문화, 세계관, 가치 등) 내적 상한들의 중요성을 인정하지만 그런 내부의 서로 다른 여러 수준들은 알지 못해 그것들을 ('문화' 등으로 부르는) 구분할 수 없는 개체로 붕괴시키고 거의 즉각적으로 금융과 시장, 국가안보, 세계적 금융관행, 기술적 세계화의 우측 상한들 또는 생태학적 생명의 직물보다 부차적인 것으로 만들어 버린다는 의미다. 그들과 생명의 직물 이론가들의 관점은 따라서 '수준이 없는 두 상한' (즉 본문에서 명시된 것처럼 미묘한 환원주의)에 해당한다. 아니면 일부 시스템 이론가들은

계층적 수준을 용납하고 심지어 옹호하기도 하는데, 그들은 여전히 우측 상한의 실재만을 인정할 뿐이며(두 상한, 온수준) 따라서 이차원과 미묘한 환원주의에 여전히 굳게 뿌리를 두고 있다. 그러나 그들은 (금융과 세계 시장, 환경적 요인, 기술 발전, 군사 안보 등과 같은) 우측 상한 내의 대여섯 가지 지류를 감안하고 그것들이 전일적으로 짜여 있다고(이것은 어느 정도는 사실이다) 여기면서 보다 통합적인 관점으로 천천히 이동하고 있다.

미래 연구의 경우도 마찬가지다. 이 분야는 여러 가지 시나리오에 기반하여 가능성 있는 미래를 예측하려고 시도하는 우측의 이차원적 제도가 지배하고 있다. 이런 다양한 시나리오에는 내적 영역의 자료가 부족하기 때문에, 그리고 내적 영역의 전체 나선은 그럼에도 불구하고 현실 세계에서 작동하기 때문에, 미래의 시나리오는 4상한 전부를 포함하는 더 포괄적인 초기 측정점이 부족한 것으로 인해 심하게 왜곡된다. 이것은 실제로 인간이 무엇을 할 것인지에 대한 예측에 있어서 미래 시나리오가 일반적으로 상당히 빗나가는 주된 이유들 가운데 하나다. '온상한, 온수준, 온계통' 모형은 현실 세계에서 실제 행위자가 행동하는 방식과 훨씬 더 가깝다.

14 내적 발달과 외적 발달이 균형을 이루어야 한다는 것에 대한 논의는 『켄 윌버의 일기』 12월 15일자를 참조하라.

15 인류가 통합 문화를 향해 성장함에 따라, 아마도 수세기가 지난 먼 훗날 헌팅턴이 분석한 수평적 지질구조판들 사이의 경계를 하나의 세계 문명, 즉 유전적으로조차 완벽한 문화의 혼합체가 지워버릴 것이라는 상상이 가능하다. 그러나 그렇다고 해서 개개인이 거쳐 가야 하는 기본적인 발달의 수준이 크게 달라지지는 않을 것이다. 아마 문화의 무게중심은 노란색, 청록색 또는 그 이상에 있겠지만(그리고 그에 상응하는 제도와 거버넌스가 존재하겠지만), 모든 인간은 여전히 베이지색에서 태어나 나선을 거치며 성장을 시작하기 때문에 전체 인구는 여전히 밈의 수직적 스펙트럼에 걸쳐 분포할 것이다. 인간은 복합적 개인(홀론)으로 이전 단계의 모든 아홀론들(인간은 원자와 분자, 세포, 파충류 뇌간, 고대포유류의 변연계 등을 가지고 있다)로 구성되며, 이런 아홀론들은 더 상위의 홀론이 나타나도 폐기되지 않는다. 내적 상한의 경우에도 마찬가지다. 우리가 통합적 상태에 있다고 해도 태곳적, 마법적, 신화적 그리고 합리적 상태는 여전히 남아 있다.

16 『아트만 프로젝트』, 『에덴을 넘어』, 『아이 투 아이』, 『의식의 변용』, 『영의 눈』, 『성, 생태, 영성』, 『통합심리학』을 참조하라.

17 이것은 문화의 무게중심이 자주색 마법에 있던 호주 원주민들에게 진정한 초개인적 영성이 없었다는 의미는 전혀 아니다. 문화의 무게중심은 단지 평균일 뿐이며, 개개인들은 평균을 상회하거나 하회할 수 있다. 자주색 마법의 시대(기원전 5만년)에 가장 높이 진화한 개인들(샤먼)은 항구적 적응의 결과로, 아니면 십중

팔구는 절정체험이나 고원체험이 연장되어 적어도 의식의 심령적 파동에까지 발달했다는 상당한 증거가 있다. 『통합심리학』에서 주의 깊게 설명하고 있듯이 둘 중 어느 쪽이든 단계를 뛰어넘는 경우는 없다.

18 휴스턴 스미스의 『잊혀진 진실』과 『세계의 종교(*The World's Religions*)』, 윌버의 『통합심리학』, 로저 월시의 『7가지 행복 명상법』, 언더힐의 『신비주의』, 트룽파의 『샴발라: 전사의 성스러운 길(*Shambhala: Sacred Path of the Warrior*)』, 머피의 『신체의 미래』를 참조하라.

동양에서(그리고 서양에서도 흔히) 나타나는 대둥지의 가장 일반적인 형태는 일곱 가지 차크라로, 이것은 인간이 이용할 수 있는 존재와 지식의 다양한 수준을 나타낸다. 차크라는 인간 유기체 안의 미묘한 에너지 중심으로 각각 그에 상응하는 지식과 존재를 지원해 준다고 한다. 보통 일곱 가지가 제시되는데, 그 위치는 척추 기저부와 생식기 부위, 복부, 심장 부위, 목, 이마 그리고 정수리다. 이것들 위아래로 수많은 부수적 차크라들이 있다고도 한다(가령 경락과 경혈은 이와 유사한 형태의 미묘한 에너지 흐름이다).

물론 차크라를 미신이라고 일축하는 사람들도 있을 것이다. 그러나 보다 너그럽게 정말로 다문화적인 입장에서, 거의 모든 동양 문명에서 발견되는 발상들은 우월한 서구인들이 묵살해 버릴 한낱 미신은 아니라고 가정하자. 그 대신 거기에 들어 있을지 모르는 지혜를 발견하려고 시도해 보자. 중요한 사실은 일곱 차크라가 단지 물질(1), 신체(2), 마음(3~4), 혼(5~6) 그리고 영(7)의 약간 더 복잡한 버전일 뿐이라는 것이기 때문이다.

논의를 이어 가기 위해 다음과 같은 일반적인 상관관계를 사용하겠다(이 사례는 의식의 일곱 가지 구조적 형태라는 개념에만 의존하기 때문에, 좋아하는 자신만의 차크라 구조가 있다면 그것을 얼마든지 사용해도 좋다. 원하는 대로 세부적인 사항들을 채워 넣으면 된다). 차크라는 열려 있을 때와 닫혀 있을 때 서로 다른 기능을 하기 때문에 정의하기가 매우 어렵다. 이 점에 주의하면서 차크라 수준을 대략적으로 정의해 보자. ① 물질(태곳적 세계관, 베이지색), ② 생물학적 생기, 생명에너지, 정서적-성적 에너지, 리비도, 생의 약동, 마법적 세계관(자주색), ③ 힘과 순응을 포함한 하위심, 신화적 세계관(빨간색/파란색), ④ 논리를 포함하고 사랑과 같은 더 깊은 감정의 시작을 포함하는 중위심(오렌지색에서 녹색), ⑤ 상위심, 두 번째 층에서 심령의 시작(노란색에서 산호색), 창조적 비전, 영적·초월적 의식의 초기 단계, 자연신비주의, ⑥ 정묘 의식, 영지(靈知), 순수한 원형, 신성신비주의, ⑦ 현현(顯現)한 또는 그렇지 않은 빛나는 영, 심연, 공(空)의 기저, 무형신비주의. 이 일반적인 상관관계가 [그림 6-3]에 나와 있다. 나선역학에서 대사슬, 일곱 차크라까지 존재와 지식의 수준이라는 개념을 비교수준적 분석에서 사용할 수 있는 중요한 방법들에 대해서는 주석 19를 참조하라.

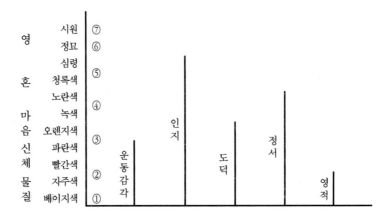

[그림 6-3] 차크라

19 비교수준적 분석의 개념에 대한 논의를 진행하고 일체의 유럽 중심적 편견을 피하기 위해 차크라 체계를 사용하려고 한다(주석 18 참조). 그러나 이 분석은 나선 역학에서 제인 뢰빙거, 로버트 키건, 제니 웨이드, 캐롤 길리건에 이르는 모든 발달 구조에 적용할 수 있다. 그리고 이런 기본 파동들은 거의 보편적이기 때문에 동양인은 물론 서양인에게도 틀림없이 적용할 수 있다.

일곱 차크라는 존재의 수준을 나타내기 때문에, 앞에서 보았듯이 차크라를 이용하여 세계관들을 그 근원이 되는 차크라에 따라 분류할 수 있다. 그리고 수많은 이론가들이 바로 그렇게 해 왔다. 여러 이론가들이 제시했던 사례를 들자면 다음과 같다. 1번 차크라에서 유래하는 홉스와 마르크스, 프로이트와 베르그송 같이 2번 차크라에서 유래하는 생명과 에너지의 세계관, 니체와 같이 3번 차크라에서 유래하는 권력적 세계관, 데카르트와 같이 4번 차크라에서 유래하는 합리적 세계관, 5번 차크라의 소로(H. D. Thoreau)와 같은 자연신비주의, 아빌라의 성 테레사와 같이 6번 차크라에서 유래하는 신성신비주의, 7번 차크라의 마이스터 에크하르트와 같은 무형신비주의.

이런 의식 수준에 따른 분류가 유용하기는 하지만 즉각적으로 드러나는 문제들도 있다. 이런 문제점들을 다루는 유일한 방법은 비교수준적 분석이라고 할 만한 것을 도입하는 것이다. 특정한 세계관의 근원이 되는 수준과 그것이 목표로 하는 수준을 구별할 필요가 있기 때문이다. 예를 들어 마르크스는 일종의 유물론(1번 차크라)에 대한 사례로 거론되지만 마르크스 자체는 1번 차크라에서 비롯되거나 1번 차크라에 존재하지 않는다. 1번 차크라에는 바위와 먼지, 무기물, 물질적 차원 그 자체(와 베이지색 마법처럼 이 영역에 가장 가까운 가장 낮은 의식 수준)가 있을 뿐이다. 마르크스는 아주 이성적인 사상가로 4번 차크라에서 비롯되거나 4번 차크라에서 활동하고 있다. 그러나 마르크스는 포이에르바흐의 뒤를 이어 세상의 근본적 실재는 기본적으로 물질적인 것이라고 생각했다. 따라서 그는 4번 차크라에서 비롯되지만 1번 차크라에 주의를 한정시켰다. 프로이트도 비슷하다. 그의 초기 리비도 심리는 4번 차크라에서 비롯되지만 2번 차크라를 목표로 한다. 정반대로 말하면, 가령 이신론자(理神論者)들은 4번 차크라에서 비롯되지만 6번 차크라를 목표로 한다(즉 영을 이해하려는 합리적 시도에 해당한다).

달리 말하면, 이를 통해 우리는 그 주체가 비롯되는 의식 수준과 그 주체가 가장 사실이라고 믿는 실재(또는 객체)의 수준을 모두 추적할 수 있다. 이것은 곧바로 세계관을 분류하는 우리의 역량을 풍부하게 해 준다. 나아가 주체의 수준과 그 주체가 인식하는 실재의 수준을 '동시에 추적'할 수 있게 해 준다. 이것들은 각각 '자기성의 수준'과 '실재의 수준', 또는 단순히 주체의 수준과 객체의 수준이라고도 한다. 세계의 위대한 전승지혜를 요약하는 휴스턴 스미스의 지도([그림 4-1]과 [그림 4-2])에서 '자기성의 수준'과 '실재의 수준'이라는 표현을 찾을 수 있다.

한 걸음 더 나아가 이를 통해 어떻게 '비교수준적' 현상과 '동시 추적'을 얻을 수 있는지 입증하는 방법이 『사교적인 신』과 『아이 투 아이』에서 소개되었고 『통합심리학』에서 정제되었다. 나는 '실재의 수준'(또는 '실재의 차원') 대신에 (조대 영역, 정묘 영역, 시원 영역 등과 같은) '실재의 영역' 또는 (생물권, 인지권, 신권 등과 같은) '실재의 권역'이라는 표현을 쓰기도 한다. '자기성의 수준' 대신에는 '의식의 수준'이나 '주관성의 수준'을 자주 쓴다. 그러나 이것들은 서로 상관관계를 갖기 때문에(즉 자기성에는 실재와 같은 수의 수준이 있다) 나는 두 가지 다 기본 수준이나 기본 구조, 기본 파동이라고 부른다.

중요한 점은, 특히 중간 영역(3, 4, 5번 차크라)에 해당하는 주체 또는 자아는 다른 모든 차크라(다른 모든 실재의 수준)를 객체로 취급할 수 있다는 것이다. 즉 그것들에 대해 생각할 수 있고, 그것들에 대한 이론을 만들 수 있으며, 그것들에 대한 예술작품을 만들 수 있다. 우리는 이 점을 감안해야 한다. 중간 차크라들만이 비교수준적 연구를 수행한다고 하더라도(바위와 같은 하위 차크라는 그러지 못한다. 보다 상위의 차크라들은 비록 정신적 이론을 만들 수 있어도 초정신적이 되는 경향이 있으므로 단순화를 위해 제외하도록 하자), 이것은 3, 4, 5번 차크라가 일곱 가지 차크라 전부를 주목하며 각각의 경우에 다른 세계관을 형성할 수 있다는 것을 의미한다. 그러면 인간의 몸과 마음에 있는 일곱 가지 의식의 구조적 수준에서 이용 가능한 25가지 주요 세계관을 얻을 수 있다(세 가지 차크라 각각에 대해 일곱 가지, 나머지 네 차크라에 대해 한 가지). 일곱 가지 수준이 이십여

개의 세계관을 지지할 수 있는 것이다.

그리고 물론 이것은 시작에 불과하다. 홀론적 개념이 '모든 상한과 수준, 계통, 유형, 상태 그리고 영역'이라면 우리는 막 자아(또는 주체)의 수준과 실재(또는 객체)의 영역 또는 수준에 대해 논의했을 뿐이다. 그런 수준들의 숫자로 나는 보통 (차크라와 같은) 7에서 ([그림 3-2]와 [그림 6-1]에 나타난 것처럼) 12 사이를 사용한다. 정확한 숫자보다 중요한 것은 존재와 지식의 진정한 홀라키를 인식하는 것이다.

그러나 그런 수준들 각각에 상한도 포함시켜야 하며, 그런 수준들을 거쳐 가는 계통 또는 지류들도 포함시켜야 한다. 또한 각 수준에서 가능한 여러 유형의 지향과 서로 다른 영역들에 일시적으로 다가가는 여러 변된 상태도 포함시켜야 한다. 더구나 개인과 집단, 조직, 국가, 문명은 모두 그런 변수들 각각을 거치며 서로 다른 종류의 발달을 경험한다. 이런 요인들 모두 서로 다른 세계관에 기여하며, 가능한 세계관들에 대한 정말로 통합적인 개관을 제시하려면 그것들 모두를 고려할 필요가 있다. 그럼에도 불구하고, 내가 본문에서 설명하려 하듯이 그 결과는 기존의 무질서를 극적으로 단순화시키는 전일적 색인 체계다(주석 20 참조).

20 물론 이런 일시적인 상태가 오래 지속되는 자각이 되려면, 개인이 상위 영역으로 성장하고 나선을 거치며 발달하여 일시적 또는 비일상적 상태가 아닌 항구적인 깨달음을 얻어야 한다. 일시적 상태가 영속적 특성이 되어야 하는 것이다. 이 주제에 대한 폭넓은 논의는 『통합심리학』을 참조하라.

우리는 차크라 체계와 비슷한 것을 사용하여 수직적 깊이를 도입하려고 하는 방법이 몇 가지 있다는 것을 보았다. 예를 들어 마르크스는 유물론(1번 차크라)의 사례라고 하며 프로이트는 범성욕주의(2번 차크라), 애들러(A. Adler)는 일종의 권력 심리학(3번 차크라), 칼 로저스는 인본주의 심리학(4번 차크라) 등처럼 말이다. 그러나 그런 방법들은 대부분 비교수준적 현상을 고려하지 못해 다루는 '깊이'가 결과적으로 몹시 왜곡된다는 것 역시 보았다. 마르크스와 프로이트, 애들러는 모두 합리적 사상가들로 4번 차크라에서 비롯되지만 더 낮은 차크라를 주로 강조한다. 그러나 낮은 차크라들 자체는 태곳적(베이지색, 1번 차크라)에서 마법적(자주색, 2번 차크라), 신화적(빨간색/파란색, 3번 차크라)으로 이동하는 세계관들을 가지고 있다. 이 지점에서 자아-합리적 세계관(오렌지색/녹색, 4번 차크라)이 출현하며 이들은 다른 모든 차크라를 객체로 삼을 수 있다. 4번 차크라가 1번 차크라만이 진짜라고 생각하면 홉스나 마르크스와 같은 유물론의 이성철학을 얻게 된다. 4번 차크라가 정서적-성적 차원이 가장 중요하다고 생각하면 프로이트가 된다. 3번 차크라를 가장 강조하면 애들러가 된다.

4번 차크라가 그 자신의 위치보다 위를 바라보고 상위의 초합리적 영역에 대해 (그런 상위 영역으로 실제로 이동하지는 않고) 생각하면 우리는 영성에 대한 여러 정신철학을 얻게 된다. 합리적 이신론(6번 차크라를 목표로 하는 4번 차크라), 가이아를 영으로 취급하는 합리적 시스템 이론(5번을 목표로 하는 4번), 존재의 심연 또는 기저라는 철학적 개념(7번을 목표로 하는 4번) 등처럼 말이다. 이런 것들은 주체가 여전히 4번 차크라에 있으면서 상위 차크라를 생각하기 때문에 여전히 4번 차크라에서 비롯된다. 만약 주체(또는 자기성의 수준)가 그런 실재의 상위 수준으로 정말로 이동한다면 그런 상위 차크라에서 비롯되는 세계관을 얻게 된다. 5번 차크라에서는 우주적 의식을 직접 체험하여 자연의 조대 영역 전체와 하나가 되는 것을 구체적으로 경험하게 되며 더 이상 생명의 직물에 대해 생각하지 않는다. 6번 차크라에서는 플라톤의 원형을 생각하거나 신의 모습에 그저 기도하는 것이 아니라 절대 신성의 존재와 직접적으로 생생히 합일하는 것에 몰입하게 된다. 7번 차크라에서는 무형의 불현(不顯), 심연, 공(空), 근원자(Urgrund), 아인(Ayn), 무상삼매 등에 빠져든다(주석 19를 참조하라).

대부분의 종교적 믿음은 전세계 인구의 약 70%를 차지하는 자주색이나 빨간색, 파란색(2번과 3번 차크라)이 변형된 것이다(세상이 '종교를 믿는 사람들로 가득 찬' 이유가 이것이다). 그러나 좁은 종교의 믿음과 심층영성의 체험은 별개다. 이것이 상위 영역에서 비롯되는 세계관을 그런 상위 수준에서만 볼 수 있는 이유다. 그래서 우리는 가령 3번 차크라에 있는 것과 더 상위 영역을 일시적으로 체험하는 것을, 또는 상위 영역에 대해 단순히 생각하는 것과 그런 상위 영역에 직접 위치하는 것을 분명히 구분한다. 각각의 경우에 실제 세계관은 엄청나게 다르기 때문이다.

역자 후기

천재는 범인의 진화를 가속화시킨다는 점에서 역자는 윌버에게 무한한 감사를 느낀다. 정신과 물질 세계의 수많은 이론과 모델들 속에서 옥석을 가리지 못하고 방황할 때 만난 윌버는 우리에게 길 잃은 자에게 주어진 지도와 같은 안정과 확신을 안겨준다.

이 책의 제목은 대단히 의욕적이다. 『모든 것의 이론』이라니! 말 그대로 모든 것, 즉 물질, 신체, 정신, 영성 혹은 정치, 경영, 과학, 교육 그리고 영적 영역까지 아우를 수 있는 통합적 이론을 제시하고, 현실에의 적용 가능성을 입증하려는 야심 찬 시도를 하고 있는 것이다. 여러 학문이 각자의 이론들을 가지고 있으며 하나의 학문이 다른 학문과 소통하기 어려운 것이 현실인데, 이제는 윌버 덕분에 제반 학문을 보다 통합된 관점에서 바라볼 수 있게 된 것이다. 물론 그 관점과 해석이 완벽할 수는 없는 것이며, '모든 것의 이론에 대한 간략한 개관'이라고 윌버가 저자 서문에서 언급하듯이 이 책은 보다 완성된 통합적인 틀을 위한 전초기지의 역할을 할 것이다. 그렇다 하더라도 윌버는 누구도 시도하지 못한 통합 비전을 제시한 거의 최초의 사상가라는 점에서 그의 업적은 타의 추종을 불허한다.

이 책에서 윌버는 자신의 기본 사상을 다른 책에서와 마찬가지로 반복하고 있다. 이것은 윌버가 종종 비판을 받고 있는 점이기도 하다. 윌버의 사상에 익숙한 독자들은 반복되는 내용에 불만을 가질 수도 있겠으나, 이 책으로 윌버를 처음 만나는 독자라면 그의 기본 사상과 주요 개념들을 이해하지 않고는 다음에 전개되는 내용을 이해할 수 없을 것이다. 윌버에 익숙한 독자들은 너그럽게 이해해 주기를 바란다.

윌버가 이 책을 그의 기본 사상에 대한 가장 좋은 안내서라고 자평하고 있듯이, 윌버를 처음 접하는 사람들에게는 특히 이 책이 윌버의 사상에 대한 더없이 좋은 길잡이가 되리라 믿는다. 또한 다른 책들과는 달리 이 책은 현실 세계 즉 정치, 의학 그리고 영성 등의 영역에서 그의 사상이 응용되고 활용될 수 있는 점을 논하고 있으니, 그의 관점이 단지 철학적인 면에서 그치는 것이 아니라 우리의 일상 현실과 연계된다는 점에서 독자들에게 더욱 친근하게 다가갈 것으로 생각된다.

개인적으로 역자는 이 책에서 자주 언급된 녹색 밈에 대한 윌버의 비평으로부터 많은 깨달음을 얻었다. 녹색 밈은 보통 다원적 상대주의로 불리며 대화와 관계, 화해와 의견 일치를 통해 결론에 이르는 입장이다. 인본주의 심리학과 칼 로저스의 인간중심상담도 여기에 해당한다. 이 수준이 중요한 이유는 이 수준 다음의 수준이 바로 진정한 전일주의와 통합주의로 가는 길목이기 때문이다. 그러나 다른 하위 수준이 그 밑의 다른 하위 수준을 경멸하듯이 이 수준도

'비열한 녹색 밈'으로 자신의 하위 수준에 속한 사람들에 대해 비판적이고 인정하지 않는 태도를 보여 오히려 전체 화합을 깨고 그 다음 단계로 진화하지 못한다는 것이다. 녹색 밈에 도달하기 위해서는 그 이전의 빨간색, 파란색 그리고 오렌지색 밈을 거쳐야 한다. 마치 어린아이가 뛰기 전에 반드시 필요한 과정들이 있는 것과 같다. 즉 아이가 먼저 긴 다음에 서고, 선 다음에 걸으며, 걸을 수 있게 된 다음에 뛸 수 있는 것과 같다. 뛸 수 있는 자가 아직 어려서 걷지 못하는 아이를 조롱하는 우는 범하지 않아야 한다는 점을 감안하면, 보다 발달된 수준이 덜 발달된 수준의 문화와 민족을 우롱해서는 안 되며 이들을 포용하는 미덕을 발휘해야 모두가 함께 생존할 수 있는 것이다. 지금의 녹색 밈 수준도 이전의 발달 단계를 모두 반드시 거쳤어야만 했다. 윌버의 말을 인용하면, '파란색(신화적 질서, 부계 중심, 근본주의적 신념)과 오렌지색(과학적 성취, 유물론, 자유로운 이기주의)이 없으면 녹색도 없는 것이다. 따라서 파란색과 오렌지색에 대한 녹색의 공격은 완전히 자살행위에 해당된다.' 인류의 가장 이상적인 진화인 두 번째 층(전일주의, 통합주의)으로 도달하기 직전에 있는 사람들이 자신들의 어리석음으로 인하여 정신적인 비약을 이루지 못하고 있다는 윌버의 반복적인 비판은 역자에게도 크게 반성할 수 있는 기회를 주었다.

이 책은 실제적인 통합 경영, 통합 정치 그리고 통합 교육 등의 '현실 세계'에 관한 장을 너무 간략하게 기술하고 있어 부제에 매력을 느낀 독자들은 다소 실망을 할 수도 있을 것이다. 특히 통합 경영은 단지 관련된 사람들의 이름만을 나열하고 있고, 통합 교육 부분도 너무 정보가 적어 실제 무엇이 이 분야에서 이루어지고 있는지 파악하기 어렵다. 아쉽지만 윌버의 '온상한, 온수준' 접근법을 다양한 관점에서 파악할 수 있는 맥락을 이해한다는 것으로 만족해야 할 것 같다. 다행히 통합 정치와 통합 거버넌스에 대해서는 주석에서 어느 정도 자세하게 보충하고 있으니 참고하기를 바란다.

윌버의 저서가 또 한 권 번역됨에 따라 역자가 국내의 영성 분야에서 그나마 작은 책임을 수행하고 있다고 자위해 본다. 현재 국내에서는 윌버의 책이 8권 정도 번역되어 있으며, 몇 권의 책이 조만간 더 출간될 것으로 알고 있다. 그의 주옥같은 나머지 책들도 속속 번역되어, 특히 정신과 영성 영역에서 많은 의문점으로 방황하는 삶의 진지한 수행자들에게 윌버의 지혜가 길잡이가 되어 주기를 고대한다.

어려운 출판시장의 여건에도 불구하고 변함없이 흔쾌히 출판을 맡아주신 학지사 김진환 사장님과 깔끔하게 원고를 다듬어주신 편집부 선생님들께 깊이 감사드린다. 최종 감수에 있어 몇 가지 중대한 오류를 지적해 준 언제나 진지하고 신뢰할 수 있는 자아초월상담학 전공자이며 상담전문가인 김혜옥 님께도 특별히 고마움을 전한다.

독자 여러분이 이 책을 접함으로써 지금보다 더 큰 자유와 해방감을 느낄 수 있으리라고 믿는다. 그리고 윌버가 『무경계(*No Boundary*)』의 말미에서 전하고 있듯, 부디 독자 여러분께 이번 생에서 영적 스승을 만나는 은총과 이 순간에 깨달음을 얻는 은총이 함께하기를 기원한다.

찾아보기

저자 소개

켄 윌버(Ken Wilber)

자아초월심리학의 대가이자 이 시대의 가장 중요한 석학 가운데 한 사람으로, 자연과학을 전공했으나 노자의 『도덕경(道德經)』을 접한 후 큰 충격을 받고 동서양의 사상에 심취하였다. 23세의 나이로 『의식의 스펙트럼 (*Spectrum of Consciousness*)』을 저술하여 자아초월심리학의 패러다임을 바꾼 이래, 지금까지 20여 권의 저서를 통해 심리학과 철학, 인류학, 동서양의 신비주의, 포스트모더니즘 등을 총망라하며 인간 의식의 발달과 진화에 대한 특유의 통합 이론을 제시하고 있다. 이러한 업적은 프로이트나 융, 윌리엄 제임스의 업적에 비견되기도 한다. 선불교와 티베트 불교의 수행법을 오랫동안 직접 실천하고 있기도 한 윌버는 현재 통합 이론과 훈련을 연구하는 통합연구소를 주도하고 있다. 저서로는 『켄 윌버의 일기(*One Taste*)』『아이 투 아이(*Eye to Eye*)』『무경계(*No Boundary*)』『세상에서 가장 아름다운 용기 (*Grace and Grit*)』『사교적인 신(*A Sociable God*)』『에덴을 넘어(*Up from Eden*)』『아트만 프로젝트(*The Atman Project*)』『성, 생태, 영성(*Sex, Ecology, Spirituality*)』『통합심리학(*Integral Psychology*)』등이 있으며 20개 이상의 언어로 번역·출간되었다.

역자 소개

김명권(Kim Myoungkwon)

상담심리 및 임상심리 전문가로 한국집단상담학회장을 역임하였고, 현재 서울불교대학원대학교 상담심리학과 자아초월상담학 전공 교수로 재직 중이다. 온전한 영성을 위해서는 심리상담의 도움이 절대적으로 필요하다는 믿음을 갖고 있다.

주요 역서로는 『집단상담: 이론과 실제』(공역, 학지사, 2014), 『인간중심 상담 훈련』(공역, 학지사, 2014), 『켄 윌버의 일기』(공역, 학지사, 2010), 『의식수준을 넘어서』(공역, 판미동, 2009), 『깨달음의 심리학』(공역, 학지사, 2008), 『자아초월심리학과 정신의학』(공역, 학지사, 2008), 『7가지 행복명상법』(공역, 김영사, 2007), 『집단상담: 과정과 실제』(공역, 시그마프레스, 2003) 등이 있다.

민회준(Min Hoejun)

공학을 전공하고 금융전문가를 목표로 증권사에 재직하며 국제재무분석사(CFA) 자격을 취득하는 등 의식 연구와는 동떨어진 경력을 가지고 있었으나, 윌버의 저서를 통해 그의 사상을 접한 후 자아초월심리학에 관심을 갖게 되었다. 현재 공무원으로 재직 중이며, 옮긴 책으로는 『켄 윌버의 일기』(공역, 학지사, 2010)가 있다.

켄 윌버의
모든 것의 이론
A Theory of Everything: An Integral Vision for Business,
Politics, Science and Spirituality

2015년 4월 15일 1판 1쇄 발행
2020년 4월 10일 1판 3쇄 발행

지은이 • Ken Wilber
옮긴이 • 김명권 · 민회준
펴낸이 • 김진환
펴낸곳 • (주) **학지사**

04031 서울특별시 마포구 양화로 15길 20 마인드월드빌딩
대표전화 • 02)330-5114   팩스 • 02)324-2345
등록번호 • 제313-2006-000265호

홈페이지 • http://www.hakjisa.co.kr
페이스북 • https://www.facebook.com/hakjisa

ISBN 978-89-997-0585-4 93180

정가 14,000원

이 도서의 국립중앙도서관 출판시도서목록(CIP)은 서지정보유통지
원시스템 홈페이지(http://seoji.nl.go.kr)와 국가자료공동목록시스템
(http://www.nl.go.kr/kolisnet)에서 이용하실 수 있습니다.
(CIP제어번호: CIP2014037980)

출판 · 교육 · 미디어기업 **학지사**

간호보건의학출판 **학지사메디컬** www.hakjisamd.co.kr
심리검사연구소 **인싸이트** www.inpsyt.co.kr
학술논문서비스 **뉴논문** www.newnonmun.com
원격교육연수원 **카운피아** www.counpia.com